MŒURS D'HAÏTI

COLLECTION
AUTREMENT MEMES
conçue et dirigée par Roger Little
Professeur émérite de Trinity College Dublin,
Chevalier dans l'ordre national du mérite, Prix de l'Académie française,
Grand Prix de la Francophonie en Irlande etc.

Cette collection présente en réédition des textes introuvables en dehors des bibliothèques spécialisées, tombés dans le domaine public et qui traitent, sous forme de roman, nouvelles, pièce de théâtre, témoignage, essai, récit de voyage etc., rédigés par un écrivain blanc, des Noirs ou, plus généralement, de l'Autre. Exceptionnellement, avec le gracieux accord des ayants droit, elle accueille des textes protégés par copyright, voire inédits comme dans le présent cas. Des textes étrangers traduits en français ne sont évidemment pas exclus. Il s'agit donc de mettre à la disposition du public un volet plutôt négligé du discours postcolonial (au sens large de ce terme : celui qui recouvre la période depuis l'installation des établissements d'outre-mer). Le choix des textes se fait d'abord selon les qualités intrinsèques et historiques de l'ouvrage, mais tient compte aussi de l'importance à lui accorder dans la perspective contemporaine. Chaque volume est présenté par un spécialiste qui, tout en privilégiant une optique libérale, met en valeur l'intérêt historique, sociologique, psychologique et littéraire du texte.

« Tout se passe dedans, les autres, c'est notre dedans extérieur, les autres, c'est la prolongation de notre intérieur. »
Sony Labou Tansi

Titres parus et en préparation :
voir en fin de volume

Gaspard Théodore Mollien

MŒURS D'HAÏTI

précédé du Naufrage de *la Méduse*

Présentation de Francis Arzalier

avec la collaboration de David Alliot et de Roger Little

L'Harmattan
2006

Le médaillon de la couverture représente un *vèvè* haïtien.

www.librairieharmattan.com
harmattan1@wanadoo.fr
diffusion.harmattan@wanadoo.fr

ISBN : 2-296-01584-0
EAN : 9782296015845

INTRODUCTION

par Francis Arzalier

Autres ouvrages de Francis Arzalier

Jean Nicoli : un instituteur républicain de la Colonie à la Résistance, 1925–1943, Bamako, Éditions Donniya, 2000

avec Francette Nicoli, *Jean Nicoli : de la colonie à la Corse en résistance. L'itinéraire d'un homme libre*, Ajaccio, Albiana, 2003

Mondialisation et identité, le paradoxe meurtrier du 21ème siècle, Pantin, éd. Temps des Cerises, 2003

Haïti ou Saint-Domingue, de Gaspard Théodore Mollien, 2 tomes, présentation de Francis Arzalier, avec la collaboration de David Alliot et de Roger Little, Paris, L'Harmattan, Autrement mêmes, 2006

INTRODUCTION

I : LE NAUFRAGE DE LA *MÉDUSE*

Le 17 juin 1816, les navires français la *Méduse* et *la Loire* partent de l'île d'Aix, au large de Rochefort, avec plus de trois cents personnes, civils et militaires, dont les deux tiers sur le premier d'entre eux. C'est en fait un petit corps expéditionnaire, que le gouvernement de Louis XVIII envoie réoccuper les comptoirs du Sénégal, Saint-Louis et Gorée, rattachés à la France par les traités de paix. Ils sont à cette date encore aux mains des Britanniques, qui les avaient occupés au détriment des forces napoléoniennes.

La *Méduse*, navire de guerre armé de quarante-quatre canons, porte un nombre de passagers pour lequel il n'était pas prévu (environ 160), un groupe disparate d'officiers avec femmes et enfants, d'hommes de troupe dont le tiers est d'origine étrangère ou coloniale. La marine française, étrillée par son long conflit avec l'Angleterre, est en piètre état au début de la Restauration. Si l'équipage manque des qualités qui firent la gloire de la flotte jusqu'au désastre de Trafalgar (1805), le corps des officiers se révélera pire encore. Parmi eux, le futur gouverneur du Sénégal Schmaltz, qui va prendre son poste, et le chef de l'expédition, le vicomte de Chaumareys. Ce gentilhomme, lieutenant de vaisseau en 1789, très vite émigré, n'est revenu en France qu'en 1804, à la faveur des amnisties napoléoniennes. Durant ces quinze longues années d'exil, son seul contact avec la mer a été la participation au désastreux débarquement royaliste à Quiberon en 1795. Il saura évidemment s'en prévaloir auprès des autorités de la Restauration, pour obtenir de Louis XVIII et la croix de Saint Louis, en tant que rescapé de l'aventure émigrée, et la responsabilité de capitaine de frégate. Nommé par protection politique, il révélera très vite son ignorance des côtes africaines, de l'art de la navigation et son inaptitude au commandement. Mieux, à l'encontre de toutes les procédures maritimes, il n'hésitera pas, après avoir échoué le navire, à le quitter en compagnie du gouverneur et quelques officiers, abandonnant à leur sort la plupart des passagers et hommes d'équipage.

En fait, l'épisode est révélateur de l'atmosphère en France en 1816. Certes, la majorité des Français, fatigués de vingt-trois ans de guerres contre l'Europe coalisée (depuis 1792 !), admet tant bien que mal le régime des Bourbons réinstallé par la défaite. Louis XVIII, c'est la paix revenue, et la France y aspire. Mais c'est aussi le retour des émigrés, avides de revanche. Certains n'ont pas compris à quel point le pays a changé, a conservé l'empreinte irréversible de 1789 et du Code civil. Ulcérés de leurs vingt ans d'exil, ils croient naturel d'imposer à un peuple qui n'en veut plus, le rétablissement des privilèges de l'ancienne noblesse terrienne et ceux de l'église catholique. Ces « Ultras », butés dans leur rêve passéiste, sont influents à la Chambre des Députés et jusqu'au gouvernement. Si son chef Richelieu s'inspire du modérantisme royaliste à l'image du monarque Louis XVIII, le vieux vicomte Dubouchage, ministre de la marine, favorise ceux qui, comme lui, n'ont jamais servi « l'usurpateur » Napoléon. C'est à ce genre de considérations que Chaumareys, obscur percepteur en Limousin de 1804 à 1814, doit sa nomination à la tête d'une expédition à laquelle ses compétences maritimes ne le destinaient pas. En fait, le choix par favoritisme d'un capitaine incapable pour la *Méduse* relève de la même logique politique que les absurdes mesures prises quelques années plus tard par les Ultras parvenus au pouvoir. Le rétablissement de la peine de mort pour le sacrilège, l'indemnité d'un milliard aux émigrés dépossédés vingt ans plus tôt, n'étaient pas que choix anachroniques. Ineptes, ils conduisaient tout droit au soulèvement populaire de 1830.

Nous n'en sommes pas là en 1816. Mais on ne peut négliger ce contexte politique autour du naufrage de la *Méduse* et de son extraordinaire retentissement dans l'opinion par la suite. L'affaire est ainsi retracée dès septembre 1816 par le prestigieux *Journal des Débats*, dans une version très critique à l'égard du capitaine Chaumareys et, insidieusement, du ministre qui l'a nommé. On peut y soupçonner, et nombre de contemporains ne s'en privent pas, le désir du ministre de la police Decazes, « constitutionnel », de déstabiliser son collègue Dubouchage, qu'il tient pour une ganache réactionnaire. Cette campagne de presse, les comptes rendus sans complaisance du procès de Chaumareys en 1817, sont un des éléments du combat politique mené alors en France contre les « Ultras ». Ce sera un des points de départ de l'amplification de l'affaire jusqu'au mythe populaire au cours du dix-neuvième siècle.

Les questions coloniales, qui étaient pourtant à l'origine du voyage, ont peu compté. Saint-Louis, Gorée, et l'avenir de quelques traitants français au Sénégal préoccupent peu l'opinion en 1816.

G. T. Mollien

Parmi les passagers de la *Méduse*, un jeune homme qui n'a pas encore vingt ans, Gaspard Théodore Mollien, indiqué « commis de première classe » sur les documents conservés aux archives de Rochefort. Il semble bien avoir été le benjamin de l'équipe.

Inlassablement présenté comme le fils du comte Mollien par la plupart des auteurs jusqu'à aujourd'hui, il n'en est que le lointain parent. Né à Paris en 1796 d'Antoine Érard Mollien, avocat, et de Marie Elisabeth Moynat, ce typique produit de la bourgeoisie moyenne, cultivé comme on sait l'être à l'issue d'études au collège, a des rêves de voyage et d'exotisme qui ne sont guère un atavisme familial. Ses ancêtres étaient de calmes juristes en Calaisis, et les pérégrinations des Mollien ne les ont pour l'instant menés qu'à Paris. Cette aspiration l'a conduit sur la *Méduse*, pour aller faire carrière au Sénégal. Lecteur, selon son neveu Ravaisson-Mollien (préface à l'ouvrage de 1889, cité en bibliographie), du *Robinson Crusoé* de Defoe, il va être, à son corps défendant, contraint d'imiter son modèle en subissant le naufrage. C'est le récit de cette aventure que nous publions aujourd'hui. Il n'a été imprimé qu'une fois, en 1889, après sa mort (survenue en 1872 à Nice), par les soins de Ravaisson-Mollien, de la Bibliothèque Mazarine, dans l'ouvrage consacré pour l'essentiel à la *Découverte des Sources du Sénégal et de la Gambie en 1818*[1]. Cette publication vient donc près de 80 ans après l'événement. Elle a donc été précédée de multiples écrits sur le sujet, certainement plus « spectaculaires ». G. T. Mollien, à cette date, est connu du public cultivé, curieux de cette Afrique où commence la conquête coloniale, pour avoir été un précurseur, un découvreur dès 1818. L'atmosphère coloniale à Paris en 1889,

[1] Paris, Delagrave, 1889.

l'année d'une grande Exposition universelle, justifie, selon Ravaisson, préfacier, cette nouvelle édition. « Depuis quelques temps, l'attention générale se porte sur les colonies, et, dans notre pays tout particulièrement, sur notre belle possession du Sénégal, sur les moyens d'y développer son commerce, et, par suite, sur les fleuves qui la fécondent[1]. » Dans ce volume, le récit inédit sur le naufrage de la *Méduse* est donc ajouté comme un supplément, à titre de curiosité, de témoignage personnel d'un découvreur célèbre sur un désastre largement connu par ailleurs.

Un voyage tragique

L'expédition de la *Méduse* peut se résumer en quelques dates et quelques chiffres, les seuls corroborés par les diverses sources, notamment les minutes du procès de 1817. Le départ se situe le 17 juin 1816, de l'île d'Aix, pénitencier français de la côte atlantique. Cherchant peut-être à démontrer ses capacités maritimes, Chaumareys fait force de voile vers le sud, distançant dès la côte espagnole les vaisseaux qui l'accompagnaient. Ils étaient moins rapides au vent. L'erreur pèsera lourd à l'occasion de l'échouage. Le même désir d'arriver au plus vite amène Chaumareys à longer au plus près les rivages du Sahara, ignorant le danger des récifs et des bancs de sable, sans tenir aucun compte des cartes de navigation existantes, qu'il ne comprenait guère. Seuls faits notables selon les divers témoignages, le passage « de la ligne » (le tropique du Cancer) avec les quelques rituels habituels et la chute d'un mousse à la mer, perdu corps et biens. Durant les deux semaines de trajet, aucun des témoins n'exprime la moindre inquiétude : le temps est beau, mais quelques-uns s'étonnent de voir Chaumareys prendre souvent conseil pour piloter d'un officier en qui il semble avoir une confiance aveugle, un certain Richefort. La suite prouvera que deux incapables réunis ne valent pas mieux qu'un.

[1] L. Ravaisson-Mollien, « Notice sur l'auteur », in G. Mollien, *Découverte des sources du Sénégal et de la Gambie en 1818*, Paris, Delagrave, 1889, p. 5. La rencontre d'une Française et d'un Sénégalais à l'Exposition universelle fait l'objet du roman *Blanche et Noir* de Louise Faure-Favier (rééd. Autrement Mêmes, n° 28, 2006).

Le 2 juillet, à l'issue de quinze jours de mer, la *Méduse* frôle de si près la côte qu'elle s'échoue au sud du Cap Blanc, sur les bancs de sable de la baie d'Arguin. C'est la côte mauritanienne actuelle. Après quelques tentatives maladroites et infructueuses de renflouement, l'évacuation se fait dans le plus grand désordre, en sept embarcations différentes : une yole avec dix-sept personnes, une chaloupe surpeuplée de 91 personnes, mais dirigée jusqu'à bon port par l'un des seuls officiers reconnu, par tous les témoins, comme le seul de qualité dans ce désastre, Espiaux. Mais il était mal vu du capitaine Chaumareys, dont ce fils de républicain, fait prisonnier à Trafalgar, évadé des geôles anglaises, était en quelque sorte l'antithèse. Quatre canots, portant chacun une trentaine de personnes, parviendront sans problème majeurs à la côte ou à Saint-Louis. Le plus grand portera à bon port le gouverneur et ses proches. L'autre, plus sûr encore, n'a que vingt-huit personnes, dont Chaumareys, qui parviendra à Saint-Louis le 8 juillet frais et dispos. La famille Picard, dont la jeune Charlotte, qui en fera récit dans *La Chaumière africaine*[1] est sur le troisième et le jeune Mollien sur le quatrième, dont la surcharge inquiète au point qu'il ira à la côte très vite. Le radeau, lui, est submergé de 150 personnes qui, dès le départ, ont de l'eau à mi-cuisse. Les canots auxquels elles étaient accrochées ont pu commencer à les amener au rivage, à quelques kilomètres, mais, à l'issue de manœuvres dont le procès ne dira pas si elles furent accidentelles ou volontaires, la remorque sera rompue, et les malheureux laissés, sans vivres ou presque, à leur sort. La suite est connue. Alors que Schmaltz et Chaumareys peuvent se restaurer en rade de Saint-Louis dès le 8, les compagnons de Charlotte Picard et de G. T. Mollien doivent marcher plusieurs longues journées le long des côtes sahariennes avant d'y parvenir, et leur chance est extrême. Ceux du radeau, accablés de faim et de soif, ne sont plus que quinze survivants, quand ils sont retrouvés le 17, après deux semaines d'enfer, par un navire britannique. Encore n'ont-ils survécu, on le saura très vite, que grâce à l'anthropophagie...

L'affaire, évidemment, fait beaucoup de bruit à Paris, amplifié par la presse libérale. Tant et si bien que Chaumareys, à son grand étonnement, sera inculpé et jugé à Rochefort de janvier à mars

---

[1] Dijon, Nœllat, 1824. Voir la réédition, présentée par Doris Y. Kadish, dans la collection Autrement Mêmes, n° 15, 2005.

1817. Condamné (seul) à trois ans de prison, accomplis au fort de Ham, en Picardie, il finira ses jours en Limousin en 1841.

La construction d'un mythe

Nous avons dit le poids des querelles politiques autour du naufrage de la *Méduse* et de sa médiatisation. Très vite, l'image fabriquée pour le public s'éloigne de la réalité, se charge d'émotion et de présupposés idéologiques, de peurs ancestrales aussi, parce qu'un tabou a été contredit, celui de la consommation de chair humaine. Ainsi se construisent les mythes historiques, qui, de l'aveu de tous les historiens contemporains, sont plus prégnants dans les mentalités d'une nation que l'approche scientifique du passé.

Celui constitué autour du naufrage de la *Méduse* sera efficace et durable, au-delà du siècle. *Le Radeau de la Méduse* de Géricault est encore, en 2006, une des œuvres fréquentées par tous les touristes au Louvre, avec « l'ineffable » Joconde et la Vénus antique de Milo ! Ses qualités artistiques, réelles, y sont pour peu de chose, la fascination du public pour des hommes affamés au point de se manger entre eux, pour beaucoup.

Le mythe s'est construit, très tôt, par témoignages successifs, dramatisant ce qu'ils avaient vécu plus que le racontant. Corréard, Savigny, rescapés du radeau, ont évidemment quelques comptes à régler avec le capitaine qui les a abandonnés à leur sort. Ce sont les parties, plus ou moins allusives, relatives à l'anthropophagie qui font le succès de leurs récits.

Ils seront réédités une dizaine de fois au cours du siècle et abondamment utilisés par des auteurs multiples, journalistes, romanciers, feuilletonistes, hommes de théâtre. Le relevé qui se veut exhaustif des sources imprimées concernant le naufrage, fait en 1990 par Michel Hanniet[1], comptabilise 136 relations – témoignages, des dizaines d'articles, journaux ou revues, de récits romancés, poèmes, chansons, opéras, émissions de radio : plus de 400 titres durant les 19ème et 20ème siècles ! Certains sont délirants, au point d'enjoliver le récit de détails sanguinolents, voire racistes : « Trois nègres... accroupis autour du cadavre presque nu... Tout à

[1] *La Véridique Histoire des naufragés de la Méduse*, Arles, Actes Sud, 1991.

coup, l'un deux se pencha, un coutelas à la main… d'un mouvement brusque, il trancha, de l'épaule au coude, toute la chair du bras… il la divisa en portions qu'il tendit à ses camarades, et ils mangèrent, comme des fauves, cette chair rouge et sanglante… »[1]. À côté de ces versions de cauchemar, paradoxalement, celles d'écrivains pourtant imaginatifs comme Eugène Sue ou Jules Verne sont nettement plus prosaïques[2]. Cette abondante littérature est bien sûr inspirée des témoignages écrits, celui de Corréard surtout, mais plus encore de l'image choc, de la peinture événement de Géricault au salon de 1819.

Théodore Géricault, issu de bourgeoisie normande, peintre déjà connu à 28 ans, est le premier des peintres « romantiques », plus par les sujets qu'il choisit que par sa facture, restée classique en bien des points. Le drame, en tout cas, l'inspire, ce qu'il peut exprimer d'exacerbation des sentiments, des comportements. La violence jaillit des chairs violacées, des personnages aux yeux fous, prêts au meurtre et au cannibalisme. Le tableau dérange, provoque les spectateurs bien-pensants du salon, et le succès relève alors plus du scandale que de l'engouement artistique jusqu'à la mort du peintre en 1824. Il faudra alors quelques années, et la victoire incontestée du courant romantique après 1830, pour que *Le Radeau* siège au Louvre. Son succès populaire ne s'est pas démenti depuis. Il sera, deux siècles durant, l'image du naufrage dans le public recouvrant la réalité des documents d'archives ou des recherches érudites.

Pour retrouver cette réalité brute, il faut aller aux 628 pages de minutes du procès de Rochefort, aux témoignages publiés dont certains sont un peu moins « commerciaux » que d'autres. Le souci du spectaculaire, qui emporte souvent Corréard, est absent de la chronique familiale de Charlotte Dard-Picard, *La Chaumière africaine*, et du récit de G. T. Mollien, publié seulement en 1889. Cela n'en garantit pas cependant l'absolue vérité. Tout témoignage est discutable, la mémoire est parfois sélective. Il est révélateur qu'aucun ne fasse référence aux comptes rendus du procès.

Dans l'océan d'écrits nés du drame de la *Méduse*, quelques approches historiques sérieuses surnagent. Sans nous y attarder,

---

[1] Auguste Bailly, *Le Radeau de la Méduse*, Paris, Renaissance du livre, 1929.

[2] Eugène Sue, *La Salamandre* (1832), rééd. Paris, Des autres, 1979 ; Jules Verne, *Le Chancellor* (1875), rééd. Paris, Gallimard, 1978.

signalons le plus récent, incontournable, les plus de 600 pages de Michel Hanniet, compilation critique d'à peu près tout ce qui s'est fait ou dit sur le sujet. Regrettons que cette somme irremplaçable reprenne à son compte la fable qui fait de G. T. Mollien le fils du ministre impérial. Cette erreur trop fréquente, qu'on trouve encore dans les publicités de certains bouquinistes inspirés de Larousse, ne change pas la valeur globale du travail de Michel Hanniet.

Le naufrage selon Mollien

Le témoignage oculaire de G. T. Mollien est donc l'un de ceux susceptibles de contribuer à l'approche historienne, rectifiée, du drame de 1816. Il mérite cependant quelques remarques préalables.

Michel Hanniet va jusqu'à assurer qu'il n'était pas écrit pour la publication. Rien, en fait, ne permet de le dire, ni dans le texte lui-même, ni dans la présentation de son héritier Ravaisson-Mollien, qui en provoqua l'édition en 1889. Rien ne permet de dire à quelle date il fut écrit, peu après le naufrage, ou cinquante ans plus tard, souvenirs de vieillesse. La question restera sans réponse.

Il n'est pas si facile de retrouver l'itinéraire raconté par Mollien : les noms de lieux ont parfois changé. La *Méduse* a ainsi frôlé l'île de Madère, qui est tout de même à près de 700 km des côtes marocaines, puis les Canaries (Ténériffe), avant d'obliquer vers le sud-est, de longer les rivages du Sahara occidental, à partir du Cap Bojador, qu'il dit Bayador (Boujdour aujourd'hui). Le navire échoue peu après avoir dépassé le Cap Blanc, sur lequel s'étend aujourd'hui la ville mauritanienne de Nouadhibou. Elle fut, il y a soixante-dix ans, l'escale de Port-Étienne, fréquentée par les avions de l'aéropostale, illustrée par les compagnons de Saint-Exupéry (*Courrier Sud* et *Vol de nuit* datent de 1929 et 1931 respectivement). Quelques dizaines de kilomètres plus au sud, l'île d'Arguin, sur laquelle Français et Hollandais se sont disputés la traite de la gomme dès le 17ème siècle. Le fort est en 1816 abandonné. Seuls quelques pêcheurs avaient survécu au massacre des indigènes en 1721. La zone est, en tout cas, connue, cartographiée, et il faut un capitaine ignare comme Chaumareys pour aller s'échouer sur le banc d'Arguin proche, longue barre de sable et récifs volcaniques mêlés.

Mollien situe en latitude et longitude le naufrage correctement, on en a de nos jours repérés les débris. Il se targue de quelques connaissances maritimes et n'hésite pas à utiliser, à l'occasion, le vocabulaire des marins (venir au vent, touer un navire…).

Quelques erreurs toutefois, que son neveu Ravaisson constate : l'embarcation sur laquelle il prend place aborde, nous dit-il, la côte au cap Merich ou Mirick, celui dit Timirist aujourd'hui. Il lui faudra cinq jours de marche vers le sud pour atteindre l'île de Saint-Louis du Sénégal : soixante lieues, selon lui, soit 270 kilomètres. En fait, près de 350, le long de côtes sablonneuses, qui ne sont pas uniformément rectilignes. Erreur mineure : peut-être a-t-il compté cette odyssée terrestre en lieues maritimes, plus grandes d'un cinquième que celles en usage sur terre.

Le déplacement du groupe où se trouvait Mollien fut rapide en tous cas : soixante-dix kilomètres par jour ! D'autres, partis du même cap Mirick, auraient selon Mollien mis dix-sept jours pour aboutir, après bien des mésaventures. Cette partie de son récit, dramatisée, est de seconde main.

La marche au désert de Mollien et ses compagnons, durant trois jours sans boire, n'est de fait pas l'apocalypse exposée par Corréard et Géricault. Est-ce la raison pour laquelle le jeune rescapé n'a pas publié son récit, que le public friand de versions plus sanglantes eût boudé ? On ne peut manquer d'être frappé dans sa version du décalage entre la peur et le mépris que lui inspirent les Maures rencontrés (« laideur repoussante… saleté »), et l'aide apportée par les mêmes nomades, qu'il reconnaît. Les deux marcheurs du groupe, qui se sont éloignés, pris par les Maures, sont amenés au gouverneur de Saint-Louis « contre une modeste rétribution », après avoir été nourris de « bouillie de lait caillé et de mil » : c'est-à-dire de leurs aliments quotidiens. Il en est de même pour le reste du groupe.

Les nomades de l'émirat du Trarza, riverains du fleuve Sénégal, qui accompagnent les rescapés à bon port, sont, dit-il, « attentifs à pourvoir à nos besoins ». Même contradiction lors du séjour à Dakar : Mollien qualifie les indigènes du Cap Vert de « barbares », tout en décrivant leur serviabilité. Elle va même jusqu'à la complaisance, quand leur chef, Moktar, n'hésite pas à livrer des matelots déserteurs blancs et noirs. En fait, le jeune voyageur, imprégné des préventions de son milieu à l'encontre des Africains, rencontre une première fois les réalités de ces peuples.

Ce n'est pas le seul point sur lequel l'idéologie, les affinités politiques, pèsent sur le récit de Mollien. Il est évidemment sans complaisance pour l'incapacité, la lâcheté du capitaine Chaumareys. Mais cela ne va pas jusqu'à mettre en cause le favoritisme politique qui l'a fait abusivement le responsable du navire. Il était pourtant, dès 1817 et le procès, difficile de ne pas connaître les critiques de la presse libérale, G. T. Mollien n'est pas de cette coterie ; il est, il sera fidèle à la Restauration, qu'il servira sans barguigner au sein du corps diplomatique jusqu'à la révolution de 1830 qui l'évincera de son rôle de représentant de la France officielle outre-mer.

Un autre aspect, fugace, du témoignage de Mollien, préfigure son œuvre majeure, de deux ans postérieure au naufrage, la *Découverte des sources du Sénégal et de la Gambie.* Son premier contact avec l'Afrique lui permet de décrire en quelques phrases précises le hameau français de Dakar, fait de quatre maisons délabrées sur le Cap Vert, survivant, face au comptoir de Gorée, de la contrebande, grâce à la complaisance intéressée des Lébous qui y vivent. Ceux qui connaissent la démentielle conurbation d'aujourd'hui apprécieront. Le goût de la découverte affleure, quand ce premier contact amène Mollien à affirmer la sous-région, qu'il baptise « Afrique Centrale », « riche des dons de la nature », mais dépourvue de fruits comme « les autres colonies », ce qui désigne ici les îles d'Amérique. Car, et ce n'est pas le moins révélateur, l'aventure est au croisement des deux colonisations françaises successives, celle des îles à sucre et à esclaves, qui fut florissante au siècle précédent, et celle de l'Afrique, en gestation dans les esprits. Un événement raconté symbolise ce passage de relais : c'est l'extraordinaire aventure de ces soldats noirs, Peuls et Wolofs (libres ou esclaves on ne sait), venus des îles antillaises, qui entraînent dans leur fuite dix matelots européens. La tentative échoue, mais l'un d'eux, Peul, réussit l'échappée et animera, selon Mollien, la résistance à la conquête française en 1820.

G. T. Mollien, explorateur et diplomate

Ce début de carrière était fort imprévu ; elle fut une entrée en matière. Après quelques mois de service à Gorée (son neveu Ravaisson lui attribue durant ce laps de temps la direction de l'hôpital de l'île, ce qui paraît démesuré pour ce jeune commis principal de marine), revenu en France, il obtient du nouveau gouverneur du Sénégal, M. de Fleuriau, une mission d'exploration « des sources du Sénégal, de la Gambie et du Niger », le 7 février 1818[1]. Ce voyage, du Sénégal ouolof aux montagnes du Fouta Djalon, en Guinée forestière actuelle, dure jusqu'au début janvier 1819. Presque un an de voyage, raconté avec brio par Mollien dans deux volumes qui lui assurent la notoriété à son retour à Paris. Elle lui vaut d'emblée la légion d'honneur, accordée par le roi le 1er septembre 1819. Sa carrière diplomatique se dessine alors, et en juin 1822, M. de Montmorency, premier ministre, avec l'assentiment du ministre de la marine, dont il dépend, l'envoie en Colombie, nouvel état indépendant né en Amérique centrale de la révolution anti-espagnole, selon les Archives diplomatiques, « pour engager ses habitants à solliciter la médiation de la France ».

Le traitement annuel de 12 000 F alloué pour la durée du voyage n'est pas négligeable. Parti en août 1822 de France, son périple l'amène à passer quelques jours à Washington aux États-Unis (« ville prodigieusement grande, solitude fort triste »), avant d'aborder le 1er janvier 1823 à Santé Fé de Bogotá. Agent secret autant que voyageur, il passe trois mois à Bogotá, puis traverse en près de quatre mois la nouvelle république créole jusqu'à l'isthme américain. Au total, dix mois d'observation du pays dans sa diversité, des populations qui le peuplent et s'opposent, de ses institutions : « les noirs demandent la liberté ; les mulâtres, l'extinction des préjugés ; les métis indiens, la cessation de la guerre ; les Indiens, leurs privilèges » ; « les Indiens, ni obligeants, ni hospitaliers » ; « les blancs, minorité qui a hérité du pouvoir des Espagnols... comptent sur l'appui des Indiens, ennemis mortels des nègres » ; « le système

---

[1] Archives diplomatiques, dossier personnel, série 1, carton 231, cote 2934. Les instructions de M. de Fleuriau sont données *in extenso* dans la *Découverte des sources du Sénégal et de la Gambie*, éd. de 1889, p. 61-63.

fédératif peut seul préserver les grandes républiques du despotisme »[1].

Souvent fort pertinentes (Mollien est bien en 1823 l'un des premiers à imaginer le canal de Panama que construira Lesseps trois quarts de siècle après), ses notes sont publiées en deux volumes à Paris dès son retour, et rééditées en 1825, sous le titre *Voyage dans la république de Colombia.*

Ce deuxième ouvrage de G. T. Mollien a autant de succès que le premier, il est vrai que les insurrections contre l'Espagne des partisans de Bolivar en Amérique centrale ont un grand écho dans l'opinion française de l'époque. Elles sont un enjeu politique, entre partisans ultras de la Monarchie restaurée et « libéraux » : dans ses *Mémoires*, Canler, qui était alors chef de la sûreté et policier très politique, raconte comment « Les libéraux français qui désiraient le triomphe de Bolivar, saisirent cette occasion pour adopter dans leur costume un signe distinctif de leur opinion ; il choisirent pour coiffure un chapeau à bords plats et larges, qu'on nomma « bolivar » et portèrent un manteau long dont le devant était garni de velours cramoisi ; cette partie était jetée sur l'épaule gauche de manière à laisser voir le velours... Les royalistes, de leur côté, adoptèrent, pour se distinguer, un chapeau très cintré, dont les bords, sur le côté, étaient presque roulés, tandis que sur le devant et le derrière, ils retombaient en forme de bec ; on appela cette coiffure du nom du général espagnol, « morillo » ; leurs manteaux étaient semblables à ceux des libéraux, seulement le velours en était noir »[2]. La mode exprime souvent les conflits idéologiques, surtout quand d'autres moyens d'expression sont interdits.

Curieusement, l'ouvrage de Mollien, à l'inverse du premier de ses écrits, ne sera jamais réédité jusqu'à nos jours en France, bien que traduit plusieurs fois à l'étranger, en espagnol et en anglais. Fait plus bizarre encore, si l'on en trouve quelques exemplaires originaux chez des collectionneurs et bouquinistes, il est absent de la Bibliothèque nationale de France.

Ce deuxième récit de voyage fait en tout cas de Mollien un diplomate titulaire. Il se voit confier une nouvelle mission confi-

---

[1] *Voyage dans la république de Colombia*, Paris, Arthus Bertrand, 2e éd. 1825, vol 1, p. 232 ; vol 2, p. 28 ; vol 2, p. 68 ; vol 1, p. v ; vol 1, p. 207 respectivement.

[2] Canler, *Mémoires*, rééd. Paris, Payot, 2002.

dentielle aux Caraïbes par le nouveau ministre des Affaires étrangères, François René de Chateaubriand. Celui-ci, on le sait, s'intéresse beaucoup aux affaires d'Espagne, au point d'y expédier des soldats français combattre les soulèvements libéraux. Gageons que les proclamations de Mollien dans son livre, très favorable à l'œuvre coloniale espagnole mise à mal par les Bolivariens, ont plaidé en sa faveur aux yeux de l'écrivain-ministre monarchiste. Le jeune commis de marine est donc rattaché en 1824 aux Affaires étrangères, « par un traitement d'expectative de 4 000 francs ». Son dossier personnel aux Archives diplomatiques permet de suivre sa carrière, parfois heurtée : vice-consul au Cap Haïtien le 14 août 1825, il inflige le 29 avril de l'année suivante trois jours de prison et 50 francs d'amende à un instituteur et à un élève en médecine, deux des trente Français présents au Cap, pour « outrages à son égard ». Bien que les condamnés en aient appelé au ministre, l'incident ne semble pas lui avoir coûté puisqu'il est nommé consul au même poste le 22 juin 1828. Par une lettre de janvier 1830, sa sœur, Mme Ravaisson, 3 rue de Corneille à Paris, sollicite qu'il soit nommé consul général à Port-au-Prince, le titulaire étant décédé. Elle rappelle que G. T. Mollien, d'ores et déjà, négocie au nom de la France la reconnaissance de la république haïtienne contre une dette[1].

Notre diplomate est en effet en Haïti (comme précédemment en Colombie) quelque peu agent d'information : ses multiples correspondances avec le ministère relèvent du renseignement et de la négociation secrète, ainsi des rapports de janvier et mars 1828 sur les complots avortés d'officiers haïtiens. Mais l'essentiel de ses notes rend compte des laborieuses tractations autour de la dette haïtienne et de l'indemnisation des colons dépossédés par le soulèvement des esclaves. Le gouvernement haïtien a négocié dès 1828 sa réconciliation avec la France contre une dette énorme de 150 millions de francs. Pour ce faire, Haïti doit emprunter à des banquiers parisiens dont M. Laffitte, quelque vingt-quatre millions de francs, partie infime du total, qui grève déjà son budget d'intérêts colossaux, estimés par Mollien à 1 800 000 francs.

En fait, la négociation bute sur une réalité évidente : quelles que soient les modalités, cette dette n'est pas à la portée des finances

[1] Archives diplomatiques, personnel, série 1, carton 231, cote 2934.

haïtiennes, et les représentants de l'île indépendante ne peuvent que régler le solde en plusieurs décennies. À la fin de 1828, Haïti en est à proposer à Mollien de payer six millions de francs par an jusqu'en 1851, ce que Paris juge inadmissible ; c'est pourtant déjà une condamnation au non développement de l'île, qui pèsera très lourd sur l'avenir bien sombre du peuple haïtien[1].

G. T. Mollien, promu officiellement consul général à Port-au-Prince le 12 mai 1831, avec 40 000 francs annuels de traitement, ne parvient évidemment pas à arracher l'accord des Haïtiens sur ce qui serait pour eux suicidaire. Le nouveau régime français, soumis au roi Louis Philippe, lui en tient rigueur au point de le mettre au placard. C'est ce que révèle une note manuscrite de lui, non datée : « depuis neuf mois, Mr Mollien n'a pas cessé d'être considéré comme consul général d'Haïti en congé ; à ce titre, on lui a payé sa demi solde... ».

Cette inactivité forcée a eu ses bons côtés : durant ce laps de temps, Mollien a rédigé les centaines de pages manuscrites de son *Histoire d'Haïti–Saint-Domingue* et les *Mœurs d'Haïti*, éditées pour la première fois dans ce volume.

La carrière de notre diplomate n'est pas terminée pour autant, mais sans gloire particulière : il est consul de France à la Havane en juin 1834 ; nommé à Caracas en septembre 1840, il ne rejoindra pas et reviendra assumer son poste à Cuba d'avril 1841 à 1849 : quinze années de présence à Cuba, selon son neveu, peut-être interrompues par les nouvelles autorités de la deuxième république proclamée à Paris. Mollien, encore jeune (55 ans), ne semble plus avoir assuré de poste diplomatique après cela : il est vrai que le déroulement de sa carrière a parfois tenu à des accointances politiques autant qu'à ses capacités de diplomate. Cela lui a coûté : le 19 mars 1841, à l'Assemblée, un député, le marquis de Lagrange, a accusé Mollien, consul à la Havane, d'avoir suscité « de graves difficultés à l'illustre chef de l'expédition du Mexique »[2]. Il s'agissait en fait du général Iturbide, président-dictateur à Mexico de 1821 à 1855.

Mollien, jeune retraité, ne perd pas le goût du voyage. Selon son neveu Ravaisson, il visite dès 1856 l'Inde et bien d'autres pays d'Asie. Les manuscrits déposés à la Bibliothèque municipale de

---

[1] Archives diplomatiques, série correspondance politique, Haïti, vol 3.
[2] Archives diplomatiques, personnel, série 1, 231-2934.

Calais permettent de suivre, au jour le jour, ce grand voyageur. Revenu d'Inde en 1852, il est au début mai 1853 à Londres pour y voir les richesses d'Égypte antique, en mai 1855 sur un navire au large de Dakar, en juin près du Cap, en juillet de l'île Maurice. Cet été-là, l'Australie, Ceylan, Malacca, les Moluques, le voient passer, avant qu'il ne débarque en Chine. Il y reste tout le mois d'août, avant de revenir vers l'Occident, longeant les Philippines, les côtes indiennes, la Mer Rouge. Durant le mois d'octobre, il visite Djeddah et Médine, Jérusalem et l'Italie, avant d'aborder à Marseille enfin : l'équivalent d'un tour du monde[1].

Installé à Nice sur ses vieux jours, Mollien y meurt le 28 juin 1872, à l'âge de 76 ans.

II : MŒURS D'HAÏTI

Ce manuscrit inédit conservé à la Bibliothèque municipale de Calais est aujourd'hui en tel état de conservation qu'il est inaccessible au public. Raison de plus pour en éditer la transcription à l'exception de quelques passages indéchiffrables concernant la langue créole (chap. VII).

Complément indispensable de l'histoire d'*Haïti ou Saint-Domingue*, éditée précédemment en 2 tomes, il se veut une relation détaillée de l'état du pays, commencée sur place en 1831, achevée à Cuba en 1834. Elle était certainement destinée à la publication : le contexte politique, les avatars de la carrière de Mollien ne le permirent pas.

Ce texte a les mêmes caractéristiques que l'histoire d'Haïti : un style souvent agréable, des analyses intelligentes et une nostalgie évidente, réactionnaire, de la colonisation esclavagiste détruite par la révolution noire. Il a peut-être en plus une richesse d'observation sur le terrain, qui en accroît la pertinence et la valeur.

Le manuscrit débute par une série d'informations sur l'économie de la colonie de Saint-Domingue avant 1789. Ils sont extraits, selon Mollien lui-même, d'une brochure anonyme de 1808. Nous en publions l'essentiel en préalable du texte.

---

[1] BM Calais, Mollien, manuscrits 94 et 95.

Ces chiffres sont évidemment sujets à caution. Mais les ordres de grandeur correspondent à ceux établis par les historiens d'aujourd'hui. Quand Mollien estime qu'en 1789, Saint-Domingue exporte 7 004 274 livres de coton et 76 286 330 livres de café, Jean Tarrade, d'après les documents des Archives nationales et antillaises, cite 6 286 100 livres de coton et 68 151 200 livres de café, et Pierre Pluchon, d'après le traité d'économie de Page de l'an IX, annonce 6 835 300 livres de coton et 67 982 700 livres de café. Quand Mollien estime à 337 717 527 livres-monnaie la valeur du commerce domingois en 1789 (exportations + importations), Pluchon (et Page) parlent de 312 135 000 livres. Les constats essentiels se rejoignent : énorme progrès des cultures de traite à Saint-Domingue au 18e siècle, rôle majeur du trafic colonial issu de Saint-Domingue dans l'économie maritime française en 1789. Mollien cite 723 navires français trafiquant de l'île vers la France, pour un total de 193 154 tonneaux, et 527 navires de France vers Saint-Domingue, pour 165 280 tonneaux. Tarrade, lui, réduit ces chiffres respectifs à 499 navires et 156 562 tonneaux, et 465 navires pour 138 624 tonneaux. En tout état de cause, ce trafic représentait près du tiers du commerce extérieur de la France en 1789[1].

Ces mêmes remarques valent pour les chiffres de population de Saint-Domingue. Pluchon donne pour 1788, 27 717 blancs, 21 808 mulâtres ou noirs libres et 405 564 esclaves : le constat est identique, près d'un demi million d'esclaves pour un petit dixième de Blancs et métis libres.

L'intention de Mollien est évidemment d'opposer l'état lamentable du pays ravagé par la révolution à sa prospérité antérieure.

Nostalgies passéistes et modernisme colonial

La nostalgie du temps béni de l'esclavage amène Mollien à idéaliser le passé, à regretter même le paternalisme des colons, payés d'ingratitude : « il était venu un temps à Saint-Domingue où l'on cherchait à se surpasser en traitant bien ses esclaves… c'était à qui leur donnerait les meilleurs aliments, les plus beaux vêtements,

---

[1] Voir Jean Tarrade, *Histoire de la France coloniale des origines à 1914*, Paris, Armand Colin, 1991 et Pierre Pluchon, *Histoire de la colonisation française*, Paris, Fayard, 1991.

et même une certaine éducation » ; vision évidemment inspirée des planteurs français dépossédés : Mollien n'a jamais rejoint l'anti-esclavagisme fort influent pourtant dans les milieux cultivés français d'après 1830.

Mais ne nous y trompons pas : son regard n'est pas que plainte nostalgique. Il est aussi l'analyste lucide de la société haïtienne nouvelle. Il décrit clairement la structure de la paysannerie haïtienne, les restes de l'économie de plantation, la petite paysannerie propriétaire, le glissement de l'économie sucrière vers le café et l'économie vivrière sur les mornes. Il note aussi que « les plaines couvertes de vastes forêts » ont souvent remplacé les étendues de canne, et que les paysans des sucreries restantes, pourtant les mieux rétribués, connaissent un sort peu différent de leurs ancêtres esclaves : le métayer devait souvent verser 60% de sa récolte au maître de la plantation (chap. 2) !

Les analyses de Mollien sont évidemment moins lucides que ses descriptions parce qu'alourdies de préjugés fort discutables. Certes, le prix du sucre a chuté, au point que le café a pris souvent sa place depuis 1820. Mais, contrairement à ses dires, la cause n'en est pas à la mauvaise qualité du produit, au « dépérissement de l'espèce » des Haïtiens, « enfants dégénérés de l'Afrique », au « tempérament naturellement débile », qui se reposent du vendredi au lundi soir et se transmettent des maladies contagieuses. Comme beaucoup de ses contemporains, Mollien attribue paresse et immoralité aux Noirs au point de laisser entendre que « l'insouciance des enfants » et « l'absence des blancs » ont amené à se répandre la petite vérole (qui est, en fait, une infection virale, pas une maladie sexuellement transmissible).

La réalité historique est plus proche finalement de la croyance haïtienne en une « conspiration contre le sucre d'Haïti », dont il se moque. Car la révolution haïtienne fait peur, les puissances coloniales esclavagistes ont craint la contagion dès son avènement, boycotté ses produits. Et surtout, les planteurs espagnols à Cuba, « Américains » du Sud des États-Unis, Français aux petites Antilles et à la Réunion ont massivement développé le sucre et les esclaves après 1810, quand nombre d'habitations de Saint-Domingue avaient brûlé. Les cours du sucre de canne, de ce fait, ne pouvaient que baisser, alors que le sucre de betterave prenait son essor en France continentale.

Ne limitons pas Mollien toutefois à ce regret de la « perle française des Caraïbes » détruite par la révolution des esclaves haïtiens. Son regard est aussi celui des coloniaux du 19e siècle, occidentaux au regard froid, qui vont entamer bientôt le partage du globe et ne jugent d'une contrée que par le profit que l'on en tirera. C'est de ce point de vue qu'il pourfend les abolitionnistes britanniques, les politiciens Brougham et Wilberforce, qui ont fait en 1825 des investissements miniers à l'est d'Haïti, avec l'accord du président Boyer : Mollien, qui propose en introduction tout un projet de développement du côté espagnol de l'île (l'actuelle république Dominicaine) annexé par l'état haïtien, soupçonne la sollicitude anglaise pour Haïti de mobiles très matériels.

C'est dans cette optique qu'il faut lire sa remarque du premier chapitre : « le pays n'est pas entièrement abandonné. Nous ne sommes pas loin de penser qu'on s'occupe d'en relever l'éclat. » Elle est dans le droit fil de l'action menée sans succès par notre diplomate-négociateur pour faire accepter par l'état haïtien une sujétion financière par la dette contre une indépendance théorique, interdisant tout développement : ce que l'on nommera au 20e siècle finissant « néo-colonialisme ».

G. T. Mollien monarchiste

Notre auteur n'est pas plus démocrate ou républicain que ne l'était son protecteur de 1824 au Quai d'Orsay, François René de Chateaubriand. Nous l'avons vu dans son histoire d'*Haïti ou Saint-Domingue*. À l'image du gentilhomme de Bretagne, il n'aime pas les révolutions, encore moins les révolutionnaires, et préfère l'inégalité aux violences de la liberté. Cela n'interdit pas l'observation précise et détaillée des mécanismes de l'état du président Boyer : police, justice, fonctionnariat des rouages qu'il apprécie d'autant plus qu'ils ont quelque air français. Cet état haïtien, en tout cas, fonctionne, en 1830. La description des hôpitaux où « chaque malade a son lit, ses matelas, ses draps, son linge », pourrait faire rêver les citoyens haïtiens de 2006, soumis à la déliquescence actuelle de tous les services publics (chap. 3).

Évidemment, il sera plus difficile au lecteur d'aujourd'hui d'enfourcher la vision très personnelle de Mollien des révolutions de son temps. Selon lui, si en France, en 1789, on voulait la démocratie (ce qu'il n'approuve pas), le Créole haïtien, comme les révoltés des États-Unis, n'aspirait qu'à « l'oligarchie d'une couleur », à « l'indépendance oppressive de sa caste ». Mollien s'obstine à nier l'aspiration de la majorité noire haïtienne à la liberté générale comme motif de l'insurrection des esclaves. Or, qu'on l'approuve ou pas, ce désir d'affranchissement, donc de démocratie sociale et politique, était bien le moteur initial, même s'il a été dévié après 1802 en despotisme et inégalité.

Cette inégalité, Mollien, lucidement, la voit, mais il l'approuve, sous prétexte que « la liberté est un présent fatal entre les tropiques quand elle est sans bornes » (chap. 2). Il trouve, de ce fait, nécessaire le Code rural de 1826, promulgué par le président Boyer, qui rétablit le travail forcé au profit des grandes exploitations (pour exporter plus, et donc payer l'indemnité réclamée par la France). Le mécontentement qui en résulte amènera pourtant l'instabilité, et finalement la chute du président en 1843, et la proclamation, en 1844, d'une république indépendante hispanophone de Santo Domingo à l'Est de l'île. Dans le même temps, beaucoup de paysans haïtiens ont fui les plantations des plaines pour aller survivre dans les mornes, en cultivant maïs et légumes.

Ici encore, ne réduisons pas Mollien à sa dimension de réactionnaire borné. Il est aussi dans l'air du temps, contemporain de la conquête d'Alger par la France, prémices d'un immense empire africain. L'argument climatique qu'il utilise (il est impossible aux Européens de cultiver la terre en pays chauds, seuls les Africains peuvent le faire sans danger – chap. 2), servira, deux siècles durant, à justifier la conquête coloniale et le travail forcé dans les colonies subsahariennes.

L'invention d'un racisme « moderne » ?

Paradoxalement, G.T. Mollien est moderne aussi par le côté le plus critiquable de son texte. Il élabore notamment au chapitre V une théorie « racialiste » qui s'insère dans le processus de formation du racisme « scientiste » caractéristique de la deuxième moitié du 19e siècle (et du grand partage colonial des continents équinoxiaux).

Rappelons tout d'abord, que cette approche de l'histoire par la « race » généralement définie par la couleur de peau, est, en 1830, à la mode et que les meilleurs esprits y succombent. Le grand poète Lamartine, par ailleurs sincèrement républicain et abolitionniste, publie en 1830 un mélodrame, intitulé *Toussaint Louverture*[1]. Les Haïtiens y sont qualifiés de « pauvre chair changée en troupeau, qui, de vous-mêmes, race immonde, portez le deuil sur votre peau » !

Mollien, lui, accouche d'une théorie originale expliquant la diversité des peuples de la terre. Au départ, dans son schéma, il existe deux types humains, noir et blanc (ce qui ne peut que rappeler Adam et Eve de la Genèse), et de leur rencontre est né le métis. Il partage donc l'humanité en « trois races d'hommes primitives », « nègres », « blancs » (dont les Arabes), et « jaunes » (dont les Chinois ou Tartares). La plupart des hommes modernes sont donc issus de métissages, car « ils proviennent tous d'un même père et d'une même mère, et au lieu d'appartenir à des races diverses d'hommes, ils ne constituent que des castes particulières ». Il s'est fait à partir de ce point de départ « un mélange continuel et incalculable » des « cent quarante-quatre nuances que les colons sont parvenues à classer ».

L'allusion est précise et se réfère sans le dire au classement fait en 1789 par Moreau de Saint-Méry, colon de Saint-Domingue, des diverses populations « de couleur », d'après leurs antécédents paternels et maternels :

- Le sacatra, le plus proche du nègre, a de 112 à 120 « parties noires » sur 128
- Le griffe, de 96 à 104 « parties noires » sur 128
- Le marabou, de 80 à 88 « parties noires » sur 128
- Le mulâtre, de 58 à 72 « parties noires » sur 128
- Le quarteron, de 32 à 57 « parties noires » sur 128
- Le métif, de 16 à 24 « parties noires » sur 128
- Le mamelouc, de 8 à 12 « parties noires » sur 128
- Le quarteronné, de 4 à 7 « parties noires » sur 128
- Le sang-mêlé, de 1 à 3 « parties noires » sur 128.

[1] Rédigé en 1840, publié en 1850, ce « poème dramatique » a été réédité par Léon François Hoffmann, coll. Textes littéraires CIV, Exeter (G.-B.), Presses universitaires d'Exeter, 1999.

À remarquer que, dans ce système ahurissant mais qu'appliquait scrupuleusement la justice, tout homme qui n'a point huit parties de blanc est réputé noir, alors que celui qui a ne serait-ce que deux parties de noir n'est pas considéré comme blanc ! Noblesse de peau oblige. Ce classement racial relève évidemment plus du fantasme subjectif que de la différenciation physiologique.

Dans la « démonstration » de Mollien, le récit biblique est curieusement mis à contribution : les anges deviennent les « hommes primitifs », avant le métissage ultérieur. Le lecteur pourra, selon son humeur, qualifier ces pages de galimatias pseudo-métaphysique ou d'envolées poétiques. C'est en tout cas, une version de la Genèse peu orthodoxe, qui la réduit à une succession de métaphores.

Rien de scientifique dans tout cela, rien de catholique non plus, mais quelques trouvailles, comme le soleil tropical représenté en « épée de feu » à l'entrée du jardin d'Éden.

La théorie « trinitaire » de Mollien, faute de publication, n'a pas laissé de traces au 19e siècle. Elle était une construction théorique parmi bien d'autres. Au fil du siècle, seront élaborées diverses doctrines « racialistes », expliquant les sociétés humaines par la couleur de peau. Ces théories se voudront rationnelles et scientifiques, au-delà des dogmes de l'église catholique. Très diverses, elles convergent toutes vers la croyance élaborée, d'un partage de l'humanité en « races » distinctes, naturellement porteuses de qualités et de défauts indélébiles sur le plan physique et moral, et, de ce fait, plus ou moins inégales.

Mollien a résumé son classement des catégories humaines en un tableau (annexé au manuscrit) intitulé *Dispositions physiques, morales, intérêts, facultés, vices, des trois races primitives du genre humain dans l'état sauvage.* Ce résumé peut prêter à sourire. Il n'est, en fait, pas plus anti-scientifique que les affirmations de Gall et Lavater, « savants » reconnus de l'époque, inventeurs de la phrénologie, au terme de laquelle, le cerveau étant le siège des facultés de l'âme, on peut repérer les différentes dispositions d'un homme par les protubérances de son crâne. C'est en 1853, une courte génération plus tard, que Gobineau publiera son *Essai sur l'inégalité des races humaines.* Ces idées sont à la mode et se préciseront au cours du 19e siècle en une construction pseudo-scientifique justifiant l'expansion européenne.

Remarquons au passage une différence évidente avec le racisme contemporain, qui très souvent a refusé aux Sémites, Arabes et Juifs, la « qualité » de race blanche, dite « aryenne » par les nazis, ou « caucasienne » aux États-Unis.

La seule spécificité de la théorie de Mollien est le rôle majeur qu'il attribue au métissage. Son poids dans l'histoire haïtienne en est la raison essentielle, mais aussi la lecture de scientifiques du 18e siècle, comme Buffon, Cuvier ou l'Américain Franklin. Il nie l'existence de « races pures » dans le monde contemporain, et va même jusqu'à proclamer que tout gagne au croisement des races, l'art, la science, opinion qui peut faire sursauter nos modernes xénophobes. Plus loin, curieusement, il ajoute que « le croisement trop fréquent des races nuit à l'unité si désirable de l'esprit humain, et ne produit, comme en Europe, et surtout en France, qu'un pêle-mêle, une matière vaseuse… » : tout cela est bien contradictoire.

Si les conclusions de cette « théorie trinitaire » peuvent être jugées elles-mêmes sinon « vaseuses », du moins confuses, le sont-elles moins que celles en usage aujourd'hui, revisitées par la génétique ? Faut-il vraiment s'étonner de la grande part d'irrationnel présente en tous racismes, alors qu'ils ne sont qu'hypothèses théorisées pour justifier la soumission de certains hommes à d'autres ? Cette idéologie de l'inégalité par la couleur de peau n'est après tout née qu'avec la domination coloniale, et s'est perpétuée avec les rapports de sujétion contemporains. Cham, fils maudit de Noé, traînera encore longtemps la malédiction initiale ; son épiderme sombre permet à ses frères au teint blême de l'opprimer sans se sentir coupables. L'argument justificatif varie suivant les occurrences, le mobile est toujours le même.

La généralisation de la « théorie trinitaire » par Mollien, l'amène à des erreurs manifestes. Il observe à juste titre que les Noirs d'Afrique occidentale pratiquent l'esclavage, et même vendent d'autres Africains noirs aux traitants européens, alors qu'à l'inverse les Peuls (Foulahs) et les Maures, éleveurs nomades, ne vendent que des nègres, jamais l'un d'entre eux. Mais son explication est fausse : ni les Peuls, ni les Maures ne peuvent être considérés comme des métis de Noirs et de Blancs définis par leur race, fut-elle hybride. Ils se caractérisent par leur langue, leur culture (éleveurs, nomades, au désert du Sahara pour les Maures, dans les contrées saheliennes pour les Peuls). Les éléments noirs dans la société maure sont dus, pour l'essentiel, aux razzias esclavagistes, anciennes ou récentes, pratiquées au détriment des peuples plus méridionaux.

La raison essentielle de cette interdiction était religieuse : Peuls et Maures, islamisés, respectaient l'interdiction coranique d'asservir un croyant musulman. L'interdiction ne valait pas pour les non musulmans.

L'application de sa grille de lecture « racialiste » à des populations aussi diverses que celles de l'Inde ou d'Europe conduit Mollien à des analyses hasardeuses : le passage sur les Juifs et les Bohémiens (Tsiganes ou Gitans) est évidemment parsemé de contre-vérités, mêlées à quelques hypothèses vérifiées par les recherches scientifiques ultérieures : s'il est exact que leur langue démontre l'origine des « Bohémiens » nomades, au Nord de l'Inde, ils ne sont arrivés en Europe que durant le moyen âge, bien longtemps après les peuples germaniques ou celtes (dont les langues sont aussi indo-européennes). La comparaison des Juifs, « peuples vaincus », avec les Indiens d'Amérique est pour le moins farfelue.

Mollien ne nie pas l'influence du climat, fort en vogue au 18e siècle, mais nie qu'elle puisse expliquer les différences entre groupes humains et ne suit pas Volney à ce sujet. Mais, parallèlement, il sait remarquer, à l'inverse des racistes courants au 19e siècle, persuadés que seuls les Blancs sont beaux et connaisseurs du beau, que la notion en est subjective. Il remarque même avec humour l'attrait que ressentent les Européennes pour les formes rebondies dites « hottentotes » des femmes africaines. Que dirait-il aujourd'hui, quand les actrices occidentales se brunissent la peau et se font gonfler lèvres et seins... alors que le blanchiment d'épiderme est fâcheusement répandu à Dakar ?

Les descriptions par Mollien des « belles et vilaines espèces », « selon les proportions du croisement des diverses races d'hommes », ne sont pas toutes à prendre pour argent comptant : elles sont en tous cas, un témoignage irremplaçable sur les mentalités françaises à l'égard des Africains, d'Afrique ou d'Haïti, en 1830.

Quand il y a réelle observation (influence française, goût du farniente), Mollien l'attribue trop souvent à l'ardeur du climat, et trop peu à l'histoire de ces esclaves révoltés pour lesquels le travail est resté une contrainte et la paresse une conquête.

L'opposition entre Noirs haïtiens (ou antillais en général) et africains est justement observée, et persiste jusqu'à aujourd'hui : complexe de supériorité et d'infériorité, rancœurs de ceux dont les ancêtres furent vendus et déportés contre ceux dont les ascendants faisaient commerce d'esclaves avec les traitants européens, tout se combine pour faire de la négritude proclamée par Césaire, le Martiniquais, et Damas, le Guyanais, une idéologie volontariste de réconciliation plus qu'un sentiment naturel.

Influences croisées d'Afrique et d'Europe

République « noire » née d'une révolution anti-esclavagiste, Haïti est à la jonction d'influences africaines et françaises. Seule, en ce *melting pot*, l'antériorité caraïbe est quasiment absente, tant les indigènes « indiens » ont été dévastés. Le nom indien donné à Saint-Domingue, Ayti, relève du volontarisme historique.

Les références culturelles africaines sont évidemment les plus nombreuses parmi celles relevées par Mollien. D'abord sur les relations entre hommes et femmes. Parallèlement au mariage monogame hérité de la France, il note à juste titre la similitude du « placement » haïtien avec la pratique courante par les colons français au Sénégal de l'union temporaire. Admis par les autorités coloniales, toléré par l'église catholique, ce « mariage à la mode du pays » liait au colon séjournant quelques années en Afrique une « ménagère », dite « signare » à Saint-Louis. Son sort était moins enviable que la légende ne l'affirme. Le retour en France, seul, du partenaire masculin, était souvent un drame, notamment pour les enfants rejetés par les deux communautés, cela même si la « signare » délaissée conservait légalement une certaine aisance matérielle. Le « placement » en usage à Port-au-Prince est très proche. L'origine en est africaine, mais aussi héritée du contact colonial en Afrique (chap. VI).

Plus directement, Mollien note que la carte du tendre n'est guère plus en usage en Haïti qu'au Sénégal, que l'attirance entre les sexes se réduit généralement à la quête de volupté et en donne une explication climatique qui vaut ce qu'elle vaut : « les sentiments vifs et délicats s'évaporent dans les pays chauds… la polygamie qui répugne tant aux Européens est du goût de tous les peuples équinoxiaux » : jugement « normal » d'un Européen du 19e siècle pudibond et hypocrite, faisant mine d'ignorer les milliers de prostituées et de femmes entretenues peuplant les rues bourgeoises de Paris ou de Londres. Mollien, plus lucide que bien d'autres, s'inscrit tout de même en faux contre le mythe colonial de la lubricité africaine (chap. VI).

L'influence africaine la plus évidente sur Haïti en 1830 est évidemment d'ordre religieux, par le biais du vaudou. Le témoignage est important, plus pertinent en la matière que toute une tradition coloniale. Mollien voit bien le vaudou comme une religion, transférée d'Afrique en Amérique (on retrouve le même phénomène religieux au Brésil esclavagiste, et à Cuba, sous le nom de *santería*).

Le vaudou est, comme il l'exprime, venu du Golfe de Guinée (Bénin actuel), plutôt que du Congo (que Mollien, d'ailleurs, ne connaît pas). Les observations très pertinentes se mêlent aux définitions plus approximatives ; pouvait-il en être autrement à cette date, pour un culte essentiellement clandestin ?

Sous la protection du président Boyer et des élites mulâtres, le catholicisme est en Haïti religion officielle avec un clergé massivement européen. C'est d'ailleurs la raison essentielle du développement du vaudou dans les milieux populaires, comme forme de résistance à l'idéologie des nouvelles autorités. Ce caractère clandestin du vaudou amène Mollien à comparer ses prêtres, qu'il nomme les « papas » (les *oungans*) à ceux de « l'église catholique française » ; ce groupe schismatique éphémère, fondé à Paris par l'abbé Chatel, eut quelques centaines d'adeptes vers 1830. Rejetant certains dogmes et l'autorité des papes, Chatel mêlait une sorte de socialisme utopique, démocratique et féministe, à des conceptions gallicanes inspirées du clergé constitutionnel de la Révolution. Pour Mollien, il est l'exemple du prêtre marginal et méprisé, comme, selon lui, le sont les prêtres autochtones haïtiens.

Mollien a bien vu cet aspect oppositionnel du vaudou, mais il l'assimile un peu trop aux sociétés secrètes (de nature politique) nombreuses alors en France. Il a, par contre, bien noté le culte de la couleuvre, signalé par Moreau de Saint-Méry en 1787, essentiel dans le vaudou au Bénin et en Haïti, même si le rapprochement avec le rôle du serpent biblique tentant Eve est plus hasardeux.

Limiter la pratique vaudou au culte du serpent est évidemment réducteur. Les concepts religieux employés par Mollien sont parfois approximatifs : le fétichisme (usage d'objets porteurs de pouvoirs surnaturels, protecteurs ou maléfiques), le totémisme (le totem est la représentation d'un animal ou d'une plante considérés comme ancêtres mythique du clan), le panthéisme (toute vie, tout objet, contient Dieu), sont des notions religieuses distinctes et parfois imprécises. La représentation animale des Dieux égyptiens, forme de polythéisme, s'en différencie. Mollien n'hésite pas, en bon Voltairien, à assimiler l'eau (bénite) et l'huile (Saint-Chrême) consacrées dans le rituel chrétien aux fétiches africains.

Le lecteur féru d'histoire des religions pourra lui en faire reproche. L'historien sera reconnaissant à Mollien d'avoir dès 1830 décrit, l'un des premiers, de façon rationnelle et respectueuse, les pratiques vaudou de funérailles, la croyance héritée de l'Afrique dans les zombis (chap. VI).

Le chapitre VII consacré à la langue créole paraîtra évidemment plus discutable aux linguistes actuels, qui n'en sont plus à l'approche un peu méprisante de « patois français ». Mollien remarque bien les apports africains et indiens dans le vocabulaire, peu dans la syntaxe où il est essentiel. Le dialecte populaire n'était pas encore, semble-t-il, unifié sur toute l'île. Les langues africaines des esclaves haïtiens étaient diverses. Ce chapitre VII, comme le suivant, a dû être allégé de longs passages manuscrits fort peu lisibles lors de la transcription, et inaccessibles aujourd'hui vu leur mauvais état de conservation.

Le jugement porté sur les arts haïtiens en 1830 (chap. VIII) est évidemment discutable (« arts dans l'enfance »), et plus encore l'explication qu'il en donne : « le génie vient à l'homme quand il souffre… l'Haïtien noir, par la douceur de son climat, la richesse de son sol, n'en est pas là ». C'est faire bon marché de la cruauté de l'histoire haïtienne, des féroces avatars subis par ce peuple né d'une déportation. Si l'art naissait un jour de la seule souffrance, il aurait mérité de surpasser celui de la Grèce antique… Ces notations relèvent aussi d'une définition de l'art fort restrictive : Mollien, fort justement, remarque que la danse et le rythme sont un aspect essentiel de la vie haïtienne. Il ne semble pas avoir compris que cela valait bien une autre forme d'expression artistique.

Même faiblesse de jugement en ce qui concerne ce délicieux conte moral qui voit s'opposer éléphant, tortue et baleine (chap. VIII). Mollien ne dit pas à quel point cette littérature orale sent son Afrique, et cet art conteur les veillées de la brousse ; il ne l'avait pas discerné durant son voyage en Sénégambie de 1818.

Ne lui en tenons pas rigueur. Il faudra notre 20e siècle pour enfin promouvoir au panthéon de la culture ces arts mineurs, rythmes et danse, littérature orale et langages du corps.

En d'autres occasions, notre voyageur-diplomate a su bien juger des apports de la France à la nouvelle nation haïtienne et notamment ce qu'elle a conservé en 1830 de l'héritage révolutionnaire jacobin : « égalité et despotisme militaire » qui se traduit dans les relations sociales, fraternelles en paroles, sinon en actes (chap. VI) ; fêtes civiques, de l'indépendance, du 1er mai et de l'agriculture, calquées sur celles organisées en France en 1793 (chap. VI).

On peut, deux siècles après, relever quelques erreurs d'observation. Il serait fort anachronique d'ignorer que Mollien n'a pas la vision européenne courante au 19e, méprisante, orgueilleuse, à l'égard des peuples noirs ; à preuve ces remarques lucides et rares au chapitre VI : « l'ajoupa d'un noir est ordinairement plus propre et mieux meublé que la chaumière d'un paysan de la Bretagne... les voleurs sont bien moins communs dans les villes d'Haïti qu'en Europe... les routes sont sûres... ».

Géopolitique, Amérique et Europe

Dans son chapitre III sur le commerce, Mollien avait déjà noté qu'Anglais et Nord-Américains menaçaient de supplanter la France dans le commerce en Haïti, et l'expliquait par la maladresse des commerçants français. Si on ne peut la rejeter entièrement, l'explication est un peu courte. Les produits britanniques étaient bien plus compétitifs, nés d'un Royaume-Uni déjà engagé dans la révolution machiniste, alors que la France d'avant 1830 veut encore ignorer la machine à vapeur. Ses conclusions (chap. IX) sont beaucoup plus stimulantes quant à l'avenir des relations entre Haïti, le continent Américain et la « vieille » Europe.

Haïti, d'abord, dont il a bien perçu qu'elle est, par sa révolution, devenue la « nouvelle Jérusalem pour les esclaves d'Amérique ».

« Rien ne peut plus menacer sérieusement Haïti, et Haïti menace toute l'Amérique ». Ce qui est la base même du « cordon sanitaire » élevé par les puissances des mondes nouveau et ancien autour de l'île noire susceptible d'exporter sa fièvre émancipatrice.

Mollien, qui ne croit guère à cette contagion, a bien vu la répugnance des Haïtiens pour l'aventure maritime. L'observation est pertinente, beaucoup d'îles tournent ainsi le dos à la mer, dont venaient envahisseurs et conquérants au fil des siècles. Il y eut peu de marins haïtiens, pas davantage en Corse, terres d'émigration, régulièrement menacées d'être colonisées.

Le plus intéressant dans les analyses finales porte sur un continent d'Amérique, largement ébranlé par ses révolutions successives en un demi-siècle, États-Unis, Haïti–Saint-Domingue, et soulèvements créoles contre l'Espagne. Mollien, bien placé pour juger d'une Colombie bolivarienne qu'il est un des premiers Européens à avoir vu de près, ne croit pas à la vertu des républiques « romanes », célébrées par l'abbé de Pradt[1]. Totalement rétif au rêve bolivarien, qui lui paraît condamné à terme parce qu'il n'est que celui de minorités créoles métisses, il n'hésite pas à prédire que « d'Haïti sortira l'émancipation des noirs du nouveau monde ».

S'ensuit une forte dénonciation des mulâtres, coupables d'expulser l'Europe de ses possessions américaines, comme ils (« les Maures et Foulahs, griffes rouges ») leur interdisent l'entrée de l'Afrique.

Ce qui se traduit par cette curieuse stratégie diplomatique proposée à la France en Amérique et Caraïbes : s'allier avec les Noirs, ceux des îles et du continent, contre les mouvements et pouvoirs créoles blancs des États-Unis et d'Amérique Latine : rapprochement paradoxal qui n'avait guère de chance d'être adopté par un pouvoir français encore esclavagiste (jusqu'en 1848). Mollien est lucide en tout cas sur des États-Unis d'Amérique du Nord promis au développement rapide en puissance continentale : le président Monroe avait dès 1823 affirmé la volonté expansionniste des États-Unis en Amérique.

F. A.

---

[1] *Les trois âges des colonies*, Paris, 1801.

NOTE TECHNIQUE ET REMERCIEMENTS

« Le Naufrage de *la Méduse* » fut publié pour la première fois en 1889 dans *Découverte des sources du Sénégal et de la Gambie en 1818* chez Delagrave à Paris, pp. 19–55. Pour ce seul texte, les notes en bas de page sans crochets sont celles de l'éditeur intellectuel, L. Ravaisson-Mollien. Les notes infrapaginales entre crochets dans les deux écrits sont de F. Arzalier, D. Alliot et R. Little.

Le texte de « Mœurs d'Haïti » est celui des manuscrits inédits conservés à la Bibliothèque municipale de Calais (manuscrit 93, M71), sans aucune transformation, sauf quelques retouches orthographiques par rapport à l'original ; ainsi nous écrivons Pétion, et non Péthion comme Mollien, selon l'usage consacré par les historiens actuels. Le manuscrit est parsemé de notes de Mollien : nous les avons intégrées dans le corps du texte, sauf indication contraire, entre guillemets.

Cette publication n'a pu se faire que grâce au concours de plusieurs personnes, qui doivent en être remerciées. David Alliot, qui en avait entamé l'édition en 2001, n'a pu la mener à son terme après l'incendie qui a ravagé les premiers ouvrages. Son travail de mise en forme et en page du texte est pour beaucoup dans la réalisation actuelle. Elle n'aurait pu se concrétiser sans le concours de Roger Little, directeur de la collection. Enfin, les problèmes matériels, décryptage, saisie, mise en forme, n'auraient pu se résoudre sans la collaboration de Christine Courpotin et de Maryse Stefani.

Ce troisième volume des textes inédits de G. T. Mollien peut se lire séparément. Toutefois, il est complémentaire des deux premiers ; nous n'avons pas jugé utile de reprendre ici la bibliographie et les notes afférentes à l'histoire d'Haïti qui y sont incluses.

F. A.

BIBLIOGRAPHIE SÉLECTIVE, SOURCES

Écrits de G. T. Mollien :

Voyage dans l'intérieur de l'Afrique aux sources du Sénégal et de la Gambie, fait en 1818 par ordre du gouvernement français. Avec carte et vues gravées par A. Tardieu. 1ère édition, Paris, chez Mme Veuve Courcier, 1820

Le même ouvrage a été réédité plusieurs fois et notamment en 1889 aux éditions Delagrave, Paris, avec une préface de son neveu Ravaisson-Mollien, sous le titre *Découverte des sources du Sénégal et de la Gambie en 1818.* Cette édition inclut le récit inédit du *Naufrage de la Méduse* repris dans le présent volume.

Dernière édition du *Voyage en Sénégambie*, présentation de Hubert Deschamps, Paris, Calmann-Lévy, 1967

Voyage dans la République de Colombia, en 1823. 2ème édition Paris, Arthus Bertrand, 1825

Manuscrits déposés à la Bibliothèque municipale de Calais, cote 93, 94, 95 : *Haïti ou Saint-Domingue* (1ère édition en 2 tomes, présentation de F. Arzalier, coll. Autrement Mêmes n° 26, Paris, L'Harmattan, 2006) ; *Mœurs d'Haïti* (1ère édition dans le présent volume) ; diverses *Notes de voyages*, inédites.

Sources d'archives :

Archives nationales

Service historique de la Marine

Service historique des armées (Vincennes)

Archives d'Outre-mer (Aix en Provence)

Archives maritimes de Rochefort (le dossier du procès relatif au naufrage comprend près de 700 pages de procès-verbaux d'interrogatoires, de dépositions, etc.)

Les principales cotes des dossiers à consulter sont répertoriées dans les ouvrages suivants : G. Bordonove, *Le Naufrage de la Méduse*, Paris, Laffont, 1973 ; et Y. Blot, *La Méduse, chronique d'un naufrage ordinaire*, Paris, Arthaud, 1982

Archives départementales du Pas de Calais à Arras : Registres paroissiaux de Calais–Notre Dame pour la généalogie de la famille Mollien, cote 5MI 193 R 63

Archives de la ville de Paris : Actes d'état civil reconstitués après l'incendie de l'Hôtel de ville de 1871 ; acte de naissance de G. T. Mollien de 1796

Archives diplomatiques du Quai d'Orsay à Paris : Dossier personnel Mollien, série 1, carton 231, cote 2934 ; série Correspondances politiques, Haïti, volume 3, janvier à août 1829

Ouvrages généraux permettant de situer le contexte historique et géographique des écrits de Mollien, 1800-1834 (Sahara occidental, Mauritanie, Sénégal ; relations coloniales entre France et Afrique occidentale ; idéologie coloniale et racisme) :

Barthes, Roland, *Mythologies*, Paris, Seuil, 1970 (sur les mécanismes du racisme)

Chaunu, Pierre, *Histoire de l'Amérique latine*, Paris, PUF, 1967

Descola, J., *Les Messagers de l'indépendance*, Paris, Robert Laffont, 1973 (sur les révolutions créoles d'Amérique latine)

Duboc, général, *Mauritanie*, Paris, L. Fournier, 1935

Hardy, Georges, *La Mise en valeur du Sénégal de 1817 à 1854*, Paris, Larose, 1921

Hodges, Tony, *The Western Sahara*, Londres, Lawrence Hill, 1983 ; trad., *Sahara occidental*, Paris, L'Harmattan, 1987

La Rochefoucauld-Liancourt, duc de, *Le Système anglais d'instruction inventé par Joseph Lancaster*, Paris, Huzard, 1815

Le Bon, Gustave, *Lois psychologiques de l'évolution des peuples*, 1889 ; réédition, Paris, Les amis de G. Le Bon, 1978 (l'un des théoriciens du « racisme scientiste » dans la France de la 3ème République)

Pichot, A., *La Société pure de Darwin à Hitler*, Paris, Flammarion, 2001

Pluchon, P. et D. Bouche, *Histoire de la colonisation française*, Paris, Fayard, 1991

Taguieff, P. A., *La Couleur et le sang, doctrines racistes à la française*, Paris, Mille et une nuits, 2002

Tarrade, Jean, Jean Meyer, Annie Rey-Goldzeiguer, Jacques Tobie, *Histoire de la France coloniale des origines à 1914*, Paris, Armand Colin, 1991 (la partie 1763 à 1830 est de Jean Tarrade)

Tudesq, A. J., « La France romantique et bourgeoise, 1815-1848 », ch. 9 de l'*Histoire de la France de 1348 à 1852*, dir. Georges Duby, Paris, Larousse, 1989

Pour l'histoire détaillée de Saint-Domingue–Haïti du 17ème siècle à 1834, le lecteur se reportera à la bibliographie publiée dans notre édition de *Haïti ou Saint-Domingue* de G. T. Mollien (t. 1, pp. xxxv–xxxix), coll. Autrement Mêmes n° 26, Paris, L'Harmattan, 2006.

Sur le naufrage de *la Méduse* : témoignages publiés :

D'Anglas de Praviel, *Relation nouvelle et impartiale du naufrage de la frégate la Méduse et des événements qui ont eu lieu dans le désert de Zaarha et au camp de Daccard*, Paris et Nîmes, Lenormand, 1818

Brédif, Charles, « Le Naufrage de *la Méduse*, mon voyage au Sénégal », *La Revue de Paris*, 1907, n°s 11, 12 et 13

–, –, *Lettres à sa sœur*, Paris, Les œuvres libres, 1931

Corréard, Alexandre et Jean-Baptiste Savigny, *Naufrage de la frégate la Méduse, faisant partie de l'expédition du Sénégal en 1816 : relation contenant les événements qui ont eu lieu sur le radeau, dans le désert de Saara, à Saint-Louis et au camp de Daccard*, Paris, Chez Hocquet, Eymery…, 1817 (nombreuses rééditions avec quelques variantes)

Dupont, capitaine, *Mémoires d'un survivant du radeau de la Méduse*, Chartres, Société archéologique d'Eure et Loire, t. 13, 1903

Gicquel des Touches, « Souvenirs d'un marin de la République », *Revue des deux mondes*, t. 28, 1905

Picard, Charlotte-Adélaïde (Mme Dard), *La Chaumière africaine, ou histoire de l'infortunée famille Picard, naufragée de la Méduse*, Dijon, Noellat, 1824, réédition coll. Autrement Mêmes n° 15, Paris, L'Harmattan, 2005

Rang des Adrets, Alexandre, *Voyage au Sénégal et naufrage de la Méduse sur le banc d'Arguin*, Paris, EPI, 1946

Rabaroust, Marie-Antoine, *Récit inédit d'un témoin du naufrage de la Méduse*, Paris, Bibliothèque interuniversitaire, intermédiaire des chercheurs et curieux, n° 45, 1902

Savigny, Jean-Baptiste, *Observations sur les effets de la faim et de la soif éprouvés après le naufrage de la frégate du Roi, la Méduse en 1816*, Paris, Eymery, 1818

Comptes rendus relatifs au naufrage dans la presse française (1816-1820) :

Journal des Débats du 13 septembre 1816 : extraits du rapport de Savigny sur le naufrage

Mercure de France du 22 novembre 1817 : sur la relation de Corréard et Savigny

Autres titres de l'époque à consulter (d'une grande diversité d'opinions) : *Le Constitutionnel, Le Courrier français, Le Courrier royal, Le Drapeau blanc, La Gazette de France, Le Journal de Paris, La Minerve française, Le Moniteur, La Quotidienne*

Ouvrages relatifs au naufrage de *la Méduse* :

Au cours des 19ème et 20ème siècles des centaines de récits souvent éloignés de la réalité. Ils ont été recensés de façon quasi exhaustive dans :

Hanniet, Michel, *La Véridique Histoire des naufragés de la Méduse*, préface de Théodore Monod, Actes Sud, 1991 (l'ouvrage le plus sérieux sur la question, avec ceux cités plus haut de G. Bordonove et de Y. Blot et celui de P. Masson : *L'Affaire de la Méduse, le naufrage et le procès*, Paris, Tallandier, 1989)

MŒURS D'HAÏTI :

Ouvrages relatifs à la société haïtienne, du 18ème siècle à nos jours (économie et classes sociales, idéologies et mentalités, religions et langues) :

Alexis, J. S., *Du réalisme merveilleux des Haïtiens*, Paris, Présence africaine, 1956

Ans, A.M., d', *Haïti, paysage et société*, Paris, Karthala, 1987

Barthélémy, G., *Dans la splendeur d'un après-midi d'histoire*, Port-au-Prince, H. Deschamps, 1996

Bastide, R., *Les Amériques noires*, Paris, Payot, 1967

Bastien, R., *Le Paysan haïtien et sa famille*, Paris, Khartala, 1985

Benoit, J., *Les Racines du sous-développement en Haïti*, Port-au-Prince, H. Deschamps, 1979

Bonnet, général, *Souvenirs historiques recueillis par son fils*, Paris, A. Durand, 1864

Clarkson, T., *Haïti, ou renseignements authentiques sur l'abolition de l'esclavage* (inclut les *Lettres d'un voyageur en Haïti*, de R. Hill), Paris, Hachette, 1835

Collectif, *La République haïtienne* (inclus, le chapitre *Justice, culture et société* de G. Danroc) Paris, Karthala, 1993

Collectif, *La République d'Haïti et les races africaines : premier congrès universel des races*, Port-au-Prince, L'Abeille, 1911

Courlander, H., *The Drum and the Hoe : Life and Lore of Haitian People*, Berkeley, Los Angeles, Londres, University of California Press, 1960

Damoiseau, R., et J.-P. Gessner, *J'apprends le créole haïtien*, Faculté de linguistique d'Haïti, Paris, Karthala, 2002

Depestre, R., *Bonjour et adieu à la négritude*, Paris, R. Laffont, 1950

–, –, *Le Mât de cocagne*, Paris, Gallimard, 1979

Dunham, C., *Les Danses d'Haïti* (avec une introduction de Cl. Lévi-Strauss), Paris, Fasquelle, 1950

Duvallier, F., et D. Lorimer, *Le Problème des classes à travers l'histoire d'Haïti*, Port-au-Prince, Les Griots, 1965
Firmin, A., *De l'égalité des races humaines*, Paris, Cotillon, 1885
Fouchard, J., *Les Marrons de la liberté*, Paris, Éditions de l'École, 1972
–, –, *La Meringue, danse nationale d'Haïti*, Port-au-Prince, H. Deschamps, 1988
Gérard, P.C., *L'Économie haïtienne et sa voie de développement*, Paris, Maisonneuve et Larose, 1967
Hurbon, Laënnec, *Dieu dans le vaudou haïtien*, Paris, Payot, 1970
–, –, *Culture et dictature en Haïti*, Paris, L'Harmattan, 1979
–, –, *Les Mystères du vaudou*, coll. Découverte, Paris, Gallimard, 1993
Janvier, L. J., *L'Égalité des races*, Paris, Rougier, 1884
Kerboull, J., *Le Vaudou, magie ou religion*, Paris, Laffont, 1973
Lacroix, Pamphile de, *Mémoires sur la révolution d'Haïti* (reprend le classement racial de Moreau de Saint-Méry, cf. ci-dessous), réédition, Paris, Karthala, 1995
Le Gallo, P., *L'Aire des Bayahondes*, brochure éditée par l'auteur à Vannes en 1985 (410 pages)
Malenfant, Colonel, *Des colonies et particulièrement de celle de Saint-Domingue*, Paris, Audibert, 1814
Métraux, A., *Les Paysans haïtiens*, Paris, Présence africaine, 1951
–, –, *Haïti, terre, hommes et dieux*, Neuchâtel, La Baconnière, 1957
–, –, *Le Vaudou haïtien*, Paris, Gallimard, 1958
Moral, P., *Le Paysan haïtien*, Paris, Maisonneuve et Larose, 1961
Moreau de Saint-Méry, L. E., *Description de la partie française de l'île de Saint-Domingue*, Philadelphie, 1797, rééd. Maurel et Taillemite, Paris, Société française d'histoire d'outre-mer, 1984 et 2004
Oriol, M., *Structure foncière et système agraire dans le sud d'Haïti*, Thèse de sociologie, Université Paris VII, 1992
Pluchon, P., *Vaudou, sorciers, empoisonneurs de Saint-Domingue à Haïti*, Paris, Karthala, 1987
Price, H., *De la réhabilitation de la race noire par la république d'Haïti*, Port-au-Prince, Verollot, 1900
Robert, P., *L'Église et la première république noire*, Rennes, 1964
Romain, J.-B., *Quelques mœurs et coutumes des paysans haïtiens*, Port-au-Prince, Imprimerie de l'État, 1959
Verger, P., *Notes sur le culte des orisha et vodoun à Bahia au Brésil et à l'ancienne côte des esclaves en Afrique*, Dakar, IFAN, 1957
Vieux, S.H., *Le Plaçage, droit coutumier et famille en Haïti*, Paris, Publisud, 1989

LE NAUFRAGE DE *LA MÉDUSE*

LE NAUFRAGE DE *LA MÉDUSE*[1]

Je partis de Paris au mois de mai 1816 pour me rendre à Rochefort. L'expédition destinée à aller reprendre possession de nos établissements à la côte occidentale d'Afrique se préparait avec activité ; je m'embarquai le 17 juin sur la frégate du roi *la Méduse* ; la marche supérieure et les excellentes qualités de ce bâtiment nous faisaient espérer qu'après une courte traversée nous arriverions heureusement au Sénégal. Combien notre attente fut trompée ! Une fatalité inévitable sembla dès le premier moment faire peser sur nous sa maligne influence ; le commandement de *la Méduse* avait été confié à M. de Chaumareys, dont les connaissances nautiques étaient extrêmement bornées[2]. La seconde nuit même après notre départ nous eûmes sujet de concevoir de justes alarmes ; nous allions nous perdre sur les Roches Bonnes, au nord de l'île d'Oléron, sans les signaux que nous firent les autres bâtiments qui allaient de conserve avec nous. C'étaient le brick *l'Argus*, la flûte *la Loire*, la corvette *l'Écho* ; toutefois cette inquiétude passagère fut bientôt oubliée ; le temps était très beau et le vent favorable ; nous filions ordinaire-

---

[1] La catastrophe qui fait l'objet de ce récit complètement inédit est resté tristement fameuse dans l'histoire de la marine française, d'autant mieux d'ailleurs qu'un des plus navrants épisodes se trouve immortalisé par le chef-d'œuvre de Géricault, *le Radeau de la Méduse*, appartenant à notre musée du Louvre, où il occupe à juste titre une place d'honneur. L'histoire du naufrage et notamment du séjour d'une partie des naufragés sur le radeau, fut publiée peu de temps après l'événement par MM. Coréard [*sic*], ingénieur géographe, et Savigny, chirurgien, dont la relation eut un immense retentissement. Mais pendant que le radeau était abandonné, après avoir reçu le tiers environ du personnel de la frégate échouée, les autres passagers, portés par les embarcations du navire, se dirigeaient vers la côte pour tâcher de rejoindre les possessions françaises. De là, on le comprend, d'autres drames, d'autres péripéties non moins poignantes. C'est l'historique d'une de ces expéditions partielles que retrace ici, à la suite du tableau général du naufrage, M. Mollien, qui fut, croyons-nous, le dernier survivant de ce désastre célèbre.

[2] [Alexandre Corréard et Jean-Baptiste Henri Savigny, auteurs de la célèbre relation du *Naufrage de la frégate* la Méduse (1817), ne sont pas les seuls à partager cet avis, officiellement entériné lorsqu'un conseil de guerre le condamne, le 3 mars 1817, à trois ans de prison.]

ment jusqu'à huit nœuds par heure, dans des mers où l'on est souvent surpris par les calmes, surtout dans la saison où nous nous trouvions alors.

Après plusieurs jours d'une navigation heureuse, le sinistre événement qui nous menaçait fut en quelque sorte annoncé par un de ces accidents qui frappent les esprits dans le moment, mais que les marins oublient bientôt, à moins que de plus grands encore ne viennent en réveiller le pénible souvenir. Le 23 juin au soir, un mousse assis sur la culasse d'un canon glissa dans la mer par un des sabords, mais eut assez de présence d'esprit cependant pour saisir un bout de cordage qui pendait le long du bord ; aussitôt on entendit répéter de toutes parts ce cri : « Un homme à la mer ! » Malgré la promptitude avec laquelle on mit en travers, cette manœuvre se fit encore trop lentement, et le malheureux enfant emporté par la frégate, dont la marche était alors très rapide, sentit ses forces lui manquer et lâcha la corde qui l'avait soutenu jusqu'alors. Un des contremaîtres l'avait saisi par le collet de sa veste ; mais, craignant d'être entraîné aussi dans l'abîme, il le laissa échapper. Une bouée de sauvetage fut mise à la mer, dont quelques canots parcoururent en vain la surface ; les hommes qui les montaient revinrent à bord convaincus que cet infortuné avait trouvé la bouée, mais qu'il était destiné à devenir la proie de la faim ou d'un requin. Cette scène affligeante, éclairée par les derniers rayons du soleil, répandit dans tous les esprits une sombre mélancolie, et chacun, sans pouvoir expliquer le sentiment qu'il éprouvait, semblait avoir un vague pressentiment des maux qui allaient fondre sur nous.

Le 28, nous vîmes Madère d'assez près pour admirer la fertilité de cette île ; le lendemain nous reconnûmes Sainte-Croix de Ténériffe. Les officiers de la frégate allèrent à terre. Nous louvoyâmes devant le port en les attendant et nous perdîmes une de plus belles journées dont nous eussions joui jusqu'alors.

On passa le tropique du Cancer le 1er juillet, et les matelots n'oublièrent pas en cette occasion d'administrer le baptême à ceux qui pour la première fois étaient arrivés jusqu'à ce point de l'univers. Cette fête burlesque fut un peu troublée par l'apparition subite des côtes du cap Bayador ; les lames que l'on voyait distinctement briser sur le rivage et les hommes mêmes que l'on croyait y apercevoir nous montraient clairement que nous nous étions trop approchés d'une côte sur laquelle les courants portent avec une violence irrésistible, comme si le génie du mal s'en servait pour livrer une proie abondante et facile aux farouches habitants du Sahara. On s'aperçut de la faute qu'on avait commise ; on crut l'avoir complètement réparée en cinglant un peu plus vers l'ouest. Le lendemain nous reconnûmes d'une manière bien affreuse l'inutilité de cette manœuvre ; plusieurs signes non équivoques annonçaient que nous allions donner sur un écueil. Le matin on avait pris une grande quantité de poissons ; la couleur de la mer changea : de bleue qu'elle était, elle devint tout à coup verte ; le marin le moins expérimenté sait que ces changements indiquent presque toujours l'approche d'une terre et prend en conséquence des précautions ; le danger fut, il est vrai, prévu par quelques personnes de l'équipage, le sonde fut jetée à deux heures : elle ne rapporta que six brasses. Le capitaine, qui en fut prévenu aussitôt, ordonna de venir un peu plus au vent ; cinq minutes après la sonde ne rapporta plus que dix-huit pieds[1] ; à l'instant la frégate, dont les voiles enflées par le vent violent avaient été peu diminuées, fut portée sur une des parties les plus hautes du banc d'Arguin, au milieu duquel nous nous trouvions, par 19° 36′ de latitude nord et 20° 43′ de longitude occidentale.

À ce cri : « Nous touchons », répété avec l'accent de l'effroi par quelques personnes, à mesure que les secousses du bâtiment augmentaient, tout le monde parut sur le pont. À ce désordre momentané succéda une terreur silencieuse peinte sur le visage de tous les passagers. Ils écoutaient avec anxiété les manœuvres que le capitaine ordonnait et cherchaient à découvrir sur sa physionomie et sur celle de ses officiers quelle était l'étendue du danger. On n'y distinguait qu'une grande inquiétude ; les matelots, dont les mouvements sont passifs même au milieu des plus grands périls, exécutaient avec promptitude des ordres donnés trop tard.

Dès qu'on vit la barre abandonnée par le pilote, le silence fut rompu, des groupes se formèrent, et chacun chercha à se dissimuler un danger qui n'était que trop réel ; des gens qui s'érigeaient en orateurs ouvraient tous à l'envi des avis extravagants, accueillis par l'ignorance du capitaine ; elle fut malheureusement trop manifeste dans cet instant critique ; le désordre de ses idées se dévoilait d'une

[1] [6 brasses : moins de 10 mètres de fond ; 18 pieds : moins de 6 mètres. Aller au vent : dans le sens du vent (terme de marine).]

manière qui excitait l'indignation et la pitié ; au lieu de mouiller une ancre assez forte pour touer la frégate[1], on ne mouilla qu'une ancre à jet capable de haler tout au plus une chaloupe.

Lorsque notre épouvantable position fut connue et que l'on fut instruit des obstacles insurmontables qui nous empêchaient de nous en tirer, la frégate n'offrit plus qu'une scène de confusion et de tumulte ; les tables et les chambres qu'on avait établies dans l'entrepont[2] furent brisées, la malles et tous les effets inutiles furent jetés dans la sainte-barbe[3] ; l'un donnait des ordres, l'autre les critiquait ou refusait d'obéir ; d'un côté on voyait les soldats courir avec effroi, de l'autre les matelots grimper sur les mâts pour amener les vergues ; tout était brisé à coups de hache pour aller plus vite.

Au milieu de l'agitation générale on conseilla aux officiers de se revêtir de leurs habits d'uniforme ; les soldats ne virent pas sans surprise ce changement ; s'imaginant que la frégate était sur le point d'être abandonnée, ils demandèrent hautement que l'on partageât la caisse militaire ; le gouverneur[4] chercha, en leur parlant, à les ramener à des idées plus tranquilles : il y parvint ; l'ordre se rétablit peu à peu ; les officiers, de leur côté, s'occupèrent à dissiper les craintes des plus mutins en leur assurant qu'ils s'échapperaient avant tous les autres et que dès le lendemain on construirait un radeau destiné à sauver toutes les personnes qu se trouvaient sur la frégate ; les efforts que l'on tenta de nouveau pour se touer furent infructueux ; la nuit vint ; la plupart d'entre nous, accablés des fatigues de la journée, se livrèrent au sommeil, malgré les dangers imminents du présent et l'inquiétude que l'avenir devait inspirer.

La nuit était belle, quoique la mer fût un peu houleuse : des hommes à la veille de périr ne pouvaient en être effrayés ; peut-être eût-on dû profiter de ce calme presque parfait de la nature pour mouiller une ancre plus forte, mais on laissa perdre un temps toujours précieux dans des conjonctures périlleuses ; on ne s'occupa

---

[1] [Terme de marine : faire avancer le navire, pour le dégager des récifs, en le tirant au moyen d'une amarre.]

[2] [L'entrepont est l'étage qui sépare deux ponts de navire.]

[3] [La sainte-barbe est l'endroit du navire où sont entreposées les pièces d'artillerie.]

[4] [Le gouverneur de la colonie du Sénégal, Julien Désiré Schmaltz, était donc du voyage.]

même pas de dresser un plan pour le lendemain ; on négligea toutes les mesures que la sagesse prescrit en pareil cas.

Pendant que le plus grand nombre d'entre nous étaient plongés dans un sommeil profond, quelques personnes erraient à pas précipités sur le pont ; leurs visages livides, défigurés par la peur et éclairés par les pâles rayons de la lune, retraçaient les scènes d'horreur et de désolation qui venaient de se passer dans cette journée, moins désastreuse encore que celles qui la suivirent.

À peine le soleil se fut-il levé que chacun monta sur le pont ; après avoir agité et rejeté plusieurs avis, on s'arrêta à l'idée unique de construire un radeau ; elle fut reçue avec transport, tout le monde voulut y travailler : officiers et soldats, tous y mirent la main ; les uns tiraient de la cale des planches, dont heureusement il y avait une ample provision à bord ; les autres jetaient les vergues à la mer ; on faisait beaucoup de choses, mais on les faisait mal, parce qu'on n'était dirigé par personne. Sur les deux heures de l'après-midi le radeau fut en état de recevoir des passagers ; il était solidement construit, couvert en planches, mais incapable de porter tous les hommes qu'on avait le projet d'y entasser ; on avait les yeux sur ce fragile sauveur : on y fondait l'espoir du salut. Au moment où on le construisait, on eût pu alléger la frégate et dépêcher à Saint-Louis un canot pour y annoncer notre malheur ; mais l'on se contenta de jeter à la mer une quarantaine de barils de farine ; et sur l'observation du gouverneur qu'on devait conserver avant tout les subsistances, on se débarrassa de plusieurs barils de poudre, comme si ce faible allégement eût suffi pour diminuer le tirant d'eau de la frégate.

Pour mettre le comble à tant de fautes, on coula sur l'avant à bâbord[1] des canons qu'il eût été facile de jeter au loin avec le secours du radeau ; à la marée montante les secousses du bâtiment devinrent plus fortes, la cale se remplit, et chacun, se mettant aux pompes, essaya de l'affranchir[2] ; efforts inutiles !

Cependant les officiers, voulant profiter de la crue d'eau que le flot amenait, firent mouiller une ancre au large ; on vira au

[1] [À gauche, en regardant vers l'avant du navire.]
[2] [Vider l'eau de la cale.]

cabestan[1], et le bâtiment flotta. Ce furent des transports de joie incroyables ; on s'écria : « Nous sommes sauvés ! » Cet espoir ayant donné de nouvelles forces, on vira avec plus d'ardeur, et la frégate flotta davantage ; mais tout à coup cette manœuvre fut abandonnée. Alors la frégate, se formant un nouveau lit dans le sable, reçut une secousse si violente que le gouvernail fut démonté et qu'une voie d'eau considérable se déclara ; c'était vers les six heures du soir ; le maître calfat[2], voyant quelques instants après que les esprits étaient échauffés par le vin, qui avait été prodigué, demanda de nouveau des bras pour affranchir la frégate, prétendant que pour l'alléger il avait percé les barriques d'eau et de vin ; tout le monde offrit ses services, et personne ne douta de la sincérité du maître.

La soirée s'étant passé à pomper sans que la cale cessât de se remplir, il ne fut plus possible de se faire illusion sur notre position désespérée ; alors on ne s'occupa que des moyens de quitter la frégate, que l'on ne pouvait plus sauver ; la place de chacun lui fut assignée dans les chaloupes ; les malles des passagers furent brisées, les effets qu'elles contenaient donnés aux matelots et aux soldats ; malgré le désordre que devait amener ce partage, on ne vit toutefois s'élever aucune rixe sanglante.

Vers minuit, les militaires vinrent annoncer avec effroi que les matelots avaient l'intention de s'emparer des chaloupes et de se sauver seuls ; ils déclarèrent qu'ils voulaient les garder et placèrent en conséquence à divers endroits des sentinelles dont les fusils étaient chargés.

Quand le gouverneur fut parti dans un des grands canots, les autres et la chaloupe ne tardèrent pas à se remplir de passagers ; le capitaine restait pourtant encore sur le bâtiment, où se trouvait aussi soixante-treize personnes ; il ne garda pas longtemps ce poste d'honneur, et, profitant du trouble général, ils se laissa glisser le long d'un cordage dans son canot et poussa au large ; on lui tira quelque coups de fusil, mais aucun ne l'atteignit.

---

[1] [Le cabestan est un treuil utilisé ordinairement pour lever l'ancre ; ici, l'ancre accrochée au fond, il tend la chaîne d'ancre pour faire tourner le navire.]

[2] [Le calfat est chargé de calfater, c'est à dire de veiller à l'étanchéité de la coque, en bouchant les fentes avec poix, goudron, etc.]

Les canots, ayant complété leur chargement, prirent le radeau à la remorque avec beaucoup de peine. La chaloupe, après s'être d'abord éloignée aussi de la frégate, y était ensuite retournée, touchée du sort des malheureux qui se trouvaient encore à bord ; l'officier qui commandait la chaloupe déclara que, dût-il même périr, il sauverait tout le monde, sentiment de générosité bien rare au milieu de dangers aussi imminents, et qui sera le seul que j'aurai à citer dans l'histoire de notre horrible naufrage. M. Espiaux (c'est ainsi que s'appelle cet officier) monta sur le bâtiment et reçut dans sa chaloupe jusqu'à quatre-vingt-dix personnes ; il voulait même en prendre davantage ; mais les hommes qui restaient encore, craignant que la chaloupe ne chavirât, ne voulurent pas y entrer.

Les canots remorquaient avec difficulté le radeau trop enfoncé dans la mer, lorsque la chaloupe du brave Espiaux, prête à couler bas, arrive chargée de monde dans le dessein d'en mettre une partie dans les canots ; elle s'approcha de celui où j'étais avec une telle impétuosité que nous n'eûmes que le temps de le repousser avec les mains. À l'instant on entendit crier de chacun de canots : « La chaloupe veut nous submerger tous ! » À ces mots la remorque est coupée, et le radeau laissé seul au milieu des eaux.

Quel spectacle affreux s'offrait alors de tous côtés à nos regards ! Là notre belle frégate couchée entièrement sur le flanc de bâbord, et plus près de nous nos infortunés compagnons entassés sur le radeau ; leurs têtes seules paraissaient au-dessus des flots ; leurs cris douloureux, un pavillon blanc qu'ils avaient élevé à la hâte, étaient un appel à notre humanité pour aller à leur secours, les ramener à la frégate ou les conduire vers la côte, qui n'était pas éloignée, comme nous fûmes à même de nous en assurer le soir même ; on fit, il est vrai, un mouvement pour se diriger vers le radeau ; ce retour à des sentiments généreux ne dura que quelques instants ; l'égoïsme et la lâcheté en triomphèrent ; ceux qui nous guidaient furent inébranlables dans leur barbare résolution, et nous cessâmes bientôt de voir la frégate ainsi que le radeau !!!

J'étais sur l'embarcation de M. Maudet, où je n'avais obtenu une place qu'à force de prières, tant les rangs étaient déjà pressés. Ayant perdu de vue les canots et la chaloupe dans la journée, nous voguions incertains sur notre position ; enfin, le soir, nous découvrîmes la terre. Plusieurs bateaux, que nous crûmes être ceux des Maures, y étaient mouillés le long du rivage : c'étaient les nôtres, comme nous l'apprîmes dans la suite. Le cap Mérich[1] leur avait semblé un endroit favorable pour y débarquer soixante-trois hommes de la chaloupe, qui, à l'instigation de M. Leschenault, botaniste, voulurent descendre à terre. La mer était si basse en cet endroit que la chaloupe toucha plusieurs fois ; les hommes que l'on y déposa sur la plage reçurent un peu de biscuit, de la poudre et des fusils, et partirent avec ces provisions. Ces hardis aventuriers contribuèrent sans s'en douter à la conservation de quinze individus qui se trouvaient dans la yole et qui n'auraient pu sans leur départ trouver place dans la chaloupe au moment où leur embarcation allait périr.

La nuit fut orageuse ; nous fûmes continuellement occupés à sonder ; quoique naviguant fort loin de terre, la sonde ne rapportait que deux pieds[2] ; notre inquiétude était extrême ; en effet, que fussions-nous devenus si nous eussions touche ? La mer devint tellement houleuse sur les cinq heures du matin, que l'horizon ne s'étendit pas pour nous à plus de cinquante pas. Tantôt élevés sur la cime des lames, nous retombions ensuite au fond d'un abîme, d'où nous voyions des masses d'eau suspendues sur nos têtes et prêtes à nous engloutir ; on pourra se faire une idée du danger auquel nous étions exposés, en songeant que nous étions vingt-six personnes dans une embarcation de huit avirons, mal construite et en mauvais état ; une large fente avait été réparée à la hâte avec une lame de plomb. On avait même été obligé pour lester notre canot de faire coucher trois hommes dans le fond ; il était défendu de bouger sous quelque prétexte que ce fût, pas même pour satisfaire les plus pressants besoins de la nature. Nous n'avions pour toutes provisions qu'un petit tierçon[3] de vin ; nous le perdîmes cette nuit même, par la négligence d'un matelot qui oublia de le fermer, étourdi par la chute des lames qui tombaient sur notre frêle nacelle.

Nous aperçûmes, le 7 juillet, un bâtiment que nous prîmes de loin pour un brick[4]. On s'imagina d'abord que c'était l'éclaireur d'une escadre de pirates maures ; l'alarme fut générale, l'on se prépara au combat ; le corsaire semblait venir sur nous à toutes

[1] [Plus loin, le texte donnera systématiquement « Mirick ».]
[2] [Quelque soixante centimètres.]
[3] [« Tiers d'une mesure entière. Tonneau de cette capacité. » *TLF*.]
[4] [Le brick a deux mats, la frégate trois.]

voiles ; notre inquiétude ne faisait que s'accroître, car des pistolets sans pierre, sans poudre, ne pouvaient nous mettre à l'abri d'un coup de main. Mais quelle fut notre surprise et notre joie en reconnaissant sur le prétendu corsaire des amis, de compagnons ! C'était la grande chaloupe ; elle nous envoya deux bouteilles d'eau-de-vie, qui servirent à nous donner des forces et du courage. Durant tout le reste de la journée, nous côtoyâmes les rivages arides du Sahara. Des nuages de sable tombés la veille sur notre canot nous avaient montré que nous n'étions pas éloignés de ce désert. Nous distinguâmes, vers six heures du soir, une troupe d'Arabes occupés auprès de leurs tentes à raccommoder leurs filets. Dès qu'ils nous virent mouiller en face de leurs habitations, ils nous prirent pour des ennemis, montèrent sur leurs chameaux et s'enfuirent rapidement dans les bois qui dominaient l'endroit où ils étaient campés. Deux de nos gens, dévorés par la soif, prirent le parti de se rendre à terre au risque d'être faits prisonniers ; ils se jetèrent à la mer, et malgré la lame, qui est très forte le long de ces côtes, ils arrivèrent au camp arabe. Ayant trouvé du poisson sec et de l'eau dans des outres, ils s'en régalèrent et revinrent sans avoir fait d'autres découvertes. Chacun envia leur bonheur et on leur adressa des reproches de n'avoir pas apporté d'eau ; le pouvaient-ils, avec la difficulté qu'ils avaient éprouvée à nager au milieu des brisants ? Mais la sensation pénible d'un besoin extrême rend l'homme injuste et querelleur.

Dans la nuit du 7 au 8, nous vîmes un de nos canots : c'était celui de M. Laperère ; cette rencontre nous inspira plus de confiance ; nos embarcations, au nombre de trois, formaient une escadre assez redoutable pour les pirates qui, nous disait-on, infestaient ces mers. Mais ce n'étaient pas les Maures que nous avions le plus à craindre : ceux qui devaient reculer le terme de nos maux étaient parmi nous.

Nous nous étions élevés beaucoup au large pendant la nuit, c'est pourquoi une partie de la journée du 8 se passa sans que nous pussions apercevoir la terre ; nous la découvrîmes enfin vers deux heures de l'après-midi. On était généralement mécontent de la longueur d'une route qu'on avait représentée comme touchant à sa fin ; les officiers, peu d'accord sur la situation des lieux où ils se trouvaient, assuraient tantôt que nous étions à Portendick, et tantôt que nous avions dépassé l'embouchure du Sénégal. Les matelots de notre canot, las de tant d'incertitudes, murmurèrent et dirent que, dussent-ils être menés à Maroc, ils préféraient mourir de fatigue plutôt que de rester au milieu de la mer. Afin de ne pas éprouver de résistance, ils se disposèrent à couper les manœuvres et à faire ainsi arriver notre embarcation à terre. À la faveur des ombres de la nuit, ils s'étaient emparés des armes : on fut donc obligé de céder ; et le canot, conduit avec une rare prudence par le matelot Lange, échoua sur le sable, quoique la mer déferlât avec violence.

Dans quel état pitoyable nous mîmes le pied sur ce continent de l'Afrique, où nous devions entrer en maîtres ! Nos habits et nos cheveux étaient couverts de sable ; notre costume nous avait rendus méconnaissables à nous-mêmes, la plupart ayant dans le premier moment mis vêtement sur vêtement pour en sauver davantage ; mais nous nous étions à peine éloignés de la frégate que la plupart n'avaient gardé que les vêtements dont on ne pouvait se débarrasser sans offenser la pudeur ; c'était réellement un spectacle curieux, bien qu'affligeant, de voir cette réunion d'hommes si diversement habillés : les uns étaient sans bas, sans souliers, pendant que d'autres avaient des bottes fortes, qui leur servirent plus tard d'outres pour porter de l'eau.

Notre premier soin en débarquant fut de chercher dans le sable cette eau, après laquelle nous avions tant soupiré : nos recherches furent inutiles. Les matelots, punis de leur imprudence, demandèrent à marcher en avant. À peine avions-nous fait quelques pas que les embarcations de MM. Laperère et Espiaux, imitant notre exemple, se firent échouer, sans que la vue des souffrances qu'allait endurer la famille nombreuse et encore très jeune du sieur Picard pût arrêter les matelots[1]. Il est vrai qu'ils réparèrent cette faute en la portant dans leurs bras, pendant toute la route que nous fîmes depuis.

Le soleil allait descendre sous l'horizon, lorsque, nous reposant sur le bord de la mer, quelques-uns d'entre nous qui s'étaient enfoncés un peu dans l'intérieur du pays, s'aperçurent qu'en creusant la terre à quelque distance du rivage on trouvait de l'eau qu'ils nous dirent avoir goûtée et trouvée délicieuse. Sur la foi de

[1] [Le récit des souffrances de la famille Picard est fait par Charlotte Dard, née Picard, naufragée de *la Méduse*, dans *la Chaumière africaine* : voir la réédition présentée par Doris Y. Kadish, coll. Autrement Mêmes n° 15, Paris, L'Harmattan, 2005.]

leur récit toute la caravane, composée de quatre-vingt-six personnes, se transporta aussitôt au lieu indiqué et chacun, travaillant de pieds et des mains, se mit à creuser un puits ; on en eut bientôt fait plus de trente ; la terre était glaiseuse ; l'eau, que l'on trouva à quatre pieds[1] au plus de profondeur, nous parut excellente. Je puis assurer sans exagération que chaque personne avala près de cinq ou six pintes[2] d'eau en moins d'une heure, sans que personne en fût incommodé. Nous remplîmes quelques bouteilles que nous avions conservées, nos bottes, nos souliers, nos chapeaux ; ranimés par le soulagement que nous venions de recevoir et qu'une transpiration excessive nous avait rendu si nécessaire, nous marchâmes gaiement une partie de la nuit. On peut s'imaginer le bien-être que nous devions éprouver après avoir été pendant trois jours sans boire.

La clarté de la lune et la côte de la mer guidaient nos pas dans un pays qui nous était inconnu ; obligés, pour ne pas nos égarer, de suivre toutes les sinuosités que décrivaient les bords de l'Océan, notre chemin et nos souffrances ne firent que s'accroître. Vers minuit la fatigue d'une marche aussi pénible nous força de nous reposer. Nous dormîmes jusqu'au lever du soleil, quoique couchés sur un sable humide que la mer venait de quitter. Nous étions en outre inondés par la rosée, qui sous les tropiques ressemble à une pluie abondante. La chaleur brûlante du soleil vint enfin sécher nos habits, imprégnés d'eau et de sel, et nous reprîmes notre pénible voyage. Ce jour-là quelques misérables qui se trouvaient dans notre troupe formèrent le projet de massacrer les officiers, afin de s'emparer de l'or dont ils les supposaient chargés ; j'en entendis plusieurs se proposer d'embrasser la vie errante des Arabes, après avoir préalablement pillé la caravane. Ce dessein ne me surprit pas, d'après le peu de respect que devaient inspirer à ces hommes les incertitudes et les divisions de ceux qui auraient dû leur donner l'exemple de l'union et du bon ordre. Cependant leurs plans funestes ne furent pas mis à exécution.

Quoique nous fussions épuisés par la fatigue et la soif, nous ne nous arrêtions pas un instant ; nos pieds, gonflés par la chaleur excessive que produisait la réverbération des rayons du soleil, nous faisaient éprouver les plus vives douleurs, auxquelles l'eau de la

---

[1] [Un mètre 20 cm environ.]

[2] [Soit quelque trois litres.]

mer n'apportait qu'un faible soulagement. Quelques asclépias[1], seules plantes qui croissent sur cette côte aride, nous causèrent, par la blancheur des aigrettes soyeuses dont leurs graines sont enveloppées, une singulière méprise : nous les prîmes, dans le lointain, pour des tentes d'Arabes, et nous y courûmes avec empressement ; nous fûmes bientôt tirés de notre erreur, mais nous remarquâmes avec joie, en montant sur une colline de sable, que le pays, dans l'intérieur, était assez ombragé. Quelques traces de chameaux que nous observâmes aussi, furent pour nous un indice certain que rencontrerions ou des fers ou de l'eau.

Nos yeux, éblouis par la réverbération du soleil sur un sable blanc et brûlant, ne nous offraient plus que des illusions que notre esprit saisissait avidement, les prenant pour des réalités ; ainsi nous crûmes apercevoir un fleuve à une distance éloignée ; nous distinguions ses bords escarpés ; son cours même nous paraissait rapide ; nous nous détachâmes, en conséquence, au nombre de trois, pour aller à la découverte. Après avoir traversé une plaine d'une étendue considérable, naguère inondée, ce qui ne nous laissa pas de doute sur l'existence de ce fleuve, nous reconnûmes enfin, après avoir longtemps marché, que ce que nous avions pris pour une rivière n'était qu'un effet du mirage, qu'on remarque souvent dans les plaines sablonneuses de l'Afrique. M. Rogerie, qui se trouvait parmi nous, s'en rapportant plus à ses lumières qu'aux nôtres, partit seul pour s'assurer de ses propres yeux que c'était le Sénégal. Nous ne le revîmes pas ; mais le soir même, à ce qu'il nous a depuis raconté, il rencontra une tribu de Maures, qui s'étaient déjà rendus maîtres d'un de nos compagnons que le goût de la botanique avait précédemment porté à quitter la caravane pour herboriser. Tous deux après avoir subi une visite très exacte, furent entièrement dépouillés de leurs vêtements et conduits à Saint-Louis, où les Maures les vendirent à notre gouverneur, pour une somme assez modique. Ils avaient éprouvé quelques mauvais traitements pendant la route ; on leur avait donné à manger du *sanglé*, bouillie de lait caillé et de mil, dont se nourrissent les tribus du désert voisines du Sénégal.

La chaleur devint insupportable vers midi ; le sable était tellement brûlant qu'il nous était impossible de rester une minute à

[1] [Plante à rhizomes et à graines filandreuses.]

la même place. Près de manquer entièrement de forces, nous choisîmes, pour y faire halte, une gorge placée entre deux collines couronnées de petits arbrisseaux. Tandis que chacun s'occupait à se former un abri contre la chaleur avec ses vêtements, plusieurs d'entre nous, qui étaient allés puiser de l'eu à une fontaine voisine et cueillir du pourpier, notre unique nourriture depuis deux jours, s'écrièrent tout à coup : « Voici les Maures ! » L'effroi s'empara aussitôt de chacun et le trouble fut extrême. On rassembla avec précipitation ses habits et l'on courut voir ces maîtres et leur demander à boire. Combien ne rougîmes-nous pas de notre pusillanimité ! Nous nous attendions, d'après les cris de nos camarades, à rencontrer des escadrons nombreux d'Arabes ; nous ne trouvâmes au contraire que trois tentes, sous les quelles étaient assises trois femmes d'une maigreur excessive et non moins effrayées que nous-mêmes. Une petite fille, qu'elle firent partir à notre insu, alla aux Lougans[1] avertir les Maures de notre arrivée.

Que ce peuple pauvre nous sembla riche alors ! Chacun de nous enviait les trésors de ces femmes, qui consistaient en mil, en lait et en eau puante et bourbeuse. Elles nous en fournirent aussitôt, mais au poids de l'or. Les soldats, ordinairement si peu scrupuleux en Europe, respectèrent pour la première fois de biens qu'il eût été en quelque sorte excusable d'enlever ; il est vrai que leur modération ne fut due qu'à la quantité énorme d'argent dont ils étaient chargés. Peu accoutumés à en posséder tant à la fois, ils en étaient prodigues ; la tasse de lait fut payée six francs, une poignée de mil douze francs, et d'un autre côté deux sols[2] ; ce qui prouve que les Mauresses ne connaissent pas la valeur de la monnaie européenne.

On acheta un chevreau, que l'on mit à l'instant sur le feu : car aussitôt que la soif fut apaisée, nous ressentîmes les déchirements de la faim. En attendant notre frugal repas, nous entretenions sans trop les comprendre nos hôtesses. Elles étaient hideuses ; leurs jambes, aussi fines que celles d'une gazelle, soutenaient un corps dont la maigreur n'était cachée que faiblement par leurs pagnes. Si la couleur de leur peau était d'un brun sale, leurs dents, en revanche, étaient d'une blancheur éblouissante. Leurs yeux avaient

[1] [Champs non irrigués. La majuscule du texte original est de trop.]
[2] [Rappelons que le salaire quotidien en France sous la Restauration va de 1 à 2 francs ; et le franc vaut 20 sols.]

la vivacité de l'éclair. Tout, chez ces créatures, respirait la fourberie et la méchanceté ; semblables à des oiseaux de proie, leurs regards incertains se promenaient de tous côtés pour découvrir un nouveau butin. Leur habitude de mendier n'était pas moins insupportable que leur infatigable loquacité. Les enfants qu'elles allaitaient étaient d'une laideur repoussante ; les tentes que ces femmes habitaient étaient faites avec du poil de chèvre et de chameau. Fermées du côté de l'est, on n'y voyait pour tout ameublement que quelques outres, des chaudières, et des entraves en fer pour attacher les chameaux.

Après avoir réparé nos forces avec le chevreau que nous avions fait griller, nous nous préparions avec allégresse à reprendre notre pénible voyage, lorsque nous aperçûmes sur une élévation trois Maures conduisant trois de nos compagnons, qu'ils avaient arrêtés et qu'ils menaçaient de leurs bâtons. Cette rencontre inattendue suspendit notre marche, et nous attendions l'issue de ce nouvel incident avec une vive impatience mêlée d'inquiétude, quoique les gestes, que ces Maures répétaient en s'approchant de nous, nous indiquassent que leurs menaces n'étaient qu'un jeu et que leurs dispositions n'étaient pas hostiles. En effet, arrivés près de nous, ils nous serrèrent à tous la main, et nous crûmes voir des amis en les entendant parler anglais. Ils étaient accompagnés d'un fort bon nègre qui paraissait être leur maître. Après quelques pourparlers, qui se terminèrent par l'enlèvement de quelques effets et d'un habit dont le nègre se revêtit, ils tinrent conseil. Intimidés sans doute par le nombre de personnes qui composaient notre caravane, ils nous promirent de nous conduire à Saint-Louis et de nous fournir des ânes, dès qu'ils auraient atteint leur camp, qui, suivant ce qu'ils nous dirent, n'était pas éloigné. Nous nous remîmes en route d'après l'assurance qu'ils venaient de nous donner que nous n'étions pas loin de leurs habitations. À chaque instant nos guides nous disaient, pour augmenter notre courage, que nous allions bientôt les apercevoir ; cependant la nuit vint avant que nous y fussions arrivés. Les soupçons succédèrent aussitôt à l'excès de confiance ; nous menaçâmes les Maures qui nous conduisaient, et nous étions prêts à leur faire payer cher leur perfidie, lorsqu'enfin, s'arrêtant devant un monticule, ils nous firent comprendre qu'il nous dérobait la vue des tentes placées par derrière, et nous invitèrent à les suivre ; comme nous balancions sur le parti que nous avions à prendre, parce qu'il nous semblait plus prudent d'attendre le jour, un des Maures, remarquant notre incertitude et en devinant la cause, nous fit signe qu'il y avait de l'eau dans les tentes. Cette promesse suffit pour écarter notre indécision. À la faveur des premiers rayons de la lune, nous découvrîmes une trentaine de tentes, dont les propriétaires, éveillés par les aboiements de leurs chiens, se présentèrent à nous, au nombre de cinquante hommes armés.

La retraite était désormais impossible ; aussi fîmes-nous bonne contenance. Nous n'eûmes point à nous plaindre de nos nouveaux hôtes. Un marché s'établit bientôt entre nous ; les Maures offrirent à notre avidité des poissons secs, de l'eau, du lait ; tout fut chèrement payé ; mais que valait alors l'argent auprès d'un verre d'eau ? Nous vîmes avec une double surprise les Maures étendre des nattes à terre et nous inviter à nous y asseoir ; malgré les sentinelles que nous avions placées à chaque coin de notre halte, nous dormîmes peu, à cause de la défiance que nous inspiraient ces marques excessives d'hospitalité et de bienveillance. D'ailleurs, les disputes de nos hôtes n'étaient nullement propres à l'apaiser. En effet, durant une partie de la nuit ils ne cessèrent de se quereller. « Notre esclavage, nous demandions-nous sans cesse, est-il le sujet de leur discussion ? » Le jour vint dissiper nos alarmes ; nous nous levâmes tous à un signal donné ; et quelques-uns d'entre nous montèrent sur des ânes qu'on leur avait loués moyennant une pièce d'or.

Nous reprîmes donc le chemin du Sénégal, dont les Maures prétendaient que nous étions proches. Nous en avions pris trois pour nous accompagner. Ils appartenaient à la tribu des Trarzas. Le désir qui nous animait d'arriver promptement à Saint-Louis doubla notre courage et nos forces ; le chemin était aussi plus large et plus commode pour nos piétons ; car jusqu'alors, pressés entre la mer et des collines de sable, nous ne marchions qu'avec bien de la peine sur une plage où nos pieds enfonçaient à chaque pas.

Pleins de confiance dans les promesses de nos gardes, nous regardions nos dangers comme terminés et, oubliant nos infortunes, nous nous transportions déjà en imagination sur les rives du Sénégal, lorsqu'un de nos Maures, prenant tout à coup un air sinistre et inquiet, nous fit entendre que derrière une élévation qui paraissait sur notre gauche, et un peu devant nous, demeurait une tribu contre laquelle nous aurions peut-être à combattre. À ces mots l'un d'eux, plus prompt que l'éclair, courut vers le lieu objet de nos frayeurs ; nous nous crûmes trahis, et, saisissant nos autres guides, nous nous proposâmes de les garder comme otages.

Nous ne tardâmes pas à voir un nombre considérable de Maures ; ils étaient sans armes, ce qui nous rassura un peu. Un officier de troupe, qui se trouvait parmi nous, nous fit cependant ranger en bataille : armée vraiment digne de lutter avec les ennemis qui s'offraient à nous, car nous n'avions que des avirons brisés, des bâtons ou des armes à feu sans poudre et sans pierre ; malgré un appareil aussi peu redoutable, notre front, composé d'une quarantaine de personnes, imposa sûrement à nos adversaires ; car, loin de montrer des dispositions hostiles à notre égard, ils promirent à un officier de marine que nous leur avions envoyé, qu'ils nous fourniraient toutes les provisions dont nous pourrions avoir besoin, engagement qu'ils remplirent à l'instant.

Pendant ces pourparlers, un spectacle bien plus intéressant attira toute notre attention. Un bâtiment se montrait à l'horizon ; les signaux fréquents que nous lui fîmes, les mouchoirs que nous mîmes au bout des bâtons, furent aperçus par le capitaine Parnageon, qui le commandait ; devinant que nous étions les naufragés qu'il était chargé de secourir, il laissa tomber l'ancre ; sa manœuvre nous combla de joie et nous promîmes aussitôt à un Maure une bonne récompense s'il se rendait auprès de nos sauveurs ; il y consentit, et l'on écrivit à la hâte une lettre qu'on renferma dans une bouteille qui fut attachée au cou du Maure. Quoique la distance de la côte au bâtiment fût de près d'une demi-lieue et que la mer brisât avec fureur sur le rivage, notre intrépide nageur parvint à bord du bâtiment dans l'espace d'une heure. M. Parnageon chargea notre messager de nous remettre une réponse pleine de consolations ; il l'accompagna d'un tierçon de vin et d'une barrique de biscuits que notre Maure, aidé des courants, amena à terre sans accident. Nous apprîmes par la lettre que ce secours inattendu nous était envoyé par le brick *l'Argus*. On fit sur-le-champ le partage de ces provisions ; mais, par une inconséquence bien inconcevable, on abandonna une demi-caisse de biscuits à ces mêmes Maures qui nous vendaient au poids de l'or une goutte d'eau. On se cotisa et on donna quarante francs à l'habile nageur qui nous avait rendu le service signalé d'aller à bord de *l'Argus*.

Les habitants du désert ne cessaient cependant de nous montrer par leurs questions combien ils étaient frappés d'un spectacle si nouveau pour eux. Le soir nous fîmes une rencontre qui n'était pas moins extraordinaire. Nous aperçûmes devant nous des chameaux que montaient deux Maures et un homme habillé à l'européenne. Nous nous perdions en conjectures sur ce singulier incident, lorsque ce personnage, arrivé près de nous, nous raconta qu'il était Irlandais, et qu'en apprenant la nouvelle de notre infortune, il était de lui-même accouru près de nous pour guider notre marche et nous protéger chez les Maures au nom de son gouvernement ; il nous dit aussi que nous n'étions plus qu'à une vingtaine de lieues de Saint-Louis[1]. Un secours aussi inattendu fit renaître toutes nos espérances ; nous nous étions regardés comme abandonnés à notre malheureux sort ; et, par un bonheur inouï, des étrangers venaient l'améliorer. Cette consolation nous fit goûter pendant la nuit un sommeil tranquille.

Malgré nos souffrances, qui exigeaient un plus long repos, nous repartîmes au lever de l'aurore pour le Sénégal. Les marabouts[2] qui avaient accompagné le généreux Irlandais le quittèrent pour aller au-devant de nos compagnons, qu'on supposait être arrivés alors à Portendick. Ce ne furent pas, au reste, les seuls secours que l'humanité s'efforça d'apporter à nos maux. Une goélette se fit voir à l'horizon dans la journée ; elle fit d'inutiles tentatives pour nous envoyer quelques provisions ; les brisants firent chavirer son canot et nous n'eûmes d'autre consolation que celle de vois se sauver les hommes qui s'y trouvaient. Après une marche pénible, nous arrivâmes vers sept heures du soir sur les bords du Marigot des Maringoins[3] ; ce ruisseau était encore à sec, mais nous trouvâmes un peu d'eau dans un puits que les Maures avaient creusé auprès. Nous nous y arrêtâmes pour y passer la nuit ; alors le ciel parut prêt à exaucer, fort à contretemps pour nous, la prière que nous lui avions souvent adressée pour obtenir de ces pluies abondantes qu'il

---

[1] [Environ 80 km.]

[2] [Les marabouts, sortes d'ermites musulmans, souvent versés dans la connaissance du Coran]

[3] C'est un petit bras du Sénégal, qu se décharge dans l'Océan lorsque les eaux de ce fleuve ont toute leur crue. [Un marigot est un cours d'eau ou une mare tropicale, souvent à sec en saison sèche ; les maringoins ou moustiques y prolifèrent.]

verse sous les tropiques. En effet, l'horizon se couvrit tout à coup de ces nuages noirs et épais, précurseurs ordinaires d'un déluge ; mille éclairs sillonnaient l'horizon ; la foudre, qui grondait dans le lointain, semblait nous menacer d'un orage affreux ; toutefois nos alarmes cessèrent bientôt ; le ciel s'éclaircit et nous permit de faire tranquillement le repas le plus copieux que nous eussions pris depuis notre naufrage.

Les Maures, attentifs à pourvoir à nos besoins, s'étaient procuré un bœuf ; l'un d'eux le saisit par les cornes, le terrassa et le frappa au cou avec son couteau. On alluma promptement des feux avec les broussailles qui couvraient le lieu où nous nous étions arrêtés, et l'on s'en servit pour faire griller la chair de l'animal. Notre faim aiguë ne nous laissait pas le temps d'attendre que cette viande mêlée de sable, de poils et de charbons fût entièrement cuite : nous la dévorions presque aussitôt qu'on l'avait mise sur le feu. Nous ressemblions à ces animaux carnassiers dont les lugubres rugissements troublaient de temps en temps le silence des solitudes où nous avions fait halte. Heureusement, on ne fut pas plus incommodé de ce genre d'excès que de tous les autres ; au contraire, après que nous eûmes pris une si grande quantité d'aliments de difficile digestion, le sommeil ne tarda pas à appesantir nos paupières, et le soleil était depuis longtemps sur l'horizon quand les Maures nous réveillèrent au nom du Sénégal.

Ce signal suffit pour nous faire mettre promptement en route ; c'était à qui monterait sur une élévation pour découvrir ce fleuve, terme si désiré de toutes nos peines. Enfin, au détour d'un petit de mimosas, quels furent notre étonnement et notre joie ! Nous vîmes le fleuve, et tout le monde courut s'y désaltérer. Il était midi ; la chaleur qui nous dévorait ne nous permit pas de songer aux crocodiles, et chacun se plongea dans les eaux salutaires du Sénégal. Peu de temps après notre arrivée sur les bords du fleuve, la nouvelle s'en répandit jusqu'à Saint-Louis ; des nègres arrivèrent de tous les côtés avec leurs pirogues,chargés de lait, de mil et de beurre. Mais notre palais desséché ne put trouver un fruit pour apaiser notre soif, toujours renaissante. Riche des dons de la nature, l'Afrique centrale n'en a pas reçu cependant ces présents délicieux qui adoucissent les peines de l'exil que l'Européen va chercher dans les autres colonies. Nous aperçûmes, vers deux heures de l'après-midi, un canot venant à toutes voiles de Saint-Louis vers le lieu de notre halte ; il nous apportait des vivres, qui consistaient en biscuit, fromage et vin de Madère ; la cargaison d'un vaisseau composée de pareilles denrées n'aurait pas suffi à notre faim : aussi les provisions du canot furent-elles promptement épuisées ; une partie de notre monde s'embarque sur le canot, une chaloupe qu'on avait amenée servit également à transporter à Saint-Louis le reste des naufragés de notre troupe ; nous y arrivâmes vers six heures du soir. Plusieurs habitants de cette île erraient de tous les côtés pour nous offrir l'hospitalité. Quant à moi, recueilli chez l'un d'eux (M. Lasalle), je trouvai dans la maison de ce Français généreux tous les soins que l'amitié la plus tendre peut prodiguer à l'infortune.

C'est ainsi qu'après cinq jours d'une marche fatigante de près de soixante lieues[1] sur les sables brûlants du Sahara, nous arrivâmes, le 13 juillet 1817, sans avoir perdu un seul homme, à l'île Saint-Louis. Le canot que montaient le gouverneur et le commandant de la frégate nous y avait devancés de quatre jours. Intimidés par la présence de ces deux chefs supérieurs, les matelots n'avaient point cherché comme les nôtres à aborder la côte du désert. Notre séjour dans le désert nous avait déshabitués à la vie civilisée, tout était magnifique pour nous ; les mets, les vins, que l'hospitalité nous offrait chaque jour, nous paraissaient délicieux ; le souper obscur de l'artisan n'eût-il pas été un festin de Lucullus, auprès des crabes crus et du pourpier sauvage qui avaient formé notre nourriture dans le désert ?

Nous avions espéré que nous trouverions à Saint-Louis le terme de nos souffrances et nous nous préparions à jouir de tous les biens que nous prodiguait l'hospitalité des habitants ; mais la fortune, qui se lasse quelquefois de persécuter les malheureux, acharnée contre nous, ne nous laissa pas longtemps dans cette douce erreur. Les Anglais, qui commandaient au Sénégal, ne nous accordèrent que trois jours pour nous remettre de nos fatigues. Nous reçûmes l'ordre, le 17 juillet, de quitter la colonie et de nous embarquer pour le cap Vert, qu'on avait désigné pour être le lieu de notre séjour. On attendait que de nouveaux ordres du cabinet anglais autorisassent le gouverneur à restituer les colonies de la Sénégambie à des Français qui, par la perte de leur frégate, se voyaient dans l'impossibilité de les redemander les armes à la main. Les agents subalternes du

[1] [Environ 240 km.]

gouvernement anglais s'appliquèrent à nous faire une peinture enchanteresse du cap Vert ; on nous le représenta comme un pays couvert d'arbres odoriférants ; les ruisseaux le traversaient dans tous les sens, nous disait-on, et y fournissaient une eau limpide et abondante. Nous devions aussi trouver sur le cap Vert des maisons non moins commodes que celles de Saint-Louis. Nous ajoutâmes naturellement peu de foi à des récits aussi pompeux, nous savions trop à nos dépens ce que pouvaient être cette aisance et ce bonheur qu'on nous disait exister sur la côte d'Afrique, loin de la civilisation européenne ; mais, habitués à souffrir et ne voyant d'ailleurs dans l'état de dénuement où nous étions aucun moyen de nous soustraire aux ordres rigoureux qu'on nous intimait, nous nous séparâmes tristement de nos hôtes de Saint-Louis, et le même jour nous passâmes la barre du Sénégal, dont tous les voyageurs ne parlent qu'avec effroi. Depuis dix ans sa position est changée, elle est plus au sud ; elle est formée par un banc de sable, que onze pieds d'eau[1] au plus couvrent en toutes saisons ; ce passage est fort dangereux dans les raz de marée, et souvent il n'est pas praticable, à cause de la fureur avec laquelle brisent les lames qui se suivent à peu d'intervalle l'une de l'autre ; le navire qui touche alors sur le banc est englouti en peu d'instants. Le nombre de bâtiments qui se sont perdus depuis trente ans a bien diminué à cause de l'expérience des pilotes actuels. Le Sénégal, à l'époque où nous le quittâmes, était dans le commencement de sa crue, et déjà ses eaux, à près d'une demi-lieue[2] de son embouchure, ne se mêlaient pas avec celles de la mer.

La gabare *le Loire*, où nous nous embarquâmes, mit le lendemain à la voile pour le cap Vert. La mer était tranquille ; mais, à peine échappés à la fureur de ce terrible élément, ce n'était pas sans crainte que chacun de nous lui confiait de nouveau sa destinée. Couchés presque nus sur le pont de la gabare[3], exposés à la pluie et aux vents froids des nuits du tropique, combien de fois ne regrettâmes-nous pas la ville dont on nous avait fait si cruellement sortir. Enfin, après mille désagréments, qu'il serait inutile et fastidieux de détailler, nous descendîmes, le 21 juillet, au village de

---

[1] [Un peu plus de 3 mètres.]

[2] [2 km 750.]

[3] [Bateau de transport long et plat, convenant plutôt au trafic fluvial.]

Dakar, situé sur la presqu'île du cap Vert. Nous trouvâmes sur cette côte sauvage quatre maisons bâties à l'européenne ; elles appartenaient à des habitants de Gorée, qui s'en étaient servis jadis pour faire la contrebande. Toutes ces habitations étaient dans le plus affreux délabrement, sans toit, sans porte, sans fenêtre ; quelques réparations qu'on y fit à la hâte les rendirent ensuite moins incommodes. L'une de ces maisons fut réservée pour les marins, l'autre servit de caserne aux militaires ; quant au reste des naufragés, ils se logèrent, aussi bien qu'il leur fut possible, dans les deux autres. L'occupation que nous causèrent pendant les premiers jours ces divers arrangements, ne nous laissa pas le temps de calculer l'horreur de notre affreuse position. Mais, livrés bientôt par l'inaction à nos sombres pensées, nous portâmes nos regards sur l'avenir ; alors nous nous attendîmes à voir finir nos jours misérablement, comme les colons qu'on avait transportés en 1763 à Cayenne ; mille circonstances semblaient en effet nous annoncer le même sort ; notre camp n'avait pas de chef ; nos malades étaient sans médicaments, sans lits ; les barbares qui nous entouraient pouvaient à chaque instant se lasser de notre long séjour ; les provisions étaient presque livrées au pillage, on rencontrait des hommes ivres pendant que d'autres n'avaient pas même un morceau de pain. Enfin des pluies prodigieuses venaient chaque jour mettre le comble à notre détresse, par les ravages qu'elles faisaient dans nos habitations, mal construites et mal réparées. Au milieu de tant de sujets d'inquiétude, nous vîmes avec plaisir régner l'harmonie entre nous et les habitants de la presqu'île. En effet, malgré plusieurs vexations que nos matelots firent éprouver aux nègres, comme de traire leurs vaches, de mettre à sec leurs fontaines, Mocktard, chef du cap Vert, nous envoya en présent des œufs, du lait, de la volaille et des patates ; ce prince avait obtenu ces provisions par voie de contribution de ses sujets. Que pouvions-nous désirer de plus ?

Si nous fussions toujours restés oisifs, le chagrin et les maladies qui en sont les suites n'eussent pas tardé à moissonner tout notre monde ; mais, n'ayant point de serviteurs, nous fûmes continuellement occupés soit à préparer nos repas, soit à aller chercher de l'eau et du bois, qu'on ne trouvait qu'à une lieue de nos habitations ; les soldats et les marins refusèrent même de se charger de ces soins pénibles pour leurs officiers. On s'imagine facilement, en lisant la description séduisante qu'a faite Cook des îles des Amis, que des matelots anglais aient pu concevoir le désir de s'y fixer ; mais on verra avec étonnement des hommes prêts à renoncer à leur patrie, à leurs familles, à leurs habitudes, pour vivre en Afrique, au milieu de peuples barbares.

Nous avions parmi nos soldats plusieurs nègres poules et iolofs[1] provenant de nos colonies des Antilles ; résolus de s'enfuir dans leur pays, ils entraînèrent avec eux dix de leurs camarades blancs, pour la promesse d'un sort brillant à la cour des souverains noirs. En apprenant la désertion de ces soldats, on crut d'abord qu'ils avaient passé chez les Anglais ; mais on sut bientôt qu'ils avaient suivi la route qui mène à la capitale du chef des noirs ; au reste, on n'eut pas la peine de forcer les nègres à les rendre ; ceux-ci, après les avoir arrêtés et dépouillés, leur avaient mis les fers aux pieds ; ils nous les ramenèrent moyennant une faible rançon. Le brick *l'Argus* leur servit de prison ; un seul d'entre eux, de la nation des Poules, n'a jamais reparu : ce nègre, qui, d'après ce que l'on apprit, s'était réfugié dans le Fontators[2], nous a nui beaucoup dans la guerre qu'on a faite aux Poules en 1820.

Le 25 juillet fut un des jours les plus remarquables de notre expédition ; en effet nous apprîmes en même temps l'arrivée au Sénégal de nos malheureux compagnons, qu'on avait débarqués au cap Mirick[3] et de ceux qu'on avait trouvés encore vivants sur le radeau. Le récit de leurs souffrances fit naître dans notre esprit les plus sombres réflexions ; nous ne cessâmes, en nous rappelant le passé, de déplorer la lâcheté des hommes qui avaient abandonné si cruellement des infortunés, dont le nombre avait été réduit de cent cinquante à quinze, après des maux inouïs qu'ils avaient endurés pendant treize jours.

Quant aux naufragés du radeau, débarqués au cap Mirick, les premiers jours de leur voyage ne furent marqués par aucun événement important ; ils restèrent quatre jours sans trouver une seule goutte d'eau à boire ; ils formaient une caravane de soixante-trois

---

[1] [Soit peuls et ouolofs.]

[2] [La transcription du manuscrit paraît erronée ; il faudrait sans doute lire : Foutatoro. Mollien écrit systématiquement Foutatoro dans la *Découverte des sources du Sénégal et de la Gambie*.]

[3] [Plus haut, Mollien écrit Mérich. Même aujourd'hui, l'orthographe des noms africains est loin d'être fixée de manière définitive.]

hommes bien armés ; ils avaient même un baril de poudre, ils le perdirent par l'imprudence d'un soldat qui, ayant allumé du feu auprès sans précaution, le fit sauter. Heureusement personne ne fut blessé. Le troisième jour ils passèrent à Portendick, où ils cherchèrent inutilement de l'eau dans les cases que les Maures y ont construites pour le temps de la traite de la gomme ; ils marchèrent ensuite le reste de la journée, mais entièrement découragés. Ils avaient parmi eux un jeune homme sur qui l'excès des fatigues produisit un effet extraordinaire. Il s'arrête tout à coup, fait un large trou dans le sable ; on croit qu'il cherche de l'eau ; c'est un tombeau qu'il se creuse et dans lequel il se couche en demandant une main charitable pour lui ôter la vie. Un matelot qui lui avait prêté sa veste l'entend, accourt à l'instant et crie qu'il est mort ; chacun s'éloigne promptement ; le matelot, croyant dépouiller un cadavre, lui enlève sa veste, et, pensant qu'il y avait de l'or caché dans la cravate du jeune homme, la lui arrache au risque de l'étrangler : ce malheureux respirait encore. Un des ses amis, que des douleurs dans les jambes avaient empêché de suivre le gros de la caravane, entendant des cris plaintifs, accourt précipitamment, éloigne le matelot avec violence, et, tirant son jeune ami du tombeau, le traîne jusqu'à la mer, dont les vagues lui rendirent la connaissance.

Une scène plus affreuse se passa le lendemain. Un soldat avait avec lui sa femme, que sa faiblesse avait fait rester fort en arrière de la caravane. « Tiens, lui dit son mari, je vais te passer mon sabre au travers du corps, c'est un service que je veux te rendre. » Sa femme lui répondit en versant des torrents de larmes ; elle tomba sur le sable sans mouvement. Son barbare époux feignit de rester auprès d'elle pour lui donner des soins. Le lendemain il rejoignit la caravane et annonça que sa femme était morte et qu'il avait jeté son corps à la mer : personne ne douta qu'il ne l'eût égorgée.

Les naufragés du cap Mirick aperçurent, le cinquième jour de leur marche, des tentes appartenant aux Maures. La curiosité, ou plutôt la soif ardente qui les tourmentait, engagea quelques-uns à s'en approcher. Les chiens que les Maures ont toujours dans leur camp, donnèrent aussitôt l'alarme par leurs longs aboiements ; les Maures, revenus de la surprise que leur avait causée l'apparition subite des Européens, fondirent sur eux, en attachèrent trois aux pieux qui soutenaient leurs tentes, et des femmes, le poignard levé sur la poitrine de sept autres, les conduisirent les mains liées derrière le dos vers la caravane ; ils étaient à une certaine distance encore de leurs camarades, lorsque les Maures firent signe avec des bâtons qu'il fallait se rendre et mettre bas les armes : on obéit. Satisfaits de cette marque d'esclavage, les Maures relâchèrent plusieurs de leurs prisonniers, qui accoururent vers leurs compagnons d'infortune en leur criant : « Bonne nouvelle, nous sommes esclaves des Maures, mais nous avons de l'eau, quel bonheur ! – De l'eau ! » répond une foule de voix. Les naufragés oublient les mauvais traitements qui les attendent peut-être et volent vers les chaînes qu'on va sans doute les préparer, pour boire l'eau puante que doivent leur accorder leurs nouveaux maîtres. Les Maures, selon leur habitude, fouillèrent tous leurs vêtements et leur en enlevèrent même une partie. Ces mauvais traitements ne provoquèrent aucune résistance de la part d'hommes qui regardaient comme un bonheur de trouver des maîtres qui leur donnassent de l'eau. Les Maures les retinrent quelques jours dans leurs tentes ; ensuite ils se mirent tous en route en suivant la direction du sud. Un spectacle bien affligeant vint augmenter le découragement qui avait fini par s'emparer des naufragés : ils reconnurent nos canots, que les vagues avaient enterrés dans le sable. Les vêtements que nous avions laissés sur la plage, parce qu'ils nous embarrassaient dans notre marche, leur firent croire que nous avions péri par les mains des Maures ; et ils eurent besoin de tout leur courage pour soutenir l'idée de cette terrible conjecture. Enfin, après avoir supporté des privations et des fatigues inouïes, ils rencontrèrent le marabout que j'ai fait connaître en traçant le récit de notre voyage ; il leur donna des rafraîchissements et exigea même impérieusement qu'on leur rendît les effets qu'on leur avait dérobés, ce qu'on lui promit. Mais ces promesses n'eurent pas malheureusement d'exécution, et ces naufragés n'arrivèrent à Saint-Louis qu'après dix-sept jours de marche, presque entièrement nus, les jambes gonflées par les coups de soleil et la morsure des insectes. Leurs forces revinrent cependant après quelques jours de repos.

Tels étaient les événements qui firent longtemps le sujet de nos conversations durant notre séjour sur la presqu'île. Chacun s'informait avec empressement du sort de son ami. Le radeau seul avait à citer des pertes nombreuses, car la caravane partie du cap Mirick n'avait perdu que cinq hommes.

Le gouverneur français vint demeurer à Gorée pour être à même de veiller plus directement à la sûreté de la plus nombreuse partie de ses administrés. Le 26 juillet, il descendit à Dakar pour y visiter notre camp ; sa présence y rétablit l'ordre, et son premier acte d'autorité fut de presser l'embarquement des matelots, dont l'indiscipline était un obstacle au retour de la tranquillité. On régla le même jour la quantité des vivres qui nous seraient distribués. D'après cette mesure, nous reçûmes journellement, depuis ; douze onces de pain, huit onces de viande, quatre onces de riz[1], un verre de vin ou un peu d'eau-de-vie. La pêche procura une quantité prodigieuse de poissons de mer ; mais on fut obligé d'abandonner ce moyen de varier notre nourriture insipide, parce que les nègres parurent mécontents qu'on s'emparât d'une branche de commerce qui leur rapporte beaucoup d'argent : car ils vont vendre le poisson à Gorée. Le mois de juillet se termina sans événements remarquables ; nos occupations ne furent ni plus amusantes ni moins fatigantes. Notre misère, nos inquiétudes, ne firent au contraire qu'augmenter.

Le mois d'août nous apporta les chaleurs de la canicule ; l'air que nous respirions était étouffant ; aussi combien je me trouvai heureux d'avoir découvert une grotte creusée par la mer dans les falaises ferrugineuses qui la bordent à Dakar ; j'allais chaque jour chercher le frais dans cet ermitage. Malgré les vraies jouissances que j'éprouvais dans ma cellule, d'où je contemplais avec délices la mer qui sépare Gorée de la côte ferme et où fut peut-être jadis le cratère d'un volcan affaissé ; malgré le charme que je ressentais à être seul et en sûreté au milieu de cette nature sauvage, j'attendais pourtant avec impatience que le soleil fût descendu sous l'horizon : car les brises de mer ont peu de force dans le mois d'août et ne diminuent pas beaucoup la chaleur de l'atmosphère ; mais lorsque la nuit commence à étendre ses voiles, tout semble se ranimer. À force de soins, d'arrosements, je parvins, aidé de MM. Rabaroust et Richard[2], à préserver quelques plantes d'Europe de la dangereuse

---

[1] [372 grammes de pain, 248 grammes de viande, 124 de riz.]

[2] [M. Richard, mentionné également dans *la Chaumière africaine* de Charlotte Dard, a créé des jardins modèles au bord du Sénégal à l'endroit qui porte encore son nom : Richard Toll (toll signifiant jardin en ouolof). Il a épousé Caroline Picard, sœur de Charlotte : voir *la Chaumière africaine*, éd. Kadish, p. 149.]

influence des rayons brûlants du soleil. Nous semâmes sur un terrain d'un demi-arpent[1], que nous avions défriché, des graines de salades, de choux, de raves, de carottes et de melons, et nous ne songeâmes plus à nos peines en voyant les graines germer et nous promettre une récolte abondante en peu de jours. Les fatigues que nous eûmes à supporter, quoique bien accablantes pour des jeunes gens novices dans ce genre de travail, étaient des distractions à nos chagrins, et les fruits que nous en recueillîmes, des adoucissements à nos misères ; mais les maladies qui nous frappèrent tous dans le mois de septembre nous empêchèrent de jouir longtemps de ce bonheur, que nous nous étions créé et qui nous faisait souvent répéter cet adage de Rousseau, que la joie est plus amie des liards que des louis.

Nous n'avions encore perdu aucun de nos compagnons et nous nous imaginions être à l'abri de ces maladies endémiques en Afrique et si dangereuses, au rapport de toutes les personnes qui ont visité ce continent ; mais une perte affligeante vint nous tirer cruellement de confiance et nous montrer que notre santé était menacée d'attaques violentes, pour peu que notre séjour sur la presqu'île du cap Vert se prolongeât encore. Vers la fin d'août, la mère d'un de nos compagnons mourut en quarante-huit heures, d'une fièvre putride. On creusa sa tombe dans un champ qu'on avait acheté au chef de Dakar. On l'y transporta sur les six heures du soir. Toutes les personnes du camp escortèrent son cercueil dans un grand recueillement. Des négresses qui l'accompagnaient aussi, montraient leurs seins en poussant des gémissements pour indiquer que nous pleurions une mère et que leur douleur était égale à la nôtre. Comme c'était la première Française qu'on eût enterrée à Dakar, on mit une croix sur la tombe, pour marquer que c'était celle d'une chrétienne.

Une nuit affreuse vint succéder à ce jour de deuil ; un vent extrêmement violent s'éleva dans le milieu de la nuit c'était le commencement d'un tornado[2]. Les murailles peu solides de nos habitations, qui s'ébranlaient presque dans leurs fondements, nous firent craindre de les voir s'écrouler sur nos têtes. Celle où je

---

[1] [L'arpent valait différemment suivant les provinces françaises. Celui de Paris était d'environ 34 ares ; ici, le $^1/_5$ème d'un hectare.]

[2] [Le mot tornade vient effectivement du vocable espagnol *tornado*.]

demeurais était située sur l'extrémité d'une pointe très avancée dans la mer ; le tremblement perpétuel que l'on y ressentait nous mettait dans des transes horribles. Nous nous attendions à chaque instant à voir les hommes et leur abri précipités dans la mer par la tempête ; en effet deux de nos portes ne tardèrent pas à être arrachées de leurs gonds par la violence de l'ouragan, et des nappes d'eau, s'étant frayé un passage dans notre chambre par ces deux issues, renversèrent nos cadres[1] : nous prîmes le parti de nous en couvrir pour nous garantir des torrents de pluie qui nous inondaient de toutes parts. L'orage nous ayant surpris pendant que nous étions couchés, nous nous trouvions tous en chemise ; aussi le froid nous devint-il insupportable ; plusieurs d'entre nous eurent la fièvre le lendemain et en moururent dans la suite. Dans cette triste situation, nous ne pûmes goûter un instant de repos durant toute la nuit : car les mugissements affreux de l'Océan, les sifflements des vents, les éclairs qui sillonnaient le ciel dans tous les sens, une nuit profonde succédant à ces vives clartés, le bruit horrible de la foudre, qu'on distinguait au milieu de ce désordre de la nature, semblaient nous annoncer la fin de notre triste existence, si un jour plus serein n'eût succédé à cette nuit d'alarmes. Les pluies tombèrent sans interruption jusqu'à la fin d'août.

Pendant le séjour que la politique anglaise nous forçait de faire sur le cap Vert, on s'occupait des moyens d'augmenter nos subsistances ; on expédia une goélette pour essayer de retirer quelques vivres de la frégate *la Méduse*. On y trouva encore vivants trois matelots. Ils racontèrent que parmi les malheureux qui, ayant refusé de descendre dans la chaloupe du brave Espiaux, avaient mieux aimé rester sur la frégate, douze soldats avaient construit un radeau et s'y étaient embarqués ; on n'en a jamais entendu parler depuis. Ces malheureux, s'ils ne sont pas tombés entre les mains des Maures, auront péri de faim, puisqu'ils n'avaient avec eux des vivres que pour huit jours. Trois hommes étaient morts en avalant une grande quantité d'eau-de-vie sans reprendre haleine. D'autres enfin s'étaient jetés à la mer avec des débris de planches ou des cages à poules, et n'avaient pas tardé à être engloutis par les

[1] Les cadres sont des hamacs dont les officiers se servent à bord des bâtiments ; on les fait avec des toiles fortement tendues par un châssis en bois de forme carrée.

vagues. Pendant que les trois matelots demeurèrent sur la frégate entièrement couchée sur bâbord, ils furent obligés de suspendre leurs hamacs aux bastingages de tribord. Ils vécurent tout le temps avec l'eau et le biscuit qu'on avait laissé[s] sur le pont de la frégate, dans le moment de confusion et de trouble qui précéda le départ. Ils avouèrent qu'ils s'étaient placés à de grandes distances les uns des autres, de peur que dans l'excès de leur désespoir ils ne se poignardassent entre eux. Le bâtiment envoyé par M. Schma[l]tz[1] à la frégate revint un mois après à Gorée. On avait enlevé une partie du gréement, des malles, un petit nombre de barriques de lard, d'eau-de-vie et de farine : toutes ces provisions étaient fort avariées. Malgré tous les efforts de plusieurs bons nageurs nègres, on ne put atteindre à trois petits barils renfermant chacun trente mille francs : c'était l'argent du gouvernement.

Les pluies, dans le mois de septembre, produisirent sur nous de terribles effets ; une espèce d'épidémie parcourut notre camp ; les fièvres devinrent si communes, la mort frappa tant de personnes et en si peu de temps, que notre situation devint affreuse. Occupés de notre propre conservation et réduits à un petit nombre d'hommes en état de se défendre, nous fûmes dans l'impossibilité de porter du secours à un navire espagnol qu'un coup de vent avait jeté à la côte. Les nègres le pillèrent et s'emparèrent, sous le canon du fort de Gorée, de cinq Espagnols qui le montaient. Le lendemain, les Anglais tirèrent le canon sans boulet sur les pillards, qui prirent aussitôt la fuite. Mais à quoi servait cette mesure tardive ? Le navire était pillé, et des Européens, nos frères, gémissaient dans les fers ! Dans l'espace de deux mois que nous passâmes à Dakar, personne n'échappa à la fièvre. L'on fit partir enfin pour Gorée le petit nombre des soldats qui restaient encore sur la presqu'île, épuisés par les privations de tous genres et les maladies. Ces débris vivants de la frégate ne furent transportés qu'avec bien de la peine jusqu'au lieu de l'embarquement ; le pavillon français fut enlevé à leur départ, et les ossements de quelques-uns des naufragés furent les seuls monuments que nous laissâmes de notre séjour sur le cap

---

[1] [Julien Désiré Schmaltz, gouverneur en exercice du Sénégal, attire les foudres de Charlotte Dard qui le traite de persécuteur de sa famille : voir Kadish, dans sa réédition de *la Chaumière africaine*, pp. xiii-xiv.]

Vert. Retirés tous à Gorée sous le toit de l'hospitalité nous attendions avec impatience la fin des misérables suites de notre cruel naufrage, sans en voir pourtant le terme, quand nous vîmes, le 15 décembre, deux gabares françaises mouiller dans la rade de Gorée. En apprenant qu'elles étaient chargées de toutes sortes d'approvisionnements pour nous et qu'elles venaient prendre possession de nos colonies en Afrique occidentale, notre joie fut aussi grande que la douleur que nous avait fait éprouver notre précédente position avait été cuisante. Les inimitiés, car le malheur les aigrit toujours, cessèrent à l'instant : on se visitait, on s'embrassait, on ne s'entretenait que de la patrie et l'on rendait des actions de grâces à une Providence qui paraissait enfin prête à exaucer notre unique vœu, celui de revoir un jour notre pays.

MŒURS D'HAÏTI

Manuscrit 93 – Calais (M71)

Les pages 1 à 35 du manuscrit reprises par Mollien d'une brochure anonyme de 1808 avec quelques commentaires sont résumées ci-dessous :

Les premiers établissements français datent de 1630. Le pétun ou tabac est cultivé vers 1650, le cacao ensuite, depuis tué par des défrichements. En 1765, la colonie exporte 1 292 548 livres de colon. En 1788 : 6 286 126 livres. En 1789 : 7 004 274 livres produites dans 789 cotonneries.

Le café arrivé à Saint-Domingue dès 1735. En 1755, la colonie exporte 6 941 258 livres de café. En 1789 : 76 286 330 livres. En 1788, il y a 810 caféières – en 1789, 1117.

« Avec quelle rapidité n'arrivait-elle pas [la colonie] au comble de la prospérité lorsque la révolution de 1789 est survenue. Nous couvrons d'un voile de deuil et de désolation les diverses catastrophes qui ont consommé la ruine de la colonie, mais quelle plus belle existence encore leur présage, à la paix maritime, le nouvel ordre de choses qui s'établit d'un bout de l'Empire à l'autre » (commentaire de Mollien).

En 1788, l'importation de marchandises françaises à Saint-Domingue vaut 86 414 040 livres, l'importation de marchandises des U.S.A. à Saint-Domingue 7 226 788 livres, le commerce d'Afrique par les bâtiments français 61 936 190 livres et l'importation par les Espagnols 59 717 113 livres, soit un total valant 158 334 131 livres.

L'exportation totale des denrées déclarées en 1788 est de 179 383 396 livres dont 4 936 493 livres par le commerce américain, 5 587 515 livres par le commerce espagnol. L'importation s'est faite par 723 bâtiments français, jaugeant l'ensemble 193 154 tonneaux, par 763 bâtiments U.S. jaugeant 555 745 tonneaux, et par 259 bâtiments espagnols jaugeant 15 417 tonneaux.

L'exportation s'est faite vers la métropole par 527 bâtiments, jaugeant 165 280 tonneaux. En 1789, l'importation baisse à 140 736 952 livres. En 1789, l'exportation baisse à 162 994 367 livres.

« Quel débouché cette colonie offre aux manufactures ! Elle seule peut mettre en activité près de 30 000 marins » (commentaire de Mollien).

En 1789, la population est estimée par l'auteur à 490 110 âmes, dont 30 851 blancs, 24 850 gens de couleur et 434 429 esclaves.

Selon Mollien, la partie ci-devant espagnole, qui comptait 125 000 âmes dont 110 000 libres et 15 000 esclaves en 1789, n'a plus en 1834 que 35 000 individus libres et 6 000 esclaves (après le rattachement à Haïti). Il y reste fort peu de plantations, des bourgades d'éleveurs. Il y avait, en 1780, 200 000 bêtes à cornes. Des dévastations ont été telles « qu'on n'en trouverait peut-être pas le tiers aujourd'hui ».

Mollien propose un véritable projet de colonisation sucrière de l'ex-partie espagnole de l'île : *selon lui, on pourrait y implanter plus de 600 sucreries, occupant 74 000 nègres – plus des ports, des chantiers de construction.*

« Les détails qui précèdent ont été publiés dans une notice imprimée à Saint-Domingue en 1808 sans nom d'auteur. Tout en présentant un aperçu de la position géographique et physique d'Haïti, ils n'apprennent rien sur l'état actuel de ce pays, et sur les changements physiques, on peut le dire, qui s'y sont opérés à la suite des bouleversements politiques. C'est cette lacune qu'on se propose de remplir dans la seconde partie de cet ouvrage, en décrivant l'aspect si différent de l'admirable coup d'œil qu'offrait jadis Saint-Domingue. Ce tableau sera suivi de celui des mœurs des habitants actuels de cette île... » (commentaire de Mollien).

CHAPITRE PREMIER

ÉTAT DU PAYS

Avant la révolution, on comptait dans la partie française de Saint-Domingue, qui seule était vraiment habitée et cultivée, vingt et une villes, quarante et un bourgs, seize ports, deux capitales, le Port-au-Prince en temps de paix, le Cap en temps de guerre. La première fut fondée en 1749, l'autre en 1711. Tout ce que l'on raconte aujourd'hui des villes d'Haïti et particulièrement du Cap, de la beauté de leurs édifices, du mouvement de leurs rues, de l'activité de leur commerce, n'est plus qu'un songe, que le souvenir vague des anciens propriétaires expulsés. Au Cap, les flammes, Christophe, l'indolence des habitants actuels ont laissé peu de trace de la magnificence d'une ville comparée jadis à Bordeaux. On n'y trouve plus que des décombres, des masures, des cours changées en jardins. Au Port-au-Prince, les rues sont dépavées, les ruisseaux sans lit tracé se répandent de tous côtés et remplissent la ville de boue et d'immondices que la nonchalance y laisse s'amonceler jusqu'au temps des pluies. Dans toutes les villes, peu de maisons sont extérieurement ou intérieurement dans l'état où on les voyait jadis. Les endroits, autrefois les plus vivants, les mieux habités, sont à présent solitaires et repoussent par l'aspect des ruines qui les couvrent. Car, naturellement, le ravage a été plus grand là où l'opulence a été plus considérable. Ce ne sont donc presque partout, surtout à Saint-Marc, que des maisons sans toit, sans planchers, sans fenêtres, sans portes. Seulement les habitants les plus industrieux les ont fermées avec des pierres, afin d'y former une réserve pour leurs chevaux, leurs porcs ou leurs poules. Ainsi, les cuisines d'autrefois sont transformées maintenant en écuries, les salons de compagnie en poulaillers, les salles à manger en parcs à cochons. Ailleurs, un potager est dans une chambre à coucher, la salle de bain n'est plus qu'une bananeraie, le cabinet d'un savant est tapissé d'herbes de Guinée[1]. Au Cap, il y a des maisons dont il

---

[1] [Sorte d'herbe fourragère, très envahissante.]

ne reste même pas de vestiges, Christophe en ayant achevé la démolition pour en employer les matériaux à bâtir son palais. Toutes les masures ne sont pas pourtant abandonnées. Il en est plusieurs, dont les murs surmontés d'un toit de chaume, servent de demeures à des Noirs dont le génie, nullement éveillé par les ruines qui les entourent, continue à construire des maisons avec les matériaux les plus ordinaires en Afrique, la terre et la paille. Il en est enfin d'anciennes qui servent de lieux d'aisance. (Les maisons, au Cap, en sont dépourvues, celles de Port-au-Prince, sous ce rapport, sont plus commodes.) C'est la destination de celles où se trouvait naguère à l'étroit l'opulence des Aubert, des Lavaud[1]. Le libertinage du peuple s'y donne aussi souvent d'infâmes rendez-vous.

Les monuments publics dans les villes ont encore plus souffert que les maisons des particuliers de la rage des partis ; ce n'est pas l'incendie seulement qui les a détruits, mais aussi l'artillerie employée pour les démolir plus vite et plus complètement. Au Cap, la Comédie n'est plus qu'un amas confus de décombres que mille plantes diverses envahissent ; la scène, à proprement parler, n'est plus qu'un lieu peut-être dangereux maintenant à traverser, à cause des mille-pieds[2], des scorpions ; le cri des crapauds est le seul bruit qu'on entende à présent dans ces ruines qui retentissaient auparavant des applaudissements d'un peuple ivre de jouissances. Les loges n'existent plus, on distingue à peine l'emplacement du parterre : toiture, lambris, tout a disparu. (En 1788, on tuait par jour au Cap vingt-deux bœufs et l'on consommait trente barils de farine. Cette consommation est maintenant réduite au 6ème, et la population n'a pas diminué !)

Ne quittons pas le Cap, beaucoup plus maltraité que le Port-au-Prince, où les maisons se sont relevées après chaque tremblement de terre comme par enchantement, et grâce aux débris des habitations de l'Artibonite que l'on démolit et que l'on vend dans la capitale : c'est une ville habituée et préparée à la destruction, puisqu'elle est encore debout après avoir été incendiée en 1791, en 1820, en 1822. Mais Le Cap, bâti tout en pierres de Nantes, n'a pu

---

[1] [Riches colons de Saint-Domingue.]

[2] [Mille-pieds : mille-pattes ou scolopendres.]

supporter si bien les ravages des hommes. En face de la Comédie, le Gouvernement, plus solidement construit, a résisté à toutes les attaques ; néanmoins, il n'y a debout que les murs, tout le reste est détruit, bois, ferrures, tout a été enlevé ou brisé. On n'a eu garde d'épargner les statues, qui décoraient la façade du Palais. On n'en voit plus qu'une, qui a échappé à la fusillade à laquelle elles furent exposées parce qu'elles étaient en marbre blanc. Derrière le Palais, qui fut habité en dernier lieu par Sonthonax, on trouve les casernes, ouvrage où le génie français avait déployé un grand luxe d'architecture et d'intelligence pour entretenir la salubrité dans les logements des officiers et des soldats. On s'y promène aujourd'hui partout sans y trouver le moindre abri contre les mauvais temps. Rien n'en subsiste en entier, si ce n'est une fontaine sur laquelle est la Chapelle et qui laisse échapper encore une eau abondante destinée maintenant à arroser le jardin, qui recouvre le pavé de l'ancienne cour, grâce à Sonthonax. La chapelle est sans toit et sans autel. En descendant de cette partie élevée du Cap, où l'on n'a laissé intact que l'hôpital de La Providence, on passe près d'un jardin établi sur les décombres de la Comédie, que Toussaint avait fait bâtir, après l'embrasement de l'ancienne. Plus bas, on rencontre le couvent dont ce chef noir avait fait son Palais, et qu'habitèrent après lui successivement Leclerc et Dessalines. Aujourd'hui, c'est la caserne des carabiniers, qui auraient bien du mal à s'y loger, s'ils étaient plus de vingt. Enfin, de quelque côté qu'on porte ses regards, on est attristé par le spectacle hideux de ruines. Au bord de la mer, les fortifications désarmées d'artillerie s'écroulent dans les flots, et augmentent les remblais qui éloignent chaque jour la mer du rivage actuel. On ne retrouve plus ces allées délicieuses qui permettaient d'affronter en plein midi le soleil mortel des tropiques. En vain cherche-t-on dans le terrain inégal et inondé de La Fossette, cette promenade enchantée que parcourait naguère l'orgueil des colons et des femmes les plus élégantes. Quelques arbres seulement ont échappé à la destruction générale, parce que sous Dessalines, ils servaient de potences. C'est maintenant le refuge ordinaire des gens de la campagne qui s'assoient avec leurs bêtes de somme sous leur ombrage à la façon des Arabes. Tous ces jets d'eau, ces plantes odoriférantes, qui attiraient autrefois les étrangers à La Fossette ne peuvent plus entrer dans la description actuelle du Cap. La liberté a été rendue à tout, les entraves salutaires de la société n'existent plus, pour rien. L'eau emprisonnée jadis dans des canaux parcourt vagabonde les parties basses de La Fossette. Des figuiers maudits saisissent pour les étouffer les derniers arbres qu'a épargnés la hache de la barbarie. Cependant, on voit encore, surprise agréable, les fontaines donner, sans tarir, l'eau des mornes, qui est sans mélange, quoique l'insouciance des habitants n'ait jamais réparé les conduits ; au reste, ils n'en ont pas besoin, parce que les ouvrages des Européens durent partout au moins un siècle, et qu'il n'y en a pas encore un de passé.

Nulle part plus qu'au Cap les Français n'avaient déployé cette charité généreuse qui adoucit les maux si elle ne les guérit pas. L'hôpital des Pères, placé sur un plateau tout près de la ville, était un monument d'intelligence et d'humanité honorable pour les fondateurs. Ce refuge ouvert à tous les maux fut souvent attaqué pendant la Révolution, sa position élevée le rendait important à occuper ; tour à tour prise et reprise, cette forteresse du malheur, fut enfin changée par Dessalines en un vaste cimetière, où il engloutit tous les malades.

L'église paroissiale du Cap n'a pas moins souffert que le reste, ce n'est plus maintenant qu'un temple délabré ; on y voit le ciel ; c'est fort incommode quand il pleut ou que le soleil est un peu haut sur l'horizon. Il n'y a que l'autel qui soit abrité d'un appentis que Christophe a fait mettre dessus ; tout le reste de l'église est découvert.

Le croirait-on, on est indifférent à la vue de tant de destructions.

Ruines d'Haïti, comment votre aspect ne remue-t-il pas l'âme aussi puissamment que celles de la Grèce ? Pourquoi, en vous voyant, l'imagination ne s'enflamme-t-elle pas ? Comment enfin êtes-vous muettes ? C'est qu'on s'intéresse peu aux décombres de magasins, de maisons de Douane ; l'esprit veut trouver le marbre qu'a foulé Pindare pour admirer Thèbes, et verser des larmes sur sa chute ; mais l'œil est sec en contemplant les maisons qu'habitait un riche marchand de sucre ou de café ; l'ajoupa[1], où couchait d'Ogeron, si on pouvait le retrouver, l'arbre où Colomb attacha son canot à son débarquement, attireraient bien davantage l'attention et l'intérêt. Cependant, on ne peut être sans quelque admiration en

[1] [Ajoupa : case de construction légère en bois et argile couverte de palmes.]

songeant à ce qu'a dû coûter la construction d'une ville bâtie de pierres tirées de carrières éloignées de plus de 1500 lieues (Nantes) : certes les pyramides ont moins coûté au génie de l'homme. Mais l'admiration qu'excite cette réflexion est bientôt remplacée chez un voyageur vulgaire par une avide curiosité qui fait chercher les trésors qu'on suppose enfouis au milieu de tant de ruines, et qui ont été cependant la plupart enlevés sous Toussaint par ceux qui les avaient enterrés : c'est si vrai qu'on découvre rarement quelque chose.

En sortant des villes, pour parcourir les campagnes, on est moins désagréablement frappé à la vue des ruines dont elles sont semées partout, parce qu'une verdure délicieuse en couvre la plus grande partie, et en dérobe l'affreux aspect ; mais on reconnaît en même temps avec douleur que le pays presque tout entier est en friche, la plaine du Cap par exemple. Cette plaine, la plus riche, la plus féconde de toutes celles que l'on trouve dans les Antilles, est maintenant hérissée d'épines, de goyaviers, d'acacias. Enfin une forêt déjà d'un aspect antique a remplacé les plus belles plantations. Puissance de l'agriculture européenne, vous conteniez les germes de plantes et de végétaux inutiles à la vie ou incommodes ; une fois brisée, ils ont paru tout à coup comme une arme de dévastation envoyée par la nature sauvage, pour faire rentrer dans ses domaines les conquêtes de l'homme. La révolution a été générale ; l'art captivait la nature, la nature étouffe à présent l'art ; « la présence de l'homme fait le charme de la nature, retire-t-il sa main, tout rentre dans la confusion et le chaos » (Aimé Martin, *Préambule des Harmonies de la Nature*[1]).

En se promenant dans ces solitudes, le voyageur trompé croira un jour trouver les ruines de temples, de théâtres, de cirques, tandis qu'il ne verra que celle de purgeries, de sécheries, de moulins, choses toutes simples, quand on considère aujourd'hui la beauté des ruines et des bâtiments, auxquels le luxe et le goût des habitants avaient donné toute la grandeur architecturale que les anciens consacraient à leurs monuments publics. D'autres bâtiments étonnent aussi par les restes de leur magnificence ; ce sont les hospices des habitations, monuments de sagesse que la vanité plutôt

---

[1] [Aimé Martin édita en 1818 les œuvres complètes de son beau-père, Bernardin de Saint-Pierre.]

que l'humanité décorait avec un luxe extraordinaire : car il était venu un temps à Saint-Domingue où l'on cherchait à se surpasser en traitant bien ses esclaves. Ce fut le temps voisin de la Révolution, c'était alors à qui leur donnerait les meilleurs aliments, les plus beaux vêtements, et même une certaine éducation. La Révolution n'a point éteint tous ces souvenirs, on sait et on répète encore le nom des hommes qui créèrent et animèrent la prospérité du pays ; bien que dépouillés de l'éclat des hauts faits, les noms de Charitte, Duplaa, Lefèvre, attachés toujours à leurs habitations, sont prononcés continuellement par les Noirs qui s'y sont établis, et qui se disent, de Charitte, de Duplaa, comme se dirait du Cap ou de Port-au-Prince.

Quelle existence douce et commode que celle d'un colon, riche au milieu d'un peuple d'esclaves travaillant avec une activité qui, bien que forcée, animait les plus vastes ateliers, et donnait à chaque habitation l'air d'une petite ville. Quelles voluptueuses demeures habitaient les Lucullus américains[1], au bout de longues allées d'arbres dont les belles fleurs embaumaient toute la campagne. Tout désir formé était à l'instant satisfait comme par enchantement. L'abondance facile, économique, à côté du luxe industrieux de l'Europe, des tables somptueuses sous des berceaux d'orangers, le repos trouvé sur des canapés de velours placés sous un ciel étincelant ; voilà, voilà, la vie des anciens colons. Avaient-ils besoin de distractions piquantes ? Vite, des équipages élégants partaient pour la ville et ramenaient une foule d'amis, suivis d'acteurs habiles, et de femmes aussi passionnées que respectueuses pour les hommes qui daignaient leur jeter un regard. Amour, volupté, plaisir des sens, plaisir de l'esprit, rien ne manquait au bonheur mondain des colons. Leur loi éclairée n'avait pas seulement orné leurs domaines, elle avait embrassé l'embellissement de tout le pays. On arrivait alors à chaque habitation par des chemins bordés de haies vives, tendues en haut de façon à se courber en berceau et à donner toujours de l'ombrage. Il y avait partout des fossés pour l'écoulement des eaux pluviales. Des inspecteurs veillaient continuellement à l'entretien des chemins, et la moindre dégradation était réparée sur-le-champ. Trente années d'insouciance

[1] [Lucullus, général romain, célèbre par son luxe tapageur.]

ont tout détruit : ici, on a coupé à la racine les haies protectrices pour en faire du bois à brûler ; là, on les laisse inutilement s'élancer dans les airs ; ailleurs, le bambou occupe leur place, encombre les routes, et menace en tombant de blesser le voyageur. Ceci n'est rien en comparaison des marais fangeux et profonds, qui se forment aussitôt qu'il pleut. On ne peut plus voyager faute de ponts pour traverser les rivières : détruits par la guerre, on ne s'est plus occupé de les réparer. Depuis qu'elle a cessé, on n'a plus d'autre soin que de remplir les crevasses des routes avec de vieilles chaudières à sirop. Un jour suffit pour anéantir les travaux d'un siècle, et dans les pays chauds, les siècles ne suffisent pas pour remédier au mal. Rarement, une ville brûlée y est réparée, un pont reconstruit, une fontaine relevée. Ce qu'on fait le plus ordinairement, c'est rebâtir à nouveau l'édifice avec les débris de plusieurs. Aussi n'y a-t-il qu'à brûler dans les contrées équatoriales pour que les habitants se découragent et se voient ruinés de fond en comble. À moins cependant que les pays n'appartiennent aux Européens, qui, de même que certains oiseaux, recommencent à refaire leur demeure à mesure qu'on la détruit. Autrement, l'habitant des tropiques n'emploie que les matériaux qui sont encore bons, sans songer à en acheter d'autres. Chez lui, une chaumière succède à un palais, une chapelle en bois à un temple en pierre, une pirogue à un pont.

La partie espagnole, détruite deux siècles avant la partie française n'offre que l'aspect d'un pays récemment découvert. Deux villes seulement, montrent encore le passage des Européens dans le pays, et l'importance de leurs anciens établissements. Saint-Domingue et Santiago de los Caballeros, sont des villes considérables, où l'on ne peut parvenir qu'en traversant des bourgs misérables, des chemins fangeux et des lieux déserts. De Guaiabin à l'hôpital de Mina à Diague, distante de douze lieues, il faut porter de l'eau avec soi pour ne point en manquer. Montechrist, localité assez importante, fait venir son eau de plus de six lieues. Il faut supposer que les fondateurs de cette ville ne connaissaient pas cette disette, ou qu'ils y remédièrent par des ouvrages qui n'existent plus. On croit assez généralement que la ruine de cette partie d'Haïti provient de l'abandon de ses mines. Mais ne devrait-on pas d'abord se demander si ces mines ont existé, et, dans tous les cas, quelle fut l'étendue de leur exploitation. J'ai presque l'idée qu'on a pris les produits de lavages anciens pour ceux des mines. Eût-on abandonné celles-ci pour aller ailleurs si elles avaient été abondantes et exploitées déjà à grand frais ? En 1825, les Anglais, grands amateurs de nouveautés, partisans enthousiastes de la cause américaine, parce qu'ils s'imaginèrent qu'il y avait beaucoup à gagner, en la soutenant, formèrent des compagnies pour exploiter les mines du nouveau monde. L'ancienne réputation de celles d'Haïti, les fit comprendre dans les distributions de fonds qu'on devait y verser pour en trouver. Haïti fut livrée à une compagnie maîtresse d'un capital d'un million de livres sterling. Les philanthropes les plus chauds n'avaient pas manqué de se mettre dans une entreprise que leurs préventions politiques leur présentaient comme très lucratives. Le Marquis de Downshire[1], Brougham et Wilberforce, y entrèrent avec empressement. Une commission exploratrice dirigée par un Suisse nommé Albaret fut d'abord envoyée pour visiter les lieux. Elle obtint plusieurs faveurs du Président, entre autres une exemption des droits pour l'importation des vivres et des machines, et même pour l'exportation des produits. Sûrs du crédit du gouvernement, encouragés par les particuliers, elle partit pour le Cibao, prit sur sa route les renseignements les plus détaillés sur le gisement des mines, consulta les archives de Santiago. Enfin les travaux commencèrent, et on ne trouva que quelques échantillons de cuivre et de fer. Il fallut revenir. La maladie avait frappé le plus grand nombre des opérateurs de la société des mines d'Haïti qui, instruite de ces revers, fut dissoute. Et personne ne s'enrichit si ce n'est Albaret qui se fit payer des frais énormes de déplacement. L'insuccès de la compagnie de Londres ne prouve pas qu'il n'y ait pas de mines d'or à Haïti, mais qu'elles y sont beaucoup plus rares qu'on se l'était imaginé ! En revanche, il y a beaucoup de mines de fer, de cuivre, de plomb, de payet, d'ambre fossile[2]. La partie espagnole, appauvrie par l'inconstance des Espagnols qui quittèrent le pays, et par les décrets absurdes des Philippe[3], est toujours dans le même état. La partie française ruinée par la fuite des blancs et

---

[1] [Il s'agirait plutôt du marquis de Devonshire : le Downshire n'existe pas. Brougham a donné son nom à une espèce de coupé. Wilberforce est connu pour ses efforts en faveur de l'abolition de l'esclavage et Brougham était un de ses proches.]

[2] [Le pailleteur recueillait des paillettes d'or dans les sables aurifères ; l'ambre fossile est une résine minéralisée transparente.]

[3] [Des rois d'Espagne.]

l'insouciance des noirs, ne s'est point encore relevée. Quelles ressources reste-t-il donc à Haïti ? Son sol toujours fécond, son ciel pur et bienfaisant, l'étendue de son territoire, sa situation insulaire à l'entrée de la mer des Antilles.

La partie espagnole n'est point séparée de la partie française seulement par les limites que la politique et la diversité des peuples y ont placées, mais encore par son aspect, ses animaux, l'étendue de ses plaines, l'élévation de ses montagnes. Il y a beaucoup plus de plaines dans l'est que dans l'ouest d'Haïti, des rivières plus nombreuses et plus considérables la traversent et les montagnes sont placées plus vers le centre de l'île. Voici, en général, la disposition du terrain lorsqu'on veut aller du bord de la mer vers l'intérieur. La côte, formée de roches calcaires et granitiques, est recouverte d'une terre profonde et grasse dont les forêts d'acajou qui la couvrent entièrement entretiennent l'humidité. On monte toujours jusqu'à ce qu'on soit à Santiago. À cette hauteur, on a atteint un plateau qui varie de 3 à 400 toises[1], d'où l'on n'aperçoit plus qu'au loin les montagnes. L'air que l'on respire est frais, les eaux sont froides, l'aspect du pays a quelque chose de nos contrées méridionales. Ce plateau, assez étroit, est d'une longueur considérable, interrompu seulement en quelques endroits par des degrés peu élevés, comme les plaines de Bahoruco, de Neyba, d'Azna et de Bani. L'agriculture, la civilisation ont laissé des traces beaucoup plus profondes dans la partie française que dans la partie espagnole. La nature sauvage ne fait que de renaître dans celle-ci, dans l'autre, elle étend partout son empire. Des forêts où l'homme n'a jamais peut-être porté ses pas renferment une foule d'animaux devenus sauvages. Le chasseur y trouve de tous côtés du gibier de toute espèce, provenus d'animaux domestiques échappés d'habitations jadis ruinées. Ce ne sont partout que sangliers, bœufs, ânes, chevaux, cabris sauvages. Quelquefois pourtant ces animaux pénètrent dans la partie occidentale de l'île. Il est singulier qu'indépendamment de ces animaux, en quelque sorte propres aux terres espagnoles, on rencontre partout des ramiers, des pintades, des tourterelles, des canards sauvages, des sarcelles, des spatules, des pélicans, des outardes, des flamants, et même des paons, et, dans quelques endroits, des cailles, des perdrix de Cuba, et des musi-

[1] [Un peu moins de 800 mètres.]

ciens, dont la voix parcourt plusieurs gammes. Nulle part on ne voit de singes, de lapins, de ces *gallinazas* (*vultur aura*[1]) répandus dans toute l'Amérique. On ne cite que deux quadrupèdes dans le pays, le tatou et l'agouti. Les essaims d'abeilles sont très communs : on les a tirés originairement de Cuba. Les animaux malfaisants ne sont pas non plus communs. La plupart viennent d'Europe : ce sont des chiens et des chats sauvages et des rats ; mais, en revanche, il y a une prodigieuse quantité de caïmans et de couleuvres. Celles-ci ne sont pas dangereuses, à l'inverse de l'araignée-crabe, rouge, dont la morsure est souvent mortelle : les monstres d'Haïti se trouvent parmi les insectes. Les oiseaux de proie les plus redoutables sont le malfini, espèce de milan, la nonette et le frisé, qui appartient à la famille des hiboux[2]. On peut donc traverser sans crainte les forêts encore vierges d'Haïti, on n'a quelque chose à redouter qu'au passage des rivières, infestées de caïmans et de requins, attirés par la grande variété d'aloses, mulets, rougets, sardines, dorades, truites, carpes, brochets, crabes, tortues et huîtres, qui en peuplent les eaux ou les bords[3].

Nous venons de voir l'aspect qu'offre Haïti, nous venons de parcourir ses ruines, de parcourir ses forêts : nous y avons aperçu des terres cultivées, nous avons rencontré des cultivateurs laborieux ; nous avons découvert des sommets couronnés de café, des plaines verdoyantes de canne à sucre, nous avons enfin la preuve que le pays n'est pas entièrement abandonné ; nous ne sommes pas loin de penser qu'on s'occupe d'en relever l'éclat. Étudions donc avec attention les moyens que l'on emploie, les ressources que l'on a pour atteindre un but si désirable. En un mot, examinons l'état de l'agriculture.

---

[1] [*Gallinaza* est le nom espagnol du vautour des Antilles.]

[2] [Les oiseaux de proie et nocturnes avaient, au 18ème siècle très mauvaise presse, étaient même jugés maléfiques et dangereux.]

[3] [L'alose, poisson de mer, remonte les rivières pour pondre ses œufs. Mais il semble peu plausible de trouver en eau douce requins, rougets, sardines et dorades… On peut supposer que Mollien songe aux estuaires d'eau salée aussi bien qu'aux rivières d'eau douce.]

CHAPITRE II

AGRICULTURE

Avant que de parler de l'agriculture, je voudrais faire connaître ceux qui y sont employés car sa prospérité ne dépend que de leur activité : l'art est pour si peu de chose dans un pays dont les saisons sont invariables et le sol toujours fécond.

Jusqu'à présent, on peut diviser les cultivateurs en deux classes principales, les Africains et les nègres créoles, car, à très peu d'exceptions près, tous les cultivateurs sont des noirs. Malgré la guerre sanglante que leur firent les Français et Christophe, les Africains sont encore en assez grand nombre. La plupart sont âgés, mais, au rapport des propriétaires, les plus laborieux, les plus soumis, et, chose remarquable, les plus intelligents des cultivateurs, sans doute parce qu'ils ont mieux retenu les principes de culture que les blancs leur faisaient donner sur les habitations. Les noirs créoles, qui ne veulent pas qu'on les confonde avec les Africains, qu'ils regardent comme des barbares, sont loin de valoir autant qu'eux pour la culture. Leur prétention à l'esprit, leur penchant à l'insubordination, leur infériorité physique, tout contribue à les rendre moins précieux pour les habitations que ce reste d'Africains échappés à leur animosité. De tout temps, on a fait la même remarque, puisque les anciens colons n'employaient ordinairement les nègres créoles qu'à la case. Leur revenu, au lieu d'augmenter, eût diminué, s'ils n'eussent, chaque année, remplacé les créoles par de nouveaux Africains. Qu'on juge, d'après ce fait, de l'impossibilité qu'il y a à employer les Européens comme cultivateurs dans un pays où ni les mulâtres, ni les nègres créoles ne peuvent travailler la terre sans danger.

Les noirs n'obéissent qu'avec répugnance à ceux qui les gouvernent aujourd'hui. Cependant, s'ils respectent moins les nouveaux propriétaires, ils les aiment certainement plus que les anciens, car ils les volent moins qu'ils ne volaient les autres. Cette nouvelle disposition vient peut-être de ce que la plupart d'entre eux possèdent quelque chose. En effet, lorsque les Français eurent quitté le pays, tous les mulâtres qui purent prouver leur descendance des propriétaires blancs ou leur alliance avec eux, furent mis en possession de leurs biens.

Une partie considérable de ces biens forme le domaine de l'État, une autre a été distribuée aux généraux qui se sont distingués dans la Révolution. Enfin, on a donné cinq carreaux de terre[1] à chaque soldat qui s'est battu pour elle. C'est ainsi que presque tout le monde est devenu propriétaire, et a été intéressé au maintien de l'indépendance. Néanmoins, les nègres se rappellent souvent avec regret leurs anciens maîtres, ou plutôt les soins qu'ils en recevaient dans leurs maladies. En effet, la liberté ne leur a pas donné l'aisance dont ils jouissaient dans la maison du maître. Sont-ils malades ? Plus de soins. Nus ? Plus de vêtements. Ce sont là les réflexions des vieillards, mais elles sont loin d'inspirer des regrets à la génération actuelle, celle-ci ayant toute la dose de bonheur désirable : au lieu de ces maisons en brique où l'on entassait pêle-mêle les nations les plus ennemies, les nouveaux habitants n'ont, il est vrai, qu'un ajoupa fait de boue et de paille ; mais, en revanche, ils ont la faculté de le bâtir où bon leur semble. Ont-ils un envieux, un méchant dans leur voisinage, ils vont ailleurs. Au lieu de supporter cette continuité meurtrière de travaux dont gémissaient leurs pères, ils passent près de la moitié de la semaine sans rien faire, depuis le vendredi jusqu'au lundi soir. Enfin, leurs liaisons, leurs affections ne sont plus forcées ; leur vie n'est plus réglée. Ils disposent à leur gré de leur propriété, ils vendent, ils achètent pour leur compte. Ce tableau qu'oppose la vie actuelle aux regrets des vieillards ne détruit pas pourtant la justesse des observations de ces derniers, qui attribuent à l'insouciance de leurs enfants, et à l'absence des blancs, les ravages quelquefois épouvantables de la petite vérole, et ces maux horribles et héréditaires, dont leur corps est maintenant couvert[2]. Nul soin, nulle précaution n'en arrêtent la violence, et les familles se transmettent les unes aux autres les germes de maladies qui doivent finir par les éteindre. Déjà même, on remarque avec effroi que les hommes actuels sont moins robustes qu'on ne l'était sous l'ancien régime. Cette observation

[1] [Moins de 4 hectares.]

[2] [La petite vérole, ou variole, n'est ni héréditaire ni transmissible.]

n'est pas celle simplement d'un « age laudatur temporis acti »[1] : elle est de tout le monde en général. En effet, il y a dépérissement dans l'espèce. On ne peut plus le voir sans être tenté de dire que le climat chaud et humide de l'Amérique équinoxiale, lorsqu'on néglige d'en combattre l'influence par des soins particuliers, est aussi funeste aux races d'origine africaine qu'à celles sorties d'Europe. Haïti n'est pas pourtant un des pays les plus mal partagés pour le climat, et, hormis à Port-au-Prince, et dans quelques villes situées sur le golfe de ce nom, l'air y est généralement sain. Dans le nord, les pluies ne durent que de la mi-décembre à la mi-février. Et recommencent à tomber en mai, jusqu'à juin et de septembre en octobre. C'est l'inverse dans le sud et la pluie suit communément l'ordre invariable des saisons pluvieuses, entre le Tropique du Cancer et la Ligne. En un mot, le sec y est plus long, et la pluie séparée par moins d'intervalles que dans le nord.

Le dépérissement de l'espèce humaine à Haïti ne peut-il pas être attribué aussi au genre de nourriture des cultivateurs et à la manière dont ils se logent et se vêtissent ? Leur insouciance est loin de se douter que la malpropreté et les mauvais aliments soient cause de leurs maux. Ont-ils assez de fruits et de légumes pour rassasier leurs appétits, ils se croient suffisamment nourris ; et, certes, il ne faut pas davantage quand on ne travaille pas. Ils n'ont pas froid : ils jugent dès lors qu'il est inutile de se couvrir, et, lorsqu'ils ont des vêtements, ils en changent et les lavent bien rarement. Pourvu qu'ils vivent à l'abri du soleil, ces enfants dégénérés de l'Afrique se regardent comme bien logés. N'en voilà-t-il pas assez pour multiplier horriblement les maladies cutanées ? Aussi en voit-on beaucoup plus à la campagne que dans les villes, où l'on est en général plus propre et plus soigné. Il résulte de toutes ces observations que l'Haïtien, d'un tempérament naturellement débile, usant rarement pour le fortifier d'aliments sains et stimulants, a peu de goût pour le travail, répugnance portée souvent au plus haut point par la chaleur du climat et le peu de besoins que l'on ressent dans les régions équatoriales. Et encore, les besoins haïtiens sont-ils plus bornés que ceux d'aucun autre peuple, puisque le plus grand nombre des cultivateurs ne gagne que 40 gourdes par an, ou 55 centimes à peu

[1] [De la nostalgie du passé.]

près par jour de notre monnaie. Ce revenu suffit pourtant à l'entretien d'une famille souvent nombreuse.

Le revenu des cultivateurs journaliers qui ne travaillent pas à leur propre terre, par attachement à l'habitation où ils sont nés, ou par l'insuffisance de moyens d'exploitation, se compose du produit de la vente de fruits et de légumes, qu'ils cultivent dans le petit jardin que le propriétaire de l'habitation leur concède, de celle des poules, des cochons, des cabris qu'ils élèvent. Enfin de la moitié du café de la caféterie où ils travaillent, ou un quart du sirop de la sucrerie où ils sont employés. On estime ce quart à peu près d'une bouteille d'un tiers par homme et par jour. On la vend 60 centimes de franc. La répartition est égale entre tous. Les maîtres-ouvriers sont rétribués davantage, mais sur la part du propriétaire. On gagne plus dans les sucreries qu'ailleurs, on y a plus d'abondance, on y est logé gratuitement, on y a des savanes pour les bestiaux[1], on a des cadeaux, des fêtes de temps en temps, et un médecin quand on est malade. Ensuite, les cultivateurs sont ordinairement les parents du maître. Ils forment ainsi une association agricole. Sans tous ces motifs, la paresse générale eût fait abandonner toutes les sucreries.

Il existe encore une autre classe de cultivateurs. On les appelle « de moitié ». Ces hommes prennent à ferme un terrain en friche, l'ensemencent ou le plantent, puis le cultivent, l'entretiennent. Et, lorsqu'on en récolte le produit laissent le propriétaire en prélever le cinquième, et partagent le reste avec lui. Beaucoup de propriétaires se plaignent de ce que les cultivateurs, avant de faire avec eux le partage de la récolte, en soustraient une partie considérable[2]. C'est la faute de ceux-ci : que ne restent-ils sur leurs habitations ? Les mulâtres le sentent bien. Mais ils n'osent point y aller, préférant leur ruine à la mort dont ils se croient sans cesse menacés. Il est des propriétaires qui préfèrent recevoir de l'argent des cultivateurs. Ce mode avantageux de paiement ne peut malheureusement être que très rare, à cause de la petite quantité de numéraire qui est en circulation.

---

[1] [À Saint-Domingue, savane signifie pâture à bétail.]

[2] [Le métayage est très lourd ; il implique, pour le paysan, le versement de 60 % de la récolte.]

Il y a quatre sortes de cultivateurs : ceux qui sont dans les sucreries, les caféteries, les places à vivre et dans les hattes (*harago*). On estime particulièrement les premiers, qui sont plus laborieux et plus disposés que les autres à améliorer leur sort. Les fatigues qu'ils éprouvent leur donnent l'envie de s'en débarrasser promptement, les rendant ainsi plus économes et plus droits, plus intelligents que les autres noirs. On dirait aussi que le produit du sol élève les sentiments des cultivateurs. Habituellement, dans les mornes, les cultivateurs attachés aux caféteries montrent une rudesse de caractère qui leur donne du dégoût pour la civilisation telle qu'on la trouve dans les villes. En revanche, la plupart d'entre eux étant propriétaires sont plus prêts que d'autres à devenir de bons citoyens, occupés de la prospérité du pays. On place en troisième ligne ceux qui cultivent les vivres. De même que sous l'ancien régime, ce sont souvent les plus riches, mais, en revanche, les moins retenus, à cause de leurs séjours trop fréquents sur les marchés des villes où ils prennent tous les vices que la simplicité des autres nègres ignorera. Les hattiers, surtout ceux de la partie espagnole, peuvent être considérés comme de vrais sauvages[1]. Continuellement dans les bois avec des bestiaux, ils y contractent un goût de l'indépendance capable de les rendre dangereux pour les voyageurs, s'ils n'appartenaient pas en général aux plus riches personnages d'Haïti, dont l'influence contient cette indépendance.

La richesse agricole d'Haïti n'est plus répartie comme jadis. Le nord en a moins à présent que l'ouest, mais toujours plus cependant que le sud ou l'est. Toutes les plaines ne sont plus couvertes que de vastes forêts, où l'on aperçoit, de loin en loin, quelques clairières changées en plantations à sucre, moins bien cultivées quoique bien moins étendues qu'autrefois. Au reste, les besoins du pays n'en exigent pas davantage. D'ailleurs, les nègres ne comprennent pas pourquoi on n'achète plus leur sucre 25 dollars le mille[2]. Ils se découragent d'en faire, prenant la baisse de ce produit pour une conspiration générale contre le sucre d'Haïti. En fait, on fait moins de sucre, pour que tout passe en sirop consommé dans le pays, puisque l'étranger ne veut pas payer le sucre plus de 17 dollars. Car

---

[1] [Les hattiers sont les héritiers des boucaniers d'antan, voire des marrons du 18e siècle.]

[2] [Les mille livres.]

la qualité en est médiocre, à cause de la précipitation que mettent les propriétaires à le retirer de la forme, pour le vendre de suite, et rentrer le plus vite possible dans leurs fonds. Pour faire mieux, il leur faudrait des prêteurs honnêtes, et on ne trouve que des usuriers.

À mon avis, la ruine des sucreries n'est pas moins nuisible à l'agriculture qu'aux mœurs. Car, pour se débarrasser de leurs sirops, les propriétaires les vendent à tout prix aux guildiviers (fabricants de rhum) : ils ne paient aucun droit au gouvernement, et en font une quantité énorme de tafia, mis par le bon marché où on le vend à la portée de tout le monde. Mais il faut le déclarer à la louange des Haïtiens, ce n'est qu'en se perpétuant que le bas prix du tafia pourrait leur faire contracter le vice de l'ivrognerie, car ils sont presque tous naturellement sobres.

Dans le partage des terres commencé sous Sonthonax, continué sous Toussaint, Dessalines, Pétion, Christophe, et arrêté par Boyer, chaque général a obtenu une sucrerie sous le nom de don national. Parmi les nouveaux propriétaires, tous n'ont pas la même ardeur pour rendre leurs biens productifs. Ils en déploient pourtant bien plus que les hommes de couleur. On en a fait la remarque : ils aiment à faire renaître l'opulence des anciens planteurs, quoique leur esprit étroit en sache mal trouver les moyens, et que Christophe seul en eût été capable. Aussi fut-ce sous son règne seulement que Duplaa, Charitte, Lefèvre rendirent autant que dans l'ancien régime. Les nègres sont suffisamment intelligents pour être à la tête d'une habitation. Ce sont d'excellents commandeurs, mais peu d'entre eux ont ce don de calcul, cette aptitude d'esprit qui firent monter les revenus. Il ne faut donc pas s'attendre à trouver celles des habitations qu'on a relevées dans l'état où elles étaient, même au temps de Christophe. Par exemple, en 1789, l'habitation Charitte, peuplée de 300 sujets, produisait alors 550.000 livres de sucre ; elle ne donne plus aujourd'hui, avec quatorze pièces de canne en rapport, formant ensemble cinquante carreaux de terre[1], que 150.000 livres de sirop, qui représentent en tout 25.000 francs, sur lesquels il faut déduire un quart pour cent cinquante cultivateurs employés à l'exploitation de la terre, et un autre quart pour dépenses et frais de réparation. Cependant, l'habitation Charitte passe maintenant pour une des plus considérables. Welche, du temps de Christophe,

---

[1] [38 hectares.]

donnait 150.000 livres de sucre. Elle ne rend plus que 500 veltes de sirop[1]. Enfin, sous Christophe, on tirait de la province du nord six millions de livres de sucre, on ne pourrait pas à présent en exporter 200.000. La partie de l'ouest s'est mieux soutenue depuis Dessalines. Cependant, elle ne pourrait pas exporter une quantité de sucre beaucoup plus forte que le nord. Voilà donc la preuve que le système des vastes propriétés ne convient plus aux habitants actuels d'Haïti, dont il fatigue l'imagination paresseuse. Mais en même temps, on sait que le morcellement des terres n'est pas moins funeste en favorisant le penchant du peuple servile à l'économie et non à l'industrie. Pour parer à ces deux inconvénients, il faudrait établir, à l'exemple des Espagnols, de petites sucreries ou permettre aux Européens de ranimer l'autre système, car il n'y a que ceux-ci qui aient assez de capitaux pour relever les anciennes sucreries.

D'après le peu de débit de sucre, les nouveaux propriétaires ont pris le parti de ne planter que du café. Les mornes en sont couverts, parce que c'est un genre de cultures peu fatigant, et qui indemnise largement le propriétaire de ses peines. En effet, on estime qu'un carreau de terre peut rendre 2500 livres de café ou près de 1100 livres de revenu. Ainsi, si chaque bénéficiaire mettait en rapport les cinq carreaux de terre que l'État lui a donnés, il pourrait jouir de 5000 livres de rente. Tout est motif à ne planter que du café. Aussi a-t-on presque partout abandonné la culture de l'indigo, du cacao, du tabac, du coton. Ce n'est que dans l'arrondissement de Ouanaminthe et dans celui de Santo-Domingo qu'on a repris celle du cacao. Santiago lance avec ardeur celle du tabac. On peut même fournir par an 10.000 quintaux de cette marchandise. L'Artibonite continue à cultiver le coton, mais de façon bien insuffisante pour les besoins de l'exportation. En général, on aime mieux partout aller dans les forêts couper du bois d'acajou, de campêche, de gaïac, que de se livrer aux travaux continuels et méthodiques de l'agriculture[2]. Christophe, qui connaissait parfaitement le penchant de son peuple, lui avait défendu de se livrer à ce genre d'exploitation, propre à ne faire qu'un peuple sauvage de bûcherons.

---

[1] [Soit moins de 4000 litres.]

[2] [Le campêche, le gaïac : arbres tropicaux à bois dur, celui-là fournissant un colorant, celui-ci une résine balsamique.]

On juge bien que si l'agriculture est odieuse à la plupart des habitants de la campagne, l'horticulture ne leur déplaît pas moins. Aussi a-t-on renoncé presque partout à cet art si précieux. Seulement dans les environs des villes, on continue à semer des graines venues d'Europe, afin d'avoir quelques légumes exotiques, et principalement des salades que l'on vend aux étrangers. Les radis, les choux, les carottes, le persil, les ciboules dans les environs de Jacmel, de la Marmelade, du Port-au-Prince, les choux-fleurs, les artichauts, réussissent à merveille. Mais tous ces légumes sont inférieurs à ceux d'Europe. Nos fruits, à l'exception du raisin, des pêches, de quelques pommes, ne peuvent pas venir dans le pays, et sont encore bien moins agréables que nos légumes pour un homme d'un goût vraiment délicat. Il faut renouveler sans cesse les graines pour faire de nouveaux semis, celles qu'on recueille étant infécondes. L'insouciance des habitants dans la culture des plantes exotiques est bien plus grande encore, comme celles qui sont devenues indigènes. La taille des arbres, la greffe, le labour tout est négligé (on met le feu aux forêts pour les défricher)[1]. La nature est entièrement livrée à elle-même. Aussi les fruits ont-ils en général une saveur aigre, et, en quelque sorte, sauvage. L'ananas, le mango, la sapotille, l'avocat, sont moins succulents qu'autrefois. L'orange est aussi bien moins délicate, et lorsqu'on dit « casser » une orange pour l'éplucher, on parle bien, car la peau de ce fruit a presque la dureté d'une coquille de noix. Une observation qui mérite d'être consignée ici, c'est que les plantes d'Europe, transportées depuis longtemps entre les tropiques où il fait habituellement chaud, ne fleurissent et ne donnent de fruits, qu'aux mêmes époques que dans leur patrie. La vigne commence à se dépouiller de feuilles en novembre, ne se couvre de grappes de raisin qu'en août, et n'en donne de mûrs qu'en septembre. Les animaux d'Europe n'entrent également en rut, comme dans l'ancien hémisphère, qu'au printemps et en automne. Au contraire, les arbres qui viennent de régions situées sous le tropique du Capricorne, ne donnent de fruits que dans la saison où ceux venus d'Europe n'en produisent pas. L'hiver, pour ceux-ci, est l'été pour les autres. Or, comment se fait-il qu'en Europe, les abricotiers et les amandiers par exemple,

[1] [L'écobuage est en effet largement pratiqué sous les tropiques. Il a été très destructeur en Haïti au 20ème siècle.]

trompés par une douce chaleur, ranimés par un soleil un peu plus ardent qu'à l'ordinaire, fleurissent quelquefois au mois de février ? Ces erreurs de la nature n'ont jamais lieu, je le répète, entre les tropiques, quel que soit le degré de la chaleur.

Le goût de l'indépendance qu'ont les habitants leur a inspiré une grande passion pour la vie pastorale. C'est à qui élèvera des animaux sans que nulle part on s'occupe d'en améliorer la race. Les animaux domestiques rendus à la liberté depuis l'émancipation des hommes ont beaucoup perdu à ce changement pour les soins et la nourriture. On les laisse errer maintenant dans les savanes, sans les abriter jamais contre le mauvais temps.

Cependant, dans quelques sucreries, un palefrenier les visite et les panse assez grossièrement, tous les matins, avant de les lâcher dans les prairies. On ne les nourrit jamais au grain, et on ne fait autre chose pour les fortifier que de leur donner des sirops et des têtes de canne. En outre, les mauvais traitements ne leur manquent pas, car c'est le dernier triomphe de la civilisation que d'empêcher les hommes de faire du mal aux animaux. Mal nourris, mal traités, les chevaux sont en général petits et maigres, chétifs en apparence, quoique réellement forts au travail et infatigables à la course, preuve que la nature a tout fait pour cette race de chevaux. Les bestiaux sont au contraire gros et vigoureux, en apparence, bien que réellement moins forts que les nôtres. Les vaches donnent beaucoup moins de lait. La viande, surtout celle du mouton, est bonne. Remarquons en passant que cet animal d'origine européenne, n'a point perdu, avec le temps, sa toison lourde et bouclée, preuve que celui d'Afrique, couvert de poils, ne les doit pas à une prévoyance de la nature, mais à son origine, toute distincte du mouton d'Europe. (Non que je nie la sagesse de la Providence, puisque je nierais alors une foule de faits qui m'ont frappé, par exemple, je ne puis pas oublier ce poil d'hiver dont, sous le tropique du Cancer, elle couvre tous les animaux depuis décembre jusqu'en février, époque où l'air est assez froid.) Les bestiaux n'ont à redouter d'autres maladies que la multiplication à l'infini des vers dont certaines mouches déposent les œufs dans les plaies qu'ils se font dans les bois. Les chiques les incommodent aussi beaucoup. Les chevaux blancs, et, en général, toutes les espèces vivantes de couleur blanche sont plus sujets que d'autres aux maladies. On voit beaucoup d'animaux à poils blancs atteints de maladies diverses.

L'observation qu'on a faite sur la dégénérescence des animaux transplantés en Amérique, subsiste toujours au premier coup d'œil. Le bœuf est moins gras que le nôtre, le cheval n'y a jamais la beauté, la force, l'ardeur de celui d'Europe. Mais il a d'autres qualités. Il est doux, infatigable, sobre, il peut faire les plus longs voyages sans autre nourriture qu'un peu d'herbe et d'eau. On en voit même faire plusieurs jours de suite des traites de vingt à vingt-cinq lieues sans changer de pas. Celui des chevaux d'Haïti est l'amble. C'est au reste le moins fatigant pour les voyageurs dans les pays chauds.

Si le plus grand nombre des chevaux haïtiens a l'air sans vigueur et sans grâce, on en trouve pourtant quelques-uns dans la partie espagnole qui ont meilleure mine et qui ont le pas du cheval andalou. Peu d'entre eux ont le défaut de mordre ou de ruer ; on met la bride sur le cou de son cheval, on le quitte, on va faire une visite et on le retrouve à la même place. De même que l'âne, le cheval, si impatient dans notre région, est à Haïti calme et sans fougue. Il faut l'éperonner pour l'animer. La rigueur serait-elle donc toujours nécessaire dans les pays chauds pour remuer les êtres vivants, continuellement assoupis ? Quelle différence entre les régions équinoxiales et les tempérées ! Ici, l'âne et le cheval bondis-sent, s'élancent, dévorent le frein, renversent tous les obstacles, là, ils arrivent au but lentement, avec calme, mais souvent avec le même succès que l'européen. Les autres animaux domestiques, issus des mêmes espèces, importées d'Europe, ont éprouvé peu de changements de mœurs et d'habitudes. Le chien ressemble tout à fait au nôtre, et présente les mêmes variétés, si ce n'est dans la partie espagnole, où il tient beaucoup de notre mâtin pour le poil, et du lévrier pour la taille et les formes. (Il y avait dans les Antilles une race de chiens indigènes lorsque Colomb y aborda pour la première fois. Qu'est-elle devenue ? Partout, quand il est de la grande espèce, il est naturellement chasseur. Contre l'opinion de Delille, il aboie beaucoup. Mais celui qui est sauvage ne fait que hurler[1].)

---

[1] [L'abbé Delille (1738–1813) est connu pour ses traductions de Virgile et ses longs poèmes descriptifs (*Les Jardins*).]

Les villes fourmillent de petits chiens dont le caractère hargneux n'est pas moins déplaisant que chez nous.

Le chat ne diffère pas du nôtre. Peut-être a-t-il pourtant les formes plus élancées, les oreilles et la queue plus longues, enfin l'air plus sauvage. C'est d'ailleurs un animal extrêmement précieux. Il tue tout ce qu'il voit remuer ; aussi est-ce le grand destructeur des ravets, des araignées, des scorpions, des mille-pieds, enfin de tous ces insectes dégoûtants qui s'introduisent dans les maisons[1].

Il y a à Haïti une prodigieuse quantité de volailles, mais elles ne valent pas les nôtres, si ce ne sont celles de l'Artibonite. On élève donc beaucoup de dindons, d'oies, de canards, de poules (le premier chant du coq est à neuf heures du soir dans les pays situés sous le tropique du Cancer), de pintades et de pigeons. Un grand nombre de ces volailles se retrouvent sauvages dans les bois. Ce ne sont pas, au reste, les seuls animaux qui se soient échappés. Indépendamment des chevaux, des taureaux, des ânes, des cabris, on y voit une multitude de cochons telle que les Espagnols ne vivent que du produit de leur chasse. On distingue les cochons d'origine française de ceux qui proviennent de l'Andalousie. Ceux-ci sont tous noirs.

Nous ne devons pas oublier de citer parmi les animaux domestiques d'Haïti, pour leur qualité précieuse, l'âne et le mulet. Tous deux sont de petite taille, mais très forts. Le mulet n'est pas commun, et on en emploie si peu maintenant, qu'on ne va plus s'en fournir à la côte ferme.

Ce n'est plus là non plus qu'on va chercher des chevaux. On les tire à présent des États-Unis, quoiqu'ils soient loin de valoir ceux du pays. Ils coûtent beaucoup plus cher, et on court le risque de les perdre par la maladie. Mais c'est un luxe dont la vanité des riches ne peut se passer, quoiqu'on sache très bien que les Américains n'apportent que des chevaux de rebut. Ces animaux sont longtemps à se faire aux chemins d'Haïti, si on les fait marcher sans être ferrés.

Cette grande quantité d'animaux, si précieuse dans d'autres pays, est un fléau à Haïti, non seulement parce qu'ils favorisent la paresse des habitants, en leur fournissant une nourriture facile, ou

---

[1] [Ravets : blattes, ou cafards.]

une monture commode, mais parce qu'ils ravagent les champs cultivés, toujours mal entourés, surtout parce qu'ils couvrent le pays de bois bientôt impénétrables, en répandant de tous côtés les pépins du fruit du goyavier.

Ainsi la liberté est un présent fatal entre les tropiques lorsqu'elle est sans bornes. Elle affaiblit les races, elle ne fait « travailler l'homme que d'une main », comme le disent les créoles. Elle dépeuple le pays, elle le couvre d'une rouille ineffaçable. La liberté n'est plus le mobile de l'intérêt actif que dans ces contrées ingrates où le besoin force chaque homme à s'agiter, pour se procurer des moyens d'existence, qui, dans une société libre, ne peuvent être fournis que par le travail continuel de chacun. D'où il résulte incessamment un excédent, source de la prospérité générale. Mais si l'on fait de même dans les régions équinoxiales, où les besoins sont si médiocres, et où le travail décroît avec eux, il n'y aura certainement pas de superflu, dès lors, point de commerce. On l'a déjà senti en Haïti. Aussi a-t-on promulgué sans retard des lois sévères. Celles du code rural publiées en 1826, si on y avait tenu la main, eussent produit deux effets avantageux : un esprit d'association parmi les cultivateurs, pour faire en commun ce que leurs efforts isolés ne pourraient achever ; la réunion de plusieurs ateliers pour réparer les routes, dont le mauvais état pouvait devenir le plus grand obstacle à la prospérité de l'agriculture et du commerce. Avec le Code Rural, les propriétés eussent acquis un nouveau genre de valeur, parce qu'on eût stipulé, en les vendant, le nombre d'engagés qui les exploitent, et le temps qu'ils s'y engagent. Enfin, la gendarmerie fût devenue plus active et plus vigilante, en recevant l'ordre d'arrêter comme vagabonds, tous les cultivateurs qui voyagent sans permis délivrés par leur propriétaire sur papier timbré. Cette utile mesure est la seule qui ait duré, à cause de l'intérêt qu'a le fisc à la maintenir. On n'a pas cessé non plus de défendre d'établir des écoles sur les habitations, de peur, disent les propriétaires actuels, que les nègres éclairés ne veuillent plus travailler.

CHAPITRE III

COMMERCE

Quel commerce peut exister chez un peuple dépourvu d'industrie agricole et manufacturier ? Le manque de moyens d'échange doit y causer la rareté des transactions : c'est ce qu'on voit à Haïti.

Cette île a sept ports ouverts aux étrangers (en 1833, on en a ouvert d'autres) : Port-Plate, Santo-Domingo dans la partie espagnole, le Port-au-Prince, les Gonaïves, Le Cap, Jacmel, les Cayes, dans la partie française.

Port-Plate est d'une entrée difficile. Santo-Domingo, Jacmel, les Cayes, sont sujets aux ouragans, le Port-au-Prince à la fièvre jaune. Les Gonaïves, Le Cap sont les plus sains de tous et les plus commodes. Dans chaque port, il y a un nombre plus ou moins grand de négociants consignataires[1]. La plupart sont étrangers, et paient de 800 à 2000 gourdes de patente suivant le rang de la ville où ils vont s'établir ; ce qui ne les exempte pas de la licence que le Président seul peut délivrer. Les consignataires seuls sont autorisés à vendre ou à débiter les cargaisons. Ce sont des espèces de *hongs*. (Les *Hongs* sont les Chinois consignataires de Canton. Leur tyrannie est célèbre.) Ils le deviendraient entièrement, si, comme on en a le projet, on ne permet plus aux étrangers d'être consignataires. Le taux de la commission qui leur revient n'est pas fixe. Les Anglais prennent 10 % parce qu'ils garantissent le recouvrement des créances. Les Français et les Haïtiens se contentent de 7 %, et permettent aux marchands étrangers de vendre eux-mêmes dans leurs magasins, permission que les Anglais n'accordent jamais. On reproche à ceux-ci de s'entendre pour faire hausser simultanément les prix du café, aux Haïtiens de rendre des comptes peu exacts, aux Américains d'introduire de la fausse monnaie. Ce sont les femmes seules qui font le commerce de détail. On leur reconnaît beaucoup

[1] [Le négociant consignataire ne fait que recevoir en dépôt et négocier contre un pourcentage la cargaison, qui appartient, comme le navire, à un armateur propriétaire. Ces consignataires forment une association très fermée.]

d'habileté et on a beaucoup plus de confiance dans leur probité que dans celle des hommes.

La difficulté de trouver des retours, ou du papier sur les diverses places d'Europe, rend les opérations commerciales fort embarrassantes. Que faire de l'argent faux, les gourdins, qu'on reçoit, ou des billets de une, deux et dix gourdes qui circulent depuis 1826 ? À peine peut-on trouver quelques centaines de piastres espagnoles, en paiement à huit pour cent, et des doublons à un taux plus fort encore. On était autrefois fort gêné par le défaut de monnaie de billons. Cet embarras a cessé depuis que le gouvernement a créé une fraction comme la notre quoique d'un point inférieur. Elle sera surtout utile à Santiago où on l'a suppléée par les œufs. (Au Congo, on compte par poules. Une poule vaut 100 reis, 12 sols : *Voyage au Congo*[1].) Étrange monnaie, qui n'a qu'un moment d'existence, dans un pays où l'air corrompt promptement les œufs. Il en faut dix pour faire un escalin (13 sols et demi)[2]. Tout ceci ne serait qu'un embarras, mais non un sujet d'alarme, si l'on ne voyait pas chaque année s'accroître la dette d'Haïti avec le commerce étranger. En effet, on apporte annuellement une quantité considérable de marchandises, uniquement pour procurer aux marchands indigènes les moyens d'acquitter leur arriéré. C'est prolonger sans fin un déficit qui s'augmente toujours de quelque chose. Mais on répond à cela que pour faire autrement, il faudrait plaider et se ruiner. On n'agit pas différemment dans toute l'Amérique, et notamment à la Jamaïque. Ainsi l'Angleterre, qui est la principale créancière, doit donc s'attendre à perdre un jour de son bilan cent pour cent sur les créances du Nouveau Monde. Heureusement, la France n'en est pas là. Moins hardie, elle n'est quelquefois pas moins heureuse que sa rivale : elle a obtenu du gouvernement haïtien que son argent soit estimé à l'importation au pair de celui d'Haïti. D'après la différence intrinsèque des deux monnaies, c'est un profit réel de huit pour cent à l'exportation, qui, d'après les lois, doit être égale à la valeur importée. Le commerce étranger a applaudi à cette mesure, et l'a

[1] [Auteur non précisé par Mollien. Il s'agit sans doute d'*Un voyage au Congo et dans l'intérieur de l'Afrique equinoxiale fait dans les années 1828, 1829 et 1830*, par Jean-Baptiste Douville, Paris, J. Renouard, 1832.]

[2] [Les billons sont des monnaies de cuivre ; les doublons et les piastres d'Espagne, des pièces d'or de forte valeur ; les escalins hollandais semblent avoir une valeur intermédiaire.]

consacrée dans ses transactions privées, bien que le peuple de la campagne, dans son ignorance, n'y ait pas encore donné son assentiment, en recevant notre argent au pair avec la monnaie de l'État. On a obtenu aussi la permission d'importer les doublons comme marchandise française, et d'exporter au demi-droit[1] les denrées qu'on a achetées avec. C'est un avantage considérable à cause du prix élevé qu'y mettent les Américains.

Les exportations d'Haïti se composent des produits suivants (prix exprimés en dollars $ et quantités en livres de poids) : 50.000.000 de livres de café à 10 $ la livre. 300.000 livres de sucre à 8 $ la livre. 6.000.000 de pieds de bois de campêche[2] à 7 $ le millier. 600.000 livres de cacao à 5 $ la livre. 5.400 livres d'écaille (coquillages, nacre) à 10 $ la livre. 1.200.000 livres de tabac à 9 $ la livre. 36.000 livres de cuir à 9 $ la livre. 4.000.000 de livres d'acajou à 50 $ les mille pieds réduits, c'est-à-dire pieds carrés sur un pouce d'épaisseur.

Les Cayes, Jacmel, le Port-au-Prince, le Cap fournissent principalement le café, les Gonaïves le coton, le Cap et le Port-au-Prince le sucre, Port-Plate, Santo-Domingo le cacao, les Cayes le tabac, le cuir et l'acajou. On trouve partout le coton. On récolte le café en novembre et en décembre. C'est le moment d'arriver dans l'île, ce n'est pas celui que choisissent les Américains, parce qu'ils chargent leurs navires de cuir, d'acajou, de tabac, plutôt que de café ! Les Hambourgeois font de même. Les Français et les Anglais seuls emportent du café. Les premiers aimeraient mieux acheter du tabac, s'ils étaient sûrs que leur gouvernement donnât la préférence à celui de Haïti pour la régie. Au reste, ce tabac est d'assez bonne qualité pour l'obtenir, et tous les amateurs la lui donnent [= en conviennent] surtout pour fumer[3].

La valeur des importations est de près de 20 millions de francs. Elles consistent en farine française à 16 dollars le baril ; farine américaine à 12 dollars le baril : bœuf salé à 14 dollars le baril de 100 kg ; lard salé à 25 dollars le baril de 100 kg ; chandelles à 5 dollars la caisse de 12 kg ; planches à 25 cents le pied carré ;

---

[1] [Demi-droit : taxes réduites de 50 % à la douane.]

[2] [Le campêche est un arbre d'Amérique qui fournit une teinture.]

[3] [La régie, monopole d'état, pour l'importation et la vente du tabac, et plus tard pour sa culture, est une spécificité française. Au début du 19ème siècle le tabac en France était prisé plutôt que fumé.]

briques à 12 dollars le millier ; tuiles à 14 dollars le millier ; savon américain à 5 dollars la caisse ; morue à 20 dollars le cent.

La branche de commerce si importante des comestibles continue à être exploitée par les Français, à l'exception de la farine et de la morue, qui sont plus particulièrement tirées de l'Amérique. Les Français ne font que le cinquième du commerce général étranger. Les Américains et les Anglais le font presque tout entier, quoique le goût national les repousse, et que le demi-droit nous ait favorisé. C'est vraiment étrange de voir les Anglais et les Américains l'emporter sur nous en dépit du demi-droit. Qui leur donne donc cet avantage ? La hardiesse, la connaissance profonde des localités, et leur patience malgré les revers, qualités qui nous manquent et sont remplacées chez nous par une manie générale de se rendre en foule sur le même point, d'apporter les mêmes marchandises ordinairement de rebut, de mauvaise qualité, de tromper sur le poids, l'aunage, la quotité, et d'introduire sans cesse de nouvelles modes. Ce dernier défaut est un des plus funestes, en livrant nos spéculations maritimes aux chances du hasard et de l'inconstance de la mode. Nous multiplions trop aussi le nombre de navires expédiés sans y mettre assez de marchandises pour les charger au retour. Les Anglais et les Américains feraient le contraire, ils enverraient un seul navire beaucoup plus plein que trois des nôtres, et perdraient ainsi moins d'argent en frais d'armement. Si nos négociants connaissaient mieux le pays, ils sauraient que pendant le mois où il pleut dans le sud d'Haïti, les provinces septentrionales jouissent d'un climat sec et tempéré, et qu'ainsi on peut les fréquenter alors sans danger, et que, même, c'est le moment où l'on vend le mieux depuis juin jusqu'en octobre. Ils sauraient encore qu'il ne faut pas envoyer dans une année plus de dix-huit navires dans le nord, vingt-quatre dans l'ouest, vingt dans le sud, six à Santo-Domingo, qu'il faut avoir soin qu'ils ne se trouvent pas plus de deux à trois à la fois dans le même port, pour ne pas se nuire, par cette envie qu'ont tous les capitaines français de vendre vite et à tout prix pour s'en retourner promptement. Ils sauraient, enfin, que tous les navires français ne doivent pas partir du même port en France, pour ne pas apporter une trop grande quantité de marchandises semblables. Il faudrait, pour cela, qu'ils s'entendissent assez bien entre eux pour partir en nombre égal du Havre, de Nantes, de Bordeaux, de Marseille, et ne jamais avoir de bâtiments jaugeant plus de deux cents tonneaux. Au reste, on a eu de tout temps à adresser les mêmes reproches au commerce français. Oster, vice-consul de France à Norfolk, écrivait au ministre en 1790 : « La France a perdu une occasion unique de substituer ici son commerce à celui de l'Angleterre à l'époque de la Révolution. Elle avait alors sur sa rivale le prodigieux avantage de pouvoir fournir aux États-Unis les principaux articles, tels que les draps, les toiles, etc., d'une qualité supérieure et d'un prix en dessous de celui des Anglais. Mais retenus par l'incertitude, par l'impossibilité d'offrir aux Américains le même crédit qu'ils trouvaient chez les Anglais, nos commerçants se sont bornés à quelques essais timides, à quelques envois partiels, qui, joints à des combinaisons fausses, parce qu'elles étaient en contraste avec les préjugés et les habitudes, les ont réciproquement dégoûtés d'un commerce dont la permanence ne pouvait être achetée du côté des Français que par des sacrifices chers et multipliés. »

À cette considération majeure, il faut en joindre quelques-unes non moins importantes. C'est d'abord que les négociants français ne se sont pas plutôt crus les maîtres de faire le commerce sans concurrence, qu'ils ont laissé hausser le prix et altéré la qualité de leurs marchandises, spéculant ensuite avec non moins d'avidité, plus sur les ressources que semblait leur offrir l'industrie française que sur la simplicité des modes d'un peuple trop sage pour satisfaire à ses fantaisies avant d'avoir pourvu à ses besoins. Ils lui importaient beaucoup de ces bagatelles de luxe et de goût qui n'ont pas trouvé plus d'acquéreurs que d'admirateurs. C'est donc l'Angleterre qui, en dernière analyse, au lieu de tout perdre, aura tout gagné à la Révolution dans laquelle le Duc de Choiseul, dès 1766, avait cru voir sa ruine.

Un des plus grands obstacles au développement de notre commerce est l'absence totale de négociants français. En effet, on ne compte à Haïti qu'une maison française pendant qu'on en trouve plus de trente qui sont anglaises ou américaines. L'entrepôt remédie difficilement à cet inconvénient, quoiqu'on puisse y déposer des marchandises, en attente, durant une année, qu'on trouve à les placer. Ces inconvénients ne sont pas les seuls. La douane comme ailleurs, est quelquefois malveillante, surtout dans l'estimation des produits français, quoiqu'en général, son tarif soit assez bien fait, et pas trop exagéré. On y trouve peu de prohibitions. D'ailleurs, on ne les observe jamais fort rigoureusement. Cette indulgence s'étend même jusqu'aux bâtiments marchands soumis à une police assez sévère. Dans plusieurs endroits, où on a pris soin de faire arriver l'eau douce jusqu'à leurs canots, des hangars ont été disposés près des cales pour mettre les marchandises à l'abri, à moins que ce ne soient des comestibles qu'après avoir pressé sans les ouvrir, on porte directement chez le consignataire. Peut-être les Haïtiens ne manqueraient-ils pas de raisons pour être plus rigoureux, puisque souvent on abuse de leur facilité pour introduire de la fausse monnaie.

L'intention de Louis XIV fut de faire de Saint-Domingue un entrepôt général pour l'Amérique espagnole. On a cru un moment que c'était dans le même but que le gouvernement actuel d'Haïti avait rendu une loi sur les entrepôts réels. L'insouciance et la répugnance jalouse des habitants pour les étrangers l'ont fait manquer. C'est fâcheux, pour un pays qui n'est appelé qu'à produire des vivres et des approvisionnements dont il ne peut tirer partie, parce que ses voisins ne veulent pas les acheter.

CHAPITRE IV

GOUVERNEMENT

On ne peut que difficilement deviner le sort futur d'un peuple d'après l'état de son agriculture et de son commerce. C'est son gouvernement, la manière dont il est administré, qui peuvent, seuls, accroître ou diminuer les espérances d'une amélioration. Cette vérité est démontrée plus qu'ailleurs dans les pays chauds où les hommes sont toujours guidés par les chefs d'une façon absolue, pensent comme eux, et agissent suivant leur volonté, plus ou moins ferme.

La Révolution de Saint-Domingue a éclaté à la même époque que la nôtre. Cependant, elle fut faite réellement le même jour où la France aida et reconnut celle de l'Amérique du Nord. En effet, les blancs entrevirent, dans le succès de la révolution des États-Unis, la possibilité de se rendre indépendants, les jaunes de vaincre ces mêmes blancs, comme ils avaient vaincu ceux de Savannah. La Révolution désirée et opérée à Saint-Domingue n'était pas pour s'assurer les mêmes droits qu'en France. Ici, on voulait la démocratie ; là, l'oligarchie d'une couleur. Ce n'était pas non plus la liberté générale qu'on souhaitait, mais l'indépendance oppressive de sa caste. Les blancs ont cherché à se soustraire à la domination métropolitaine pour écraser sans freins leurs sujets ; les hommes de couleur ne combattaient leurs projets que pour succéder à leurs prétentions. Enfin, les noirs ne luttèrent contre les deux partis que pour les faire redescendre à la place réservée, partout, à la minorité. Ainsi, Toussaint accabla les jaunes, et Dessalines les blancs, pour faire régner sa couleur. Pétion et Christophe, en héritant du pouvoir de Dessalines rendirent la portion de territoire qui leur était échue, aussi distincte par leurs principes que par leurs querelles. Christophe, qui n'avait pas à combattre de préjugés parce qu'il passait pour noir, fut un législateur cruel, et remplaça la république d'assassins de Dessalines, par une monarchie plus sanguinaire encore. Pétion, au contraire, qui avait à vaincre les préventions des noirs contre sa couleur, et qui, naturellement, était très doux, fut un chef débonnaire et humain, toujours prêt à détendre les ressorts de son autorité, autant par goût que par crainte. Ce système familiarisa ses sujets tellement avec l'idée d'être commandés par des jaunes, qu'ils devinrent fidèles à sa personne, et, passagèrement, à sa caste. Ce triomphe flatteur coûta cher à la discipline et au maintien du pouvoir suprême. Aussi ne vit-on d'autres remèdes au mal que de nommer le président à vie, et de rendre sa place en quelque sorte héréditaire, en lui permettant de désigner son successeur. Enfin, pour rendre à la Présidence un peu d'éclat dont le caractère pacifique de Pétion l'avait dépouillé, on y attacha toutes les prérogatives de la royauté. Le Président eut droit de battre monnaie à son effigie, de nommer aux emplois, de faire des traités de paix et d'alliance. Enfin, en 1816, époque de la révision de la constitution, on ne tint plus le langage républicain, que les fureurs de Dessalines avaient inspiré dans le rapport du Comité de Révision en 1806. On y déclara, au contraire, que cette Constitution, créée dans le tumulte sur les débris sanglants du despotisme, au milieu des passions mal éteintes, devait fournir des abus à corriger. Les premiers qu'on frappa furent ceux qui signalaient les blancs à la haine des citoyens, et ceux qui livraient aux chances de l'ignorance du peuple l'élection du chef suprême, en diminuant le nombre des agents dépositaires de l'autorité[1]. Mais il y avait d'autres abus, que le voisinage de Christophe empêcha d'abord de frapper. La liberté laissée au peuple de se livrer à sa nonchalance naturelle, en quittant les grandes habitations pour aller vivre dans les parties de l'île les plus retirées, la façon trop longtemps conservée de satisfaire ce penchant par la distribution des terres et le morcellement des propriétés, enfin le refus de permettre aux étrangers d'acquérir du bien et de se marier dans le pays. Le successeur de Pétion ne put pas d'abord se livrer aux réformes, dont tout le monde sentait la nécessité. Christophe vivait encore et, pour combattre et le renverser, il fallait opposer la liberté telle que les nègres le comprennent, au despotisme affreux qu'il exerçait chez eux, en un mot, la cause des mulâtres. Elle ne pouvait l'emporter sur celle de Christophe qu'en devenant celle des droits de l'humanité.

---

[1] [Cette formule alambiquée signifie que le suffrage universel, proclamé en Haïti en 1806, est restreint aux plus aisés en 1816.]

Ce plan réussit à merveille. Christophe tomba, et le territoire où il régnait échut aux hommes du sud. Comme il y avait dans le pays des contre-révolutionnaires d'un rang et d'une fortune considérables, on ne trouva d'autre moyen pour diminuer leur influence que de les ruiner, en permettant aux cultivateurs de quitter leurs habitations. Pour se faire un parti parmi le peuple, on brisa l'ouvrage ébauché de la civilisation industrielle. Peu de temps après, les mêmes événements se reproduisirent dans l'est. Cette partie d'Haïti, qui appartenait à l'Espagne, voulut, à l'exemple des autres colonies, s'insurger et devenir indépendante. Mais ni l'Espagne, ni la Colombie, plus voisine, ne purent empêcher Boyer de réaliser le projet des Français et Dessalines de ne faire qu'un État de toute l'île d'Haïti, et le soumettre à un régime uniforme. Cette conquête utile à la grandeur et à la tranquillité d'Haïti, l'était bien davantage encore à celle du Président devenu, tout à coup, conquérant par l'acquisition fortuite de la partie espagnole de Saint-Domingue. Sans avoir tiré l'épée, il jouissait de tout le prestige de la victoire, recueillait sans peine les fruits des travaux de ses prédécesseurs, et dépassait même leurs plus hautes espérances. Cependant, Boyer mit à profit les dispositions respectueuses de ses administrés, moins pour affermir les bases ébranlées de son gouvernement, et de la discipline militaire, que pour s'assurer le plaisir qu'a l'amour-propre à ne point éprouver de contradictions. Dans le Sénat, dans l'armée, dans les villes, dans les campagnes, tout lui fut fourni, quoiqu'en même temps, on ne se conformât pas généralement à ses instructions, non par désobéissance, mais par insouciance ou par paresse.

Maître du territoire qu'avait occupé Christophe, d'une partie du trésor que ce Roi avait amassé du pays d'Haïti habité par les Espagnols, Boyer put se regarder, en 1822, comme un souverain héréditaire, ou au moins inébranlable durant toute sa vie. Aussi, les restrictions qu'avait insérées dans la constitution le jaloux républicanisme des habitants, furent méprisées ouvertement. La liberté de la presse trembla à la vue du supplice de l'Africain Darfour ; celle de la tribune se tut à la nouvelle de l'arrestation de quelques représentants ; enfin, toutes les libertés se tinrent dans les limites étroites que leur prescrivit Boyer. La chute de toutes les entraves qui gênent le pouvoir, établit son omnipotence. Il puisa sans contrôle dans le Trésor public, les navires de l'État devinrent ses transports, le matériel de la nation fut souvent employé aux besoins du premier citoyen de la République. Cette conduite consacrée secrètement dans le sud et dans l'ouest, convenait aux gens du Nord, habitués aux formes acerbes du despotisme. Néanmoins, le caractère naturellement bon du Président ne profita pas du silence de la nation pour l'asservir entièrement, mais pour l'engager à acheter la reconnaissance de son indépendance. C'était, au reste, l'acte le plus fort qu'il pût exiger de son obéissance.

L'autorité du Président d'Haïti est donc absolue. Elle l'est à ce point, qu'il n'a pas besoin, pour prendre une mesure quelconque, de consulter les ministres (un secrétaire d'état, ministre des finances, un grand juge Garde des Sceaux, un secrétaire général, ministre des affaires étrangères, un trésorier général, ministre de l'intérieur), les tribunaux, les chambres. Il gouverne entièrement selon son bon plaisir. C'est fâcheux, mais on ne voit pas autre chose dans les pays chauds, où l'on respecte le despotisme, qui, tout en punissant leurs écarts, ne les tire pas impitoyablement du repos où ils aiment à rester. Aussi ne conspirent-ils jamais contre ce despotisme-là. Le Président et les généraux en sont tellement sûrs qu'ils continuent à donner des ordres sans tenir beaucoup à ce qu'on y obéisse, se contentant tous de marques de respect pour être certains de la tranquillité. Il est donc inutile de relater toutes les lois d'Haïti, puisqu'on les observe mal, et que chacun, à l'exemple du Président, s'en écarte continuellement. Cependant, l'administration n'est nulle part vexatoire quoique partagée partout entre le général, le juge de paix et le commissaire du gouvernement. Même, elle n'est pas très corrompue, car, sauf le crime de contrebande qu'elle commet assez volontiers dans les ports éloignés de la capitale, elle est rarement concussionnaire. D'ailleurs, tout le monde a le droit de porter ses plaintes et ses réclamations directement au Président. Cette faculté serait tout à fait précieuse si l'on n'était pas obligé de s'adresser d'abord aux aides de camp, dangereux intermédiaires, qui savent souvent arrêter la vérité prête à arriver jusqu'au gouvernement. Si, d'après la connaissance qu'il a du caractère de son peuple, le Président a donné une grande extension à son autorité jusqu'au point d'altérer à sa guise les registres de l'état civil ; en revanche, il n'a pas su le décorer de cet éclat qui plaît tant aux noirs. Un homme de cette caste, à sa place, eût déjà pris les airs et le titre d'un Roi. Il n'en serait que plus respecté et mieux obéi. Mais les jaunes sont naturellement timides. Ils semblent ignorer que le peuple ne rend de respect qu'autant qu'on lui en demande et que celui d'Haïti est trop ignorant encore pour redouter la loi, terme abstrait, plus que le législateur.

Les jaunes ont donc cru faire beaucoup en publiant un corps de lois, copie servile de notre code, qui n'en diffère que par quelques articles, où les blancs sont assez maltraités. Ainsi, par un article 587, un étranger ne peut accéder qu'aux biens meubles que son parent étranger ou haïtien a laissé dans la République. Après le droit d'aubaine[1], que se sont réservé les Haïtiens, on trouve d'autres articles non moins étranges. Les blancs ne peuvent se marier avec une femme du pays sans lui faire perdre ses droits d'héritière haïtienne. Tout étranger peut être expulsé d'Haïti. Les anciens Romains appelaient étrangers (*peregrini*) tous ceux qui n'étaient pas citoyens de Rome, quelque lieu qu'ils habitassent dans une cité ou ailleurs. Ils pouvaient habiter la ville, mais n'y jouissaient d'aucun des droits de citoyen. Ils étaient soumis à une juridiction particulière, quelquefois même chassés de Rome par ordre des magistrats. Ils ne pouvaient ni porter d'habits romains, ni avoir le droit de propriété légale, ni même celui de tester. À la mort d'un étranger, ses biens passaient au trésor public, comme ne laissant pas d'héritier. Ou bien, s'il s'était attaché quelqu'un comme patron, cette personne obtenait la propriété de ses biens par le droit nommé *jure applicationis*. Enfin, on ne pouvait se marier avec un étranger à moins d'une permission spéciale du peuple romain, ou du Sénat, et, en fait, des Empereurs. Dans la suite, on abolit ces abus. Non seulement les étrangers purent prétendre aux plus hautes dignités, mais encore plusieurs d'entre eux furent revêtus de la pourpre impériale.

Les Haïtiens appellent étrangers, et traitent comme les Créoles traitent ailleurs les mulâtres, tous ceux qui ne sont pas d'origine africaine ou indienne (constitution d'Haïti, articles 1, 38, 39, 43), et il ne suffit pas d'y prétendre, il faut en fournir des preuves si le croisement des races a effacé la teinte brune du visage propre aux métis indiens ou africains. À Haïti, les étrangers peuvent habiter les villes ouvertes au commerce étranger ; dans les autres, ou dans l'intérieur du pays, ils ne sont que tolérés. Ils ne peuvent y

[1] [Droit du souverain sur l'héritage de l'aubain, étranger non naturalisé.]

demeurer qu'avec un permis de séjour délivré par le Président. Les étrangers n'ont ni le droit de propriété légale, ni celui de tester autre chose que leur mobilier. À la mort d'un étranger, ses immeubles, s'il en possède sous le nom d'un Haïtien qui le dénonce, passent au trésor public, comme ne laissant pas d'héritier. Mais s'il s'est attaché une femme du pays, comme prête-nom, car un blanc ne peut se marier avec une Haïtienne que par permission spéciale du Président, qu'il ait vécu avec elle, qu'il ait eu d'elle un enfant, cette personne et cet enfant obtiennent la propriété de ses biens. L'étranger ne peut faire de commerce qu'avec l'agrément du Président et comme consignataire, payant un droit de patente trois fois plus fort que le régnicole[1]. Pour justifier ces abus, les Haïtiens citent ce qui est arrivé à Rome lorsqu'elle les a abolis. La publication du Code Haïtien, où l'on a maintenu nos anciennes lois sur le divorce, a été suivie de la promulgation de plusieurs lois ridicules et inexécutables sur les hypothèques, l'enregistrement et l'impôt foncier. Ce n'étaient pas là celles qui convenaient aux Haïtiens.

Les législateurs indigènes ont donné dans le Code Rural le meilleur modèle de législation à suivre pour leur pays. Rien de plus sévère n'a paru depuis 1791, hormis le décret provisoire de Sonthonax donné comme modification à l'édit de 1685 et l'arrêté de Leclerc du 10 messidor, prescrivant l'application du code pénal maritime aux délits ruraux. On avait craint d'abord que les cultivateurs ne se révoltassent, et qu'on ne pût exécuter rigoureusement le nouveau code. On s'était trompé, personne n'a bougé, et tous les gens de la campagne ont consenti à signer pour trois, six ou neuf ans, des engagements avec des propriétaires d'habitation sous la condition même de ne pas sortir, si ce n'est le samedi ou le dimanche, sans une permission sur papier timbré[2].

La République d'Haïti se compose de six départements, divisés en trente-six arrondissements militaires, subdivisés en huit arrondissements financiers, soixante-six communes et trente-trois paroisses, dont dix-neuf seulement sont dans la partie espagnole. Les départe-

[1] [Régnicole : indigène haïtien.]

[2] [Le Code Rural de 1827, promulgué par Boyer, légalise, sur les grandes plantations, un système d'engagements proche du servage.]

ments sont ceux du Sud, de l'Ouest, du Nord, de l'Artibonite, du Nord-est et du Sud-est. Chaque département a un tribunal de commerce, et un tribunal civil, qui remplace à la fois nos tribunaux de 1ère instance et d'appel. Chaque paroisse a une justice de paix, qui en ressortit et qui est chargée, en outre, de la police. Les juges de paix jugent sans appel jusqu'à la concurrence de cent dollars (cinq cents livres). Les tribunaux civils se composent de plusieurs juges, jamais moins de quatre, un Doyen ou Président, un Commissaire du Gouvernement, Procureur du Roi et d'un Greffier. Les juges sont ordinairement de toutes les couleurs et peuvent espérer d'autres fonctions, même faire le commerce, abus qui n'est pas sans danger, car la voix de l'intérêt personnel doit étouffer souvent celle de la justice. La Cour de Cassation, établie au Port-au-Prince, révise tous les jugements soumis en appel à son tribunal. Ces jugements sont insérés dans *Le Télégraphe*, journal officiel. On y publie aussi les lois, après qu'elles ont été lues dans les carrefours au son des instruments militaires. Aucun acte n'a le caractère de loi s'il n'est revêtu de la sanction de la Chambre des Représentants, du Sénat ou du Président, dont la signature est visée par le Secrétaire Général. La promulgation des lois est faite en ces termes : « Au nom de la République d'Haïti, le Président ordonne... etc. »

Les frais de justice sont considérables, car, en général, tout article de nos taxes fixé à un franc l'a été à une gourde (cinq francs). Rien ne coûte plus cher, non plus, que les honoraires des avocats, qui, communément se font payer d'avance, et prennent en outre une commission plus ou moins élevée sur le recouvrement qu'ils font en qualité de procureur fondé. En général, le mieux est de se passer d'eux, ou de charger le juge de paix de la poursuite de ses affaires, en lui comptant, secrètement, dix pour cent. Les huissiers ne valent pas mieux que les avocats. Les uns et les autres se mettent volontiers d'intelligence avec les personnes qui sont chargées de poursuivre.

Les tribunaux ont, à leurs ordres, une force armée qu'on appelle « Polices », qui a un uniforme bleu et jaune. Les soldats de « Polices » sont chargés de surveiller les marchés et la propreté des rues, de conduire les animaux aux épaves, de détruire les cochons et les poules qu'on laisse courir dans les rues. En général, ils font leur service avec zèle et activité. Ordinairement, ils sont dans les chefs-lieux de département, au nombre de cent à deux cents hommes dont la moitié est toujours sur pied.

Il y a garnison dans tous les chefs-lieux d'arrondissement. La force n'en est pas déterminée. Au Cap, elle est de cinq cents hommes. Ailleurs, moindre ; au Port-au-Prince, plus grande. Elle est fournie alternativement par les régiments attachés à chaque ville. Le Cap en a quatre, qu'on ne voit au complet qu'aux revues de solde. Les soldats d'Haïti ne peuvent être considérés ni comme miliciens, ni comme gardes nationaux, ni, enfin, comme formant une troupe régulière de service toute l'année : ils reçoivent annuellement une solde et un uniforme, sans chaussures, et ils ne sont ni casernés, ni rationnés, si ce n'est lorsqu'ils sont de garde. Tous les dimanches, on donne à ceux qui vont prendre la garde deux gourdins (deux francs). Les colonels les reçoivent également, en sus de leur solde, qui est de 90 dollars par mois. Les soldats touchent, en outre, tous les deux mois, trois gourdes. Les absents ne reçoivent rien. Quelquefois, il y en a tant, que le colonel est obligé d'aller parcourir les mornes, accompagné, pour les ramener sous les drapeaux.

Chaque chef-lieu d'arrondissement doit avoir un régiment. Dans les chefs-lieux de département, il y a communément deux régiments de ligne, un bataillon de bombardiers artilleurs, et un corps d'ouvriers entretenu pendant six mois, et libres, pendant le reste de l'année, de disposer, à leur gré, de leur temps et de leur industrie.

Aux revues, toutes ces troupes diffèrent peu des nôtres, non que je prétende qu'elles soient aussi bien tenues, mais je veux dire que leur uniforme, leur manière de faire l'exercice sont les mêmes que chez nous. On admire particulièrement leur aplomb et la prestesse de leurs mouvements. Dans le Nord surtout, les soldats ont une mise et une tenue plus sévère qu'ailleurs. Christophe en avait fait vraiment des soldats européens exacts à leurs devoirs, soumis et respectueux envers leurs chefs. On lui reproche cependant d'avoir permis à ses généraux de continuer comme dans la Révolution, à se faire escorter par un grand nombre de guides, soldats indisciplinés et insolents. C'est aussi dans le Nord que les rondes d'officiers, les patrouilles de nuit, se font le plus exactement. C'est sans doute pourquoi on y vole beaucoup moins qu'ailleurs.

On exerce les troupes tous les jeudis et ont fait la parade tous les dimanches. Les soldats haïtiens font, sans murmurer, toutes les corvées qu'on leur impose pour le service des places. On les envoie couper le bois dans les forêts, casser des pierres dans les mornes, ou faire la chaux ; on les emploie comme manœuvres ; enfin, on leur fait exécuter tout ce qu'on veut.

Indépendamment de ces troupes salariées par le gouvernement, il y a une garde nationale à pied et à cheval, dont on passe la revue tous les mois. La garde à cheval, composée de jeunes gens appartenant aux familles les plus aisées, se fait remarquer par sa bonne tenue, et la richesse de son uniforme, qui est le même que celui de nos dragons. Enfin, dans chaque département, est établie une légion de gendarmerie de cinq cents hommes. La gendarmerie est fort occupée. Elle le serait beaucoup plus encore si elle était montée, car des gendarmes à pied n'ont pas toujours le courage d'aller courir à deux lieues pour arrêter le désordre. Pour y suppléer, on a créé des gardes champêtres, dont l'action est moins puissante que celle des gendarmes. Ceux-ci, loin d'être soulagés par là, ont été chargés, depuis, du service de la poste, qu'on a créé dernièrement, et dont ils sont devenus les courriers. Ce n'est pas la gendarmerie seulement qui manque de chevaux, puisque le reste de la cavalerie est également à pied. C'est la faute du gouvernement qui ne veut pas acheter de chevaux au-dessus de deux cents francs, et l'on sait qu'il y en a bien peu qui ne vaillent davantage. Peut-être aussi le gouvernement a-t-il jugé inutile de donner des chevaux que les colonels des régiments utilisaient à l'exploitation de leurs propres habitations.

À Haïti, on ne sait ce que c'est que rations de fourrage, écurie, pour les chevaux. Ceux de l'État sont mis en temps de paix dans les savanes publiques ; en temps de guerre, dans celles des particuliers. Ce régime hippiatrique ne fait pas de mal aux chevaux, qui, bien que toujours au vert, peuvent supporter les courses les plus longues. Au reste, il n'est pas étonnant que l'on soigne peu les animaux dans un pays où l'homme ne se soigne pas du tout : pourvu qu'il ait des bananes et du pain de cassave, il ne se plaint pas. On n'a donc plus à s'occuper des vivres pour les armées haïtiennes, on n'a besoin que de quelques bestiaux et l'on n'a plus à songer à rien, si l'on a emporté des paquets de canne à sucre.

Enfin, le soldat monte sans balancer à l'assaut des villes, où on lui promet qu'il trouvera bonne provision de tafia et de morue, parce qu'il n'en a jamais en marche, quoiqu'on vive ordinairement à discrétion dans le pays, ami ou ennemi. Cependant, en 1822, lorsqu'on partit pour occuper la partie espagnole, chaque soldat reçut seize jours de vivres en argent ou en nature, et tout le monde observa la plus stricte discipline.

L'armée, qui est de 20.000 hommes de troupes de ligne, et de 5000 de troupes d'élite, ou garde du Président, se compose presque entièrement d'infanterie, formée en régiments de trois bataillons chacun ; elle n'est maintenue au complet, ni par un recrutement, ni par une conscription fixe, ni par enrôlement volontaire, mais par l'appel sous les drapeaux de tous les citoyens susceptibles d'en faire partie. A-t-on besoin de remplacer les hommes dans un régiment ? Le commandant de l'arrondissement en choisit d'autres à sa volonté, sans que personne puisse refuser de prendre le service. Le reste des citoyens, inactifs ou pères de famille, composent la garde nationale, puisque tout Haïtien doit être soldat depuis 16 ans jusqu'à 60.

Les hommes des mornes sont meilleurs soldats que ceux des plaines, parce qu'ils sont plus simples, plus doux et plus obéissants. On met indifféremment les recrues dans les tambours, la musique, l'infanterie et la cavalerie. On ne consulte ni les inclinations ni les convenances de chacun. Il n'y a pas dans les régiments d'Haïti, de caisse pour linge et chaussures. Il existe seulement une caisse où le colonel verse tous les deux mois 20 francs, le commandant 10 francs, les capitaines 5 francs, les lieutenants 3 francs 75, les sous-lieutenants 2 francs 50 (je ne donne là que la valeur approximative de la gourde haïtienne et des fractions de gourde). On emploie cet argent à payer la musique qui est toujours nombreuse et passable, pour des hommes qui l'ont apprise sans maîtres, et à donner des secours aux officiers malheureux et malades.

Les jours de paie, le commissaire de guerre remet l'argent au quartier-maître, ceux-ci aux sous-officiers qui le distribuent aux soldats, déduction faite de quelque chose pour l'achat de souliers ou autres objets d'uniforme, l'État ne fournissant gratis qu'un habit, deux chemises et deux pantalons. L'uniforme est bleu, revers rouge, parements blancs. La coiffure est le shako. Les sapeurs seuls portent le bonnet à poils. La cavalerie, à l'exception des gendarmes qui sont en vert, est en bleu et rouge et porte le casque. Les drapeaux sont en soie, bleue et rouge. Au milieu, sont peintes les armes d'Haïti, un palmier surmonté d'un bonnet de liberté, entouré de faisceaux d'armes.

Le matériel de l'armée n'est pas considérable. Elle n'a que quelques pièces de campagne, mais ni caissons, ni fourgons, ni ambulances. Les places ne sont pas mieux garnies. Partout, les anciennes fortifications y tombent en ruines. On manque d'artillerie. Toutes les forces du pays n'ont pas vingt bouches à feu, en comptant cinq mortiers qui sont sur le Fort-Grisgris. Le Môle, le Fort-Dauphin, le Port-de-Paix en ont moins, les Gonaïves en a très peu, Saint-Marc pas davantage, le Port-au-Prince seul est mieux armé, mais beaucoup moins que La Ferrière, cette forteresse de Christophe, qui a près de cent cinquante pièces de canon de tout calibre. Mais en revanche, les Haïtiens possèdent une grande quantité de fusils, de poudre, de boulets. Les arsenaux de la marine ne sont pas mieux approvisionnés que ceux de la guerre. On y manque souvent de bois pour les réparations les plus urgentes. La marine marchande haïtienne n'est composée que de petites goélettes, propres uniquement au cabotage, la marine militaire de bricks[1], ou corsaires de l'État, et de goélettes ou garde-côtes. Je suppose qu'en tout, il peut y avoir vingt navires. Dans chaque port ouvert, il y en a un ou deux en station. La marine militaire a une organisation fixe régulière. On y adopte les mêmes gardes que chez nous. On a même été, pour rendre la ressemblance plus frappante, jusqu'à mettre sur chaque brick un état-major aussi nombreux que celui d'une frégate française. Les capitaines touchent par mois 125 francs d'appointements, et 150 francs de traitement de table. Les matelots haïtiens ont le même uniforme que les marins des États-Unis. Il leur est donné par l'État. Ils reçoivent 20 francs par mois, soumis à une retenue de trois pour cent. Leur ration se compose de huit onces de viande fraîche ou de quatre onces de viande salée[2], et d'une livre de pain. Pour armer les bâtiments, on ne connaît pas notre mode d'inscription maritime, quoique le pays soit divisé en arrondissements maritimes. On a recours à la presse[3], mais ce moyen est rarement employé à cause du petit nombre de navires qui

---

[1] [Le brick et la goélette sont des voiliers à deux mâts, alors que la frégate en a trois.]

[2] [Plus de deux cents grammes : 8 onces de viande fraîche est une bonne ration !]

[3] [La presse était l'enrôlement forcé des matelots sur les navires de guerre.]

sont en mer. La marine haïtienne a donc très peu d'importance, et la nation semble peu disposée à lui en donner davantage. Bien que placée au milieu de la mer, elle n'aime pas à se livrer aux dangers de cet élément. De même que les anciens Égyptiens, on dirait qu'elle a horreur de l'eau salée. Peut-être cette répugnance tient-elle à quelque répugnance de ne trouver que des ennemis sur la mer des Antilles (les pirates qui y fourmillent iraient les vendre aux États-Unis). Le gouvernement n'a pas négligé les précautions en usage dans les pays civilisés pour la sûreté de la marine. Dans chaque port, il y a une vigie, pour signaler au loin les navires et des pilotes pour les conduire sans frais dans le port. L'administration civile est tout à fait secondaire encore dans Haïti, dont le gouvernement est tout militaire. Cependant, il y a, dans chaque arrondissement, un administrateur subordonné à l'administrateur en chef, fixé dans la capitale du département. L'administrateur a la conduite de toutes les affaires civiles, c'est l'ancien Préfet colonial de Leclerc, qui avait des attributions beaucoup plus étendues que celles de la métropole.

Les appointements, attachés à tant de fonctions, sont extrêmement modiques, puisqu'ils ne sont que de 450 francs par mois. Au reste, tous les employés sont, en général, fort mal payés. Mais aucun d'eux n'est surnuméraire. Tous les employés civils ont un uniforme particulier.

Les hôpitaux et les prisons ne dépendent pas de l'administration civile, uniquement chargée de la subsistance des malades et des détenus. C'est le commandant de la place qui doit s'occuper du reste.

Les hôpitaux ne sont pas dans un état repoussant de dégradation. On n'y remarque pas, sans doute, toutes les améliorations produites dans les nôtres, mais enfin on y voit avec plaisir chaque malade avoir son lit, ses matelas, ses draps, son linge.

Ordinairement, dans chaque hôpital, et il n'y en a un que dans chaque capitale de département, il y a un cours de chirurgie, un cours d'anatomie, où sont admis plusieurs jeunes gens du pays, qui, après quelques années d'études, passent un examen, sont reçus docteurs et sont même en état de faire des amputations. La dépense d'hôpital du pays est de près de 50.000 francs par an. Le pain et le vin que l'on donne aux malades forment la plus grande masse des frais.

Les prisons sont moins bien tenues que les hôpitaux, quoiqu'on n'y voie plus comme autrefois de cachots noirs et humides, des menottes, des ceps, des fers. Tous les malfaiteurs sont ensemble. Le crime n'y est pas classé, et le mal, loin de diminuer, ne peut ainsi que se propager. En effet, quel inconvénient n'y a-t-il pas à mettre avec un assassin, un militaire qui n'a pas gardé les arrêts, avec un prisonnier qui n'a pas payé sa contribution ? Il est vrai qu'il est rare d'y voir des gens coupables de graves crimes. On vole beaucoup à Haïti, mais on y assassine très rarement. C'est aussi dans la prison qu'on renferme les galériens, en attendant qu'on les envoie à Samana (c'est la Sibérie d'Haïti, elle est brûlante), où on les déporte le plus promptement possible, car il n'est pas facile de les garder avec les moyens qu'on emploie. Croira-t-on qu'ils ne sont attachés qu'avec des cordes, parce qu'on n'ose pas recourir aux fers, de peur de réveiller de fâcheux souvenirs chez le peuple noir, auquel appartiennent la plupart des condamnés ?

Les dépenses de l'armée, de la marine, de l'administration civile, les appointements des Sénateurs, du Président, qui, seul, touche 200.000 francs par an, montent approximativement à quinze millions de francs. Quoiqu'on ait supprimé depuis quelques années les frais de tournée et de bureau accordés aux généraux en activité, qu'on n'ait laissé à ceux en retraite que le quart de leur pension, et qu'on ait réduit à moitié le traitement des employés civils, les revenus sont à peu près égaux aux dépenses. On tire ceux-là de la location des domaines de l'état, composés des anciennes propriétés des colons, de l'impôt personnel fixé à 5 % sur les loyers, du timbre, des douanes. La perception de ces impôts n'est pas toujours aisée, les fermiers de l'état surtout se montrent fort récalcitrants, mais on perçoit sans peine les droits de douane, payés par le consignataire. Autrefois, il y avait un impôt territorial, qu'on a supprimé depuis, qui était perçu par les marchands de café, qui en rendaient compte ensuite au trésor d'après leur registre. Indépendamment de ces impôts fixes, il y en a d'autres, qu'on pourrait appeler indirects : ce sont ceux qu'on a mis sur les patentes, sur les lettres, sur les capitaines marchands. Ce sont à peu près les mêmes que du temps de Leclerc, mais le gouvernement n'en a mis aucun sur les comestibles. Le pain, la viande, le poisson, se vendent à la livre. Suivant le temps, leur poids hausse ou diminue sans que le prix en change jamais.

Pour conclure, le gouvernement actuel d'Haïti est presque entièrement le même que celui qui fut organisé dans cette île par l'arrêté des Consuls du 13 brumaire an 10[1]. Il n'y a que l'établissement assez insignifiant d'un Sénat ou d'une Chambre des Représentants, qui soit nouveau. Le Sénat est composé de vingt-quatre membres, la Chambre des Représentants de soixante-douze. Les fonctions des premiers durent neuf ans, et donnent 1600 gourdes d'appointements ; celles des seconds, cinq ans, et valent 900 gourdes. Les Représentants nomment chaque Sénateur sur une liste de trois candidats, dressée par le Président. Les pouvoirs des divers chefs sont à peu près ce qu'ils étaient du temps de nos Consuls. Il y a peu de différence entre l'autorité du Président et celle de l'ancien Capitaine Général, entre celle du Secrétaire d'état et du Préfet Colonial, du Grand Juge et du Commissaire de justice. Sur tous les autres points de l'administration, nul changement : mêmes divisions de départements, de quartiers, de communes, tous rangés comme autrefois sous le pouvoir du commandant militaire et des conseils des notables. Les devoirs que prescrivaient aux uns et aux autres l'arrêté de Leclerc du 3 messidor an 10[2] sont absolument les mêmes qu'ils remplissent à présent. Enfin les arrêtés concernant la police actuelle et la navigation sont également ceux que Leclerc avait rendus.

Cette organisation administrative est bonne pour le pays. Le seul changement à y faire serait une réduction dans l'armée, qu'on pourrait remplacer par une gendarmerie mieux équipée et mieux montée. En temps de paix, un état nouveau n'a pas besoin d'autres troupes.

---

[1] [4 novembre 1801.]
[2] [22 juin 1802.]

CHAPITRE V

L'HABITANT – DIVERSES RACES

En 1790, on comptait dans la seule partie française de Saint-Domingue, 38.360 blancs, 8.370 gens de couleur, 455.000 noirs, en tout 501.730 individus. Maintenant, la population entière de l'île n'est que de 500.000 individus, tous africains d'origine, et la plus grande partie noirs. En effet, elle se compose d'à peu près 450.000 noirs, et de 50.000 jaunes ou mulâtres ; de ceux-ci, 45.000 sous la dénomination de « blancs de la terre », habitent la partie de l'est, et se disent espagnols (citation de *Historia del Orinoco* de Padre Jose Gumilla), 15.000 les villes de la partie française. Ces derniers, ennemis des premiers, sont ceux qui ont eu l'art de s'emparer du pouvoir après avoir fait massacrer les Français. Quant aux blancs, il n'y en a pas mille dans toute la République. Cinquante d'entre eux environ sont citoyens haïtiens.

Quand on a visité les Antilles, dont l'histoire, toute moderne, est si connue, et où la généalogie des peuples n'est pas ancienne, on n'a plus de peine à comprendre que d'une femme noire et d'un homme blanc, ou même jaune, ait pu sortir ces tribus innombrables, qui sous le nom d'Indous, de Javans, de Malais, de Hottentots, de Madécasses, etc. Ils semblent à la première vue avoir une origine tout à fait distincte, pendant qu'ils proviennent tous d'un même père et d'une même mère, et qu'au lieu d'appartenir à des races diverses d'hommes, ils ne constituent que des castes particulières. Les uns ne sont-ils pas des griffes, ou descendants de mulâtres et de négresses, les autres des sacatras, fils de griffes et de négresses ; d'autres enfin, des marabous, fils de mulâtres et de griffonnes[1]. Ceux-là habitent Java, ceux-ci la terre des Papous. On ne voit partout que les produits variés de la trinité humaine, les trois races

[1] [Mulâtres, griffes, marabous, sont à Saint-Domingue des termes qualifiant le degré de métissage (voir l'explication détaillée en introduction) : le terme générique utilisé par Mollien est « jaune ». Il assimile à des métis les peuples de l'Inde, d'Indonésie et Malaisie, d'Afrique du Sud et Madagascar, etc.]

d'hommes primitives, croisées entre elles, des Nègres, des Arabes, des Tartares. Le résultat du mélange continuel et incalculable des cent quarante-quatre nuances que les colons sont parvenus à classer. Qui donc peut se vanter maintenant, et surtout en Europe, où toute la population est métissée, d'être de pur sang ? (Joséphine Beauharnais, impératrice des Français était de couleur. Sa cousine, Jeanie Beauharnais épousa en secondes noces en 1795 Castaing, mulâtre du Cap. Elle serait longue la liste des personnes élevées en dignité dont les aïeux, sans remonter bien haut, étaient nègres[1].) Les Européens ont beau ne se mêler qu'entre eux, il reste toujours chez plusieurs les traces frappante de l'un des trois types originaux de la race humaine. Ainsi, ceux-ci ont les cheveux nègres, ceux-là les yeux chinois ou tartares, d'autres enfin la belle coupe du visage arabe. (Le Sahara embellit les races d'hommes comme les races de chevaux.) Les unes et les autres ne se multiplient en grand nombre que par le croisement. Autrement, elles semblent arrêtées par un terme qu'elles ne peuvent dépasser. On compte en Arabie six mille chevaux de race pure ; je doute que le nombre des hommes primitifs soit supérieur. On remarque même chez quelques-uns, après nombre de générations parfaitement blanches, en quelque sorte un rappel de couleur brune qui trahit leur origine africaine. Le croisement des races remonte presque à leur origine. La Bible en fait foi, en désignant sous la dénomination d'anges et d'hommes les hommes de races primitives et ceux qui sont nés du croisement de ces mêmes races. D'ailleurs, la Bible appelle les premiers fils de Dieu et leur reproche de s'unir avec les filles des hommes, sans doute, les filles de couleur. (La mythologie composée par les mulâtres qui peuplaient l'Égypte, appelle demi-dieux les enfants des hommes, et des dieux les hommes primitifs.) Elle les représente comme punis de Dieu pour cette mésalliance, preuve que le préjugé régnait déjà parmi les hommes, et que les anges ou hommes primitifs, créés par Dieu même, étaient considérés comme dérogeant à leur céleste origine, en épousant les filles de couleur, simple création des hommes. Peut-être demandera-t-on comment dès la naissance du monde il y eut des races d'hommes différents, puisque

[1] [Cette phrase, lisible, a été barrée : Mollien a dû se rendre compte de la fragilité de ce ragot sur les ancêtres noirs de Joséphine, colporté par des ennemis de Bonaparte.]

la Bible, dont moi-même j'invoque l'autorité, rapporte que Dieu ne créa qu'un homme et qu'une femme. Faudrait-il dont supposer que cet homme était blanc, et cette femme noire, pour expliquer la diversité des couleurs entre tous les hommes ? Non, car cette circonstance n'expliquerait rien, en n'expliquant pas tout. D'abord, il faut savoir que la Bible ne dit pas que Dieu créa un homme, mais l'homme, l'espèce d'homme. (Dieu créa l'homme selon son image, c'est à l'image de Dieu qu'il les créa mâle et femelle. Dieu les bénit et leur dit soyez féconds, multipliez-vous, remplissez la terre. *Genèse.*) Ensuite, il faut rétablir les textes. Or, le passage de la Genèse relatif à la création d'Adam et Eve, celui où l'on nomme les trois enfants de Noé, me semble se rapporter à une seule et même époque, à une seule et même chose, à la création du genre humain, trinité par la formation matérielle, dualité par la différence des sexes, unité par l'intelligence. (On peut encore dire que la dualité de la matière animée par la différence des sexes ne passe à la trinité homme-Dieu que par l'incarnation de Dieu… La valeur mystérieuse des nombres n'est pas aussi ridicule qu'on la prétend, puisque les trois premiers chiffres renferment l'histoire du genre humain.) Parti du premier nombre, le genre humain tend à arriver par le second au dernier, l'unité morale. C'est un travail que l'histoire atteste, auquel tous les événements contribuent, et, au moyen duquel l'homme redeviendra sur la terre ce qu'il était avant d'y apparaître, un seul être, une seule pensée, une seule volonté. Il n'est pas étonnant que l'histoire de la Création, écrite longtemps après, sur des traditions vagues, et en un style rempli d'images, soit obscur, que l'ordre des événements y soit même interverti, et comme le Déluge universel, après la création de l'homme. L'historien est pourtant moins coupable que le commentateur. C'est celui-ci qui a perpétué l'erreur en admettant comme des faits une simple métaphore. Ainsi la création d'Adam et Eve est une figure poétique, celle des trois fils de Noé de l'histoire : c'est si vrai que tout s'enchaîne et devient clair en réunissant en un seul paragraphe, et en plaçant après le déluge, les deux points historiques qui occupent dans la genèse des chapitres différents : Dieu créa Adam, l'espèce homme, Eve l'espèce femme, composés de trois races mâles et femelles, Sem, Cham et Japhet. Autrement, la géologie, loin de justifier la Bible, la démentirait en déclarant qu'on ne découvre nulle part d'ossements humains à l'état fossile. Or que seraient devenus les enfants d'Adam qui n'auraient pas été sauvés avec Noé ? Au contraire, l'observation ne reconnaissant que trois races primitives d'hommes, la science en ne trouvant en aucun lieu d'ossements fossiles d'hommes, justifie la Bible en confirmant le système de création qu'elle a donné.

Dieu créa donc en même temps des hommes et des femmes jaunâtres ou arabes, des hommes et des femmes rougeâtres ou tartares, des hommes et des femmes noirs. Placés d'abord ensemble, dans la même région, ils vécurent en paix tant qu'ils ne se mêlèrent pas entre eux. (Les Arabes appellent les hommes Beni Adam, fils d'Adam.) Mais dès qu'il y eut croisements, ils devinrent ennemis, et se séparèrent à la vue de la diversité de couleur de leurs enfants, nouveauté qui leur fit croire qu'ils étaient maudits, parce qu'ils ne ressemblaient ni au père, ni à la mère.

Sans nous écarter beaucoup de notre sujet, nous dirons en passant un mot de cette région où l'homme fut d'abord placé, le Paradis : ce jardin toujours vert, toujours fécond, n'est à notre avis que cette large zone de terres équatoriales, déplacée peut-être, et qui fut le berceau du genre humain. Cette épée de feu qui en défend l'entrée est le soleil tropical, si redoutable pour les peuples septentrionaux. Le *fiat lux* rend bien aussi le lever du soleil entre les tropiques. C'est à tort, au reste, qu'on dit n'y voir ni aurore, ni crépuscule. Seulement dès que le soleil touche les bords de l'horizon à l'est ou à l'ouest, il est franchi de suite.

En résumé, il n'y a jamais eu que trois races primitives d'hommes, ni plus ni moins. Quiconque n'est pas Arabe, Tartare ou Nègre pur, est sang-mêlé ! Il n'a jamais existé non plus primitivement d'hommes blancs ou de géants. Les Tartares, les Arabes, les Nègres de pur sang, sont tous de taille ordinaire, ce qui explique ce passage de la Bible : « Or il y avait des géants en ce temps-là, car dès que les enfants de Dieu ont épousé les filles des hommes, il en sortit des enfants qui furent des hommes puissants et fameux dans le siècle. » Les yeux bleus ne sont pas un trait particulier à la race germanique, qui n'est d'ailleurs pas une race : un voyageur dit avoir vu sur les bords du Niger des noirs aux yeux bleus. Dans les Antilles, on trouve aussi beaucoup d'hommes de couleur qui ont aussi les yeux bleus, les cheveux blonds, roux, comme le sont les Allemands. Au reste, l'homme physique d'origine croisée n'est pas simplement soumis à l'influence des races, mais aussi à l'influence du climat. Celle-ci opère à la longue des changements considérables chez les métis. (Chez les animaux domestiques et croisés, la couleur tient beaucoup à la lumière, l'épaisseur du poil à la chaleur, la grandeur à l'abondance de la nourriture, et dans un animal sauvage et primitif, ces variétés sont limitées. *Cuvier.*) Par exemple, les enfants d'un homme blond, entre les tropiques, à la troisième génération, peuvent avoir les cheveux noirs. Mais il n'en est jamais de même pour les hommes de race primitive : sous le Pôle comme sous la Ligne, ils ne changent jamais.

Mon opinion sur l'originaire trinaire du génie humain n'est pas le résultat seulement de l'observation, c'est aussi celui des plus anciennes traditions. La trinité, que les Indiens ont connue avant nous, et qu'ils nomment *triburté*, mot qui signifie trois formes, n'est devenue un dogme religieux que par l'ignorante crédulité de ceux qui en ont parlé depuis. La trinité n'est que le système de la création de l'homme, devenu, comme tant d'autres faits scientifiques, un arcane théologique. Ainsi, l'astrologie naquit d'une science exacte, l'astronomie ; ainsi des astres, Vénus, Jupiter, Mars, devinrent des Dieux. L'homme, qui est unique, mais divisé en trois formes, se changea en dieux. On écrivit son histoire, on mêla le vrai avec le faux, on confondit l'âme avec la matière, Dieu avec l'homme. On appliqua à l'un les traits qui appartenaient à l'autre, et on alla jusqu'à rendre à l'homme et à ses attributs le culte qui est dû à Dieu, à établir enfin « l'autolâtrie ».

Tout démontre donc que la trinité est humaine, l'observation, les livres anciens et les croyances religieuses. Ce fait admis, on n'a plus de peine à concevoir l'importance du nombre trois, du triangle, remarqué dans tant de choses, et vanté par tant d'auteurs, puisque c'est l'emblème de l'homme même, comme la simple ligne droite, courbe ou circulaire, est celui de Dieu.

Si l'homme jouit du libre arbitre, il n'en est pas moins soumis à la fatalité, loi générale de la matière. Aussi, malgré son libre arbitre, malgré l'unité de son essence morale, dépendant de trois choses, sa race, le climat du gouvernement et, si l'on veut, de sa famille, de la localité où il est né, des masses dont il est membre. La première des trois influences est la plus forte, c'est elle qui prédit, pose l'homme à de telles inclinations de caractère, à de telles qualités d'esprit.

L'homme blanc qui, en apparence, n'est ni Arabe, ni Nègre, ni Tartare, n'a pas moins de l'Arabe, du Nègre, du Tartare dans ses sentiments, dans son esprit, de même qu'il en a dans son sang et sans ses traits. Si le sang nègre prédomine, le caractère de l'homme participera plus du Nègre que de l'Arabe ou du Tartare. Quand je me sers du mot sang, ce n'est pas à la lettre que je l'emploie, mais à défaut d'une expression plus concise et plus précise pour me faire comprendre. Or, j'entends par sang ce principe subtil, inhérent à la matière.

Le croisement continuel des races, bien qu'extérieurement il semble n'en exister qu'une, le mélange sans mesure et sans fin de leur sang, de leurs passions originelles, les pousse toutes à l'extrême, et à l'imprévu. Rien n'est borné, comme chez les hommes primitifs ou voisins du type primitif. Au physique, des blonds, des châtains, des roux, des noirs, des gros, des maigres, des petits de taille ; sous le rapport intellectuel, à côté des capacités les plus étroites naissent les facultés les plus étendues. Enfin, c'est une variété de sentiments, de pensées, que l'homme, ce dieu incarné, a bien de la peine à diriger vers un point fixe et unique, vers celui d'où il vient et où il doit et veut retourner, après avoir parcouru le cercle de la vie terrestre. Cette variété de cause toute physique, est appelée progrès, comme si l'agitation des flots faisait faire un pas de plus à l'océan. (Le mot mouvement, appliqué dernièrement à cet état de l'esprit humain est le mot propre.)

À mesure qu'il se croise, l'homme acquiert une nouvelle faculté de varier les formes de la pensée, d'y tailler plus ou moins des facettes brillantes, mais non d'en augmenter le volume. L'art, la science, tous les résultats de l'organisation gagnent au croisement des races, sans que la philosophie et la métaphysique fassent un pas. Je dirais plus : le croisement trop fréquent des races nuit à l'unité si désirable de l'esprit humain, et ne produit, comme en Europe et surtout en France, qu'un pêle-mêle, où tout rapport social cesse, une matière vaseuse que les siècles parviennent à grand peine à rendre solide ou productrice. (Lorsqu'un peuple est arrivé, en se croisant, à une seule et même organisation physique, il y a chez lui unanimité de sentiments, une sorte d'électricité morale qui se communique à tous les membres d'une même génération.)

Cette longue digression, qui n'est pas étrangère à l'histoire de la population d'Haïti, doit servir à propager la fraternité, puisqu'elle tend à montrer que c'est par la forme seulement que l'homme diffère de l'homme, mais que l'être qui l'anime en tous temps et en tous lieux, qui est lié à son sort, est unique.

Les hommes, poussés par la loi qui préside à la matière, ont été toujours tellement disposés à se diviser entre eux d'après telle ou telle nuance de couleur, qu'à défaut de cette différence naturelle, il recourent à des signes artificiels tels que le tatouage chez les sauvages, les uniformes chez les Européens. Dans l'ancienne Rome, les Hibrida ou métis formaient une caste à part. En Italie, en Espagne, les factions se sont de tous temps désignées sous les noms de noirs ou de blancs. À Haïti, les hommes d'origine africaine, mais de teinte claire, se parent autant qu'ils le peuvent de leurs concitoyens noirs, ce qui leur est d'autant plus aisé qu'ils ont su se placer à leur tête, en occupant les premiers emplois de la République. À ce sujet, remarquons que partout les métis, dès qu'ils se multiplient un peu, usurpent d'abord la domination sur les hommes de race primitive. De même qu'aux Moluques, aux Antilles (celles qui appartiennent aux Européens), les hommes blancs, quelle que soit leur origine, administrent le pays. Les bruns exercent les arts grossiers, et le peuple noir se retire dans l'intérieur et cultive la terre.

En Afrique aussi, les nègres seuls en sont encore, comme au temps de Joseph, à se livrer pour de l'argent, sans avoir égard à la tribu, à la secte, à la nation, mais les Foulahs et les Maures[1], leurs griffes et leurs mulâtres, animés de l'esprit de caste, de tribu, de secte, de nation, ne se vendent jamais entre eux. Jamais un Maure ne vend un Maure, jamais un Foulah ne vend un Foulah, mais toujours des nègres. (Certains ont des tributaires en état de servage mais pas d'esclavage.)

Ce sont sans doute les mêmes divisions dans les couleurs et dans le travail qu'aux Antilles qui ont donné lieu à l'arrangement des castes dans l'Inde (Hindoustan, terre des hommes noirs), arrangement que le temps et la religion ont confirmé depuis comme un dogme. Les hommes clairs, à la suite d'une ancienne révolution sociale sont demeurés les interprètes du culte après avoir été les maîtres du pays. Leurs mulâtres, qui les détrônèrent, forment la

---

[1] [Les Foulahs (Peuls) et les Maures vivent en Afrique occidentale. Mollien les évoque longuement dans sa *Découverte des sources du Sénégal et de la Gambie*.]

caste des militaires, des administrateurs, des Rois, et la dernière s'est composée de peuple noir ou primitif. Depuis, par l'adultère ou le libertinage, une foule d'individus de teinte différente ont monté ou descendu l'échelle des castes, de sorte que dans la caste des hommes clairs ou brahmes, on trouve maintenant des hommes noirs. En même temps, dans celle des parias ou noirs, des hommes clairs[1].

Une semblable anomalie existe dans les colonies d'Amérique. Des hommes évidemment d'origine africaine sont rangés parmi les blancs à titre de libres, et des individus de teinte très claire dans la classe des esclaves ou parias. On observe même à Haïti quelque chose de semblable à ce qu'on voit dans l'Inde, bien que tout le monde y soit libre. Les hommes blancs constituent la caste des prêtres et des médecins ; les jaunes, celle des chefs politiques et militaires ; les noirs la dernière, celle des hommes de peine ou de travail. Ces différences, si choquantes pour les Européens n'existent-elles donc pas en Europe ? Peuples aborigènes ou vaincus, les Bohémiens n'y sont-ils pas de vils parias, vivant dans les bois, sans cité, sans culte, sans loi, sans rapport avec la société qui les tolère ? La seconde caste, celle des juifs, contracte-t-elle aucune alliance avec eux ou avec les blancs nés de croisement des colons africo-grecs avec les Scythes, Germains ou Celtes, dont les hordes arrachèrent l'Europe aux Bohémiens ? Les Bohémiens ne sont pas de race primitive. Ils proviennent du croisement des Nègres et des Tartares, établis dans l'Hindoustan, ce qui les fait regarder comme les autochtones d'Europe. C'est qu'ils n'y sont plus que ce que sont les vaincus parmi les peuples civilisés, les Indiens d'Amérique du nord, errant ou vagabondant. Leur langue contient une infinité de mots sanscrits, dont ils ont transmis les racines aux Germains et aux autres peuples qui leur ont succédé en Europe, et qui formèrent la première colonie sortie de l'Asie pour peupler les solitudes de l'Europe.

---

[1] [L'origine réelle des castes en Inde est très controversée. Certaines parties du sous-continent, presque exclusivement peuplées de Noirs (Dravidiens) sont très hiérarchisées en castes, qui reposent plus sur le rôle social que sur la couleur de la peau. L'assimilation des parias indiens avec des esclaves, propriété d'un autre homme, est inexacte.]

Les noirs d'Haïti, quelle que soit la province qu'ils habitent, ont les mêmes principes, les mêmes haines, les mêmes préjugés, les mêmes passions. Cependant, ils tiennent en général plus ou moins des Africains dont ils sont issus. Par exemple, un descendant d'Arada est avare, mais honnête comme un Arada d'Afrique. Un fils de Congo est gai, bruyant, comme un Congo de leur ancien monde. En un mot, le caractère moral de chaque peuple africain s'est transmis et perpétué presque sans altération au-delà des mers. Mais il n'en a pas été de même pour le caractère physique. Est-ce le climat, est-ce le genre de vie, est-ce la manière de se nourrir, est-ce enfin quelque ancienne alliance avec des blancs ou des hommes de couleur qui a produit à la longue ce changement ? Mais il est sûr qu'on remarque rarement chez les noirs haïtiens les membres nerveux, cette charpente osseuse, ces traits épatés surtout, si commun chez les Africains. Observons en passant que ces traits constituent la beauté aux yeux des Africains à ce point que, pour eux, les noirs d'Amérique en étant généralement dépourvus, sont laids et dégénérés. C'est le même effet que produisent sur nous, pour des causes différentes, les créoles d'Amérique. La couleur des noirs d'Haïti, moins foncée que celle des Africains, l'est beaucoup plus que celle des esclaves des États-Unis. C'est que les climats froids sont aussi peu favorables à ces derniers que les climats chauds le sont aux blancs. Transplantés hors des régions pour lesquelles la nature les fit naître les uns et les autres, ils dépérissent ou du moins n'ont jamais un air de parfaite santé. Les noirs et leurs métis, jusqu'à la troisième classe, ne sont bien qu'entre les tropiques, les blancs en dehors de cette ligne brûlante. Les noirs d'Haïti ont un peu plus de barbe que ceux d'Afrique, mais bien moins que ceux des Etats-Unis. (Les Indiens du nord et de la Cordillère ont aussi plus de barbe que ceux de la Ligne et des plaines.). Les créoles blancs offrent les mêmes différences, les Arabes seuls, comme race primitive, sont naturellement très velus, ne perdent rien de leur épaisse chevelure et de leur barbe entre les tropiques. Les noirs d'Haïti sont en général plus petits et plus sveltes que ceux d'Afrique[1]. Quelques-uns, même, sont fluets, délicats, sensibles aux variations de l'atmosphère, comme les

[1] [Notes de Mollien illisibles.]

Européens. Ces exceptions sont d'autant plus remarquables que les noirs et même les mulâtres supportent bien mieux que les blancs les changements brusques de température. On en eut la preuve en Russie, où les hommes de couleur ont mieux supporté que d'autres le froid de Moscou.

Les femmes haïtiennes n'ont pas les formes communes à toutes les Africaines, et que les Parisiens appellent hottentotes[1]. Le soin immodeste que les Européennes prennent pour se donner artificiellement des formes qui approchent de celles des Africaines, prouve, quoiqu'on en ait dit, que ces formes sont une beauté, puisque les Européennes regrettent de ne pas les avoir. Elles sont au contraire minces, bien faites, et souvent des modèles de grâce et d'élégance. Elles ont la main et le pied petit, qualité très rare en Afrique ; leurs cheveux, quoique crépus, sont aussi plus longs que ceux des Africaines. Mais si quelqu'une d'entre elles a les traits du visage allongés, il faut en chercher la cause dans quelque alliance européenne, dont la trace s'est perdue.

Les Guiolofs, les Serracoulets et les Mandingues, chez qui l'on trouve aussi quelquefois la coupe du visage européen, en sont redevables à des unions avec les Maures[2].

Les négresses de la campagne sont moins agréables que celles des villes. Celles-ci, qui se nourrissent bien, et travaillent peu, sont grandes, fortement constituées, et ont une démarche à la fois noble et gracieuse. Celles-là, employées à des travaux très durs, mal nourries, sont petites, trapues ; leurs formes sont sans grâce, comme sans noblesse, et pourtant, une campagnarde haïtienne est beaucoup plus attrayante qu'une paysanne d'Europe, car toutes ont les bras arrondis, et la main bien faite, ce qu'on ne rencontre presque jamais chez les femmes de la même classe en Europe.

Ces différences entre les femmes des villes et des campagnes sont toutes appuyées chez les hommes ; ces derniers, je parle de ceux des villes, énervés par le libertinage et l'oisiveté, sont maigres, chétifs et aussi souvent incommodés que les Européens les plus

---

1 [Reins cambrés, et fessier rebondi.]

2 [Les Wolofs ou Ouolofs (« Guiolofs »), Sarakollés (« Serracoulets ») et Mandingues, que Mollien a visités au Sénégal en 1819, n'ont guère pratiqué le métissage avec les Maures, qui les considéraient comme des esclaves potentiels. De nombreux peuples nègres d'Afrique n'ont pas le visage épaté, sans que cela relève pour autant d'un quelconque métissage.]

délicats. Les campagnards sont infiniment plus robustes. Lorsqu'on a vu le peu de différence que le climat, et un genre de vie nouveau ont mis entre les noirs d'Afrique et les noirs d'Haïti, on ne conçoit pas comment on a pu attribuer au soleil la couleur et les traits des nègres. (« En effet, j'observe que la figure du nègre représente précisément l'état de contradiction que prend notre visage lorsqu'il est frappé par la lumière, ou par une forte réverbération de chaleur. Les sourcils se froncent, la pommette des joues s'élève, la paupière se serre, la bouche fait la moue. » Ce passage, qui le croirait, est un extrait du voyage de Volney en Syrie.) Si, comme l'a pensé ce savant, c'était au soleil que le nègre dut les traits épais de son visage, la couleur de sa peau, sa chevelure laineuse, quel effet cet astre n'aurait-il pas sur les Arabes et sur les blancs ? Pourtant, depuis des siècles, on n'a remarqué chez ces derniers que quelques modifications, un teint plus brun, une barbe plus rare qu'en Europe, mais rien de nègre. Ceux qui prétendaient le contraire ont pris des griffes portugais pour des blancs noircis par le soleil, erreur aussi ridicule que celle qu'on commettrait en prenant un jour les noirs de Saint-Domingue pour des Français parce qu'un jour ils parlent notre langue et se disent Français. Pour être bien convaincu que c'est là l'origine de cette bévue physiologique, il faut seulement savoir et se rappeler que les noirs, soumis aux Européens, prennent partout leur nom, et se disent, suivant la nation à laquelle ils appartiennent, English Gentleman, Caballeros castillans, ou Messieurs français. La nature a fait au nègre tel que nous le voyons, le teint de l'homme primitif, dans quelque endroit qu'on le voie, [qui] ne s'altère pas plus au soleil que celui de l'Arabe ou du Tartare. Si le noir ou le blanc n'étaient que le résultat produit par un soleil plus ou moins ardent, pourquoi lorsqu'ils s'unissent en-semble, leurs enfants présenteraient-ils invariablement un égal mélange des deux teintes opposées ? Ne pourraient-ils pas être tantôt noirs, tantôt blancs, suivant les caprices de la nature ? Cette raison me semble sans réplique.

Nous avons dit précédemment que le noir haïtien était moins fort que l'Africain. Néanmoins, il faut reconnaître que cette sorte d'hommes est vraiment décidé à vivre entre les deux Tropiques : là seulement, elle jouit de toutes ses forces et de sa vigueur. Toutefois, l'Afrique lui convient mieux que l'Amérique. C'est en Afrique que la taille du nègre est souvent gigantesque. (Les unions avec les

Maures et les Foulahs y contribuent en grande partie.) Et la force athlétique en Amérique, ce n'est plus la même. Ils dégénèrent un peu. Avec cela, nul autre homme n'en supporte mieux le climat chaud et humide, tout en travaillant sous l'ardeur d'un soleil dévorant. La terre tropicale n'obéit qu'à ce puissant cultivateur. L'abandonne-t-il ? Elle redevient sauvage. La meilleure preuve que l'Africain est plus fort que l'Américain noir, c'est que celui-ci ne vaut jamais pour la culture le nègre que l'on débarque. Ce dernier est infiniment plus robuste. On en a dit plusieurs causes.

L'Africain n'est pas employé dès l'enfance comme les Américains aux travaux les plus pénibles. Le préjugé ne l'emmaillote pas de vêtements, qui le rendent sensible à toutes les variations de l'atmosphère. En effet, honteux d'avoir une chevelure courte et laineuse, le noir d'Amérique la cache sous un mouchoir, qu'il ne quitte point. Cette coiffure, à la longue, rend la tête très sensible, de très forte qu'elle était en Afrique, où l'on voit chacun vivre nu-tête. Les femmes, de leur côté, et par le même sentiment de coquetterie, ont de faux cheveux, ou tignons[1]. On les a même vus, sous Christophe, avoir des perruques. Toutes ces modes sont fatales aux nègres. Elles les prédisposent aux rhumes de cerveau, aux fluxions de poitrine, qui en enlèvent beaucoup dans les colonies. L'envie d'imiter les Européens ne s'arrête pas là. On vit et on se traite comme eux, en bonne santé, et parce que les bébés étrangers sont forcés de se purger continuellement, les noirs les plus fortement constitués font de même périodiquement, pour prouver qu'ayant les mêmes besoins, les mêmes faiblesses, ils peuvent avoir le même génie. Enfin, les noirs se ruinent la santé par vanité et par servile imitation. À ces motifs frivoles, ces malades imaginaires, en joignent un qui n'est en général que trop réel. C'est la nécessité de combattre le germe syphilitique que le libertinage propage, que l'incurie rend héréditaire dans beaucoup de familles, et que la température humide du pays empêche d'extirper radicalement. Toutes ces causes réunies rendent donc le noir haïtien inférieur en beauté et en force à celui d'Afrique.

Les gens de couleur, vulgairement les mulâtres, se divisent à Haïti même, en quatre castes principales : mulâtres ou fils de négresse et de blanc, en quarterons, en métis, en tierçons ; hors de

[1] [Faut-il entendre un croisement de « chignons » et de « tignasse » ?]

là, ce n'est plus qu'une variété produite par le mélange entre elles des diverses castes issues des noirs et des blancs. Cependant, on pourrait ranger dans la caste des mulâtres, les griffes, enfants de noirs et de mulâtresses, et les marabous, enfants de griffonnes et de mulâtres, si ces deux ne sympathisaient mieux avec les noirs, dont elle se rapprochent assez, la première par la couleur de la peau, la seconde par les traits épatés et la chevelure laineuse.

Les hommes de couleur, quelque blancs qu'ils soient, à moins qu'ils n'aient été élevés en Europe, professent toujours quelques traits qui rappellent leur origine africaine : une chevelure bouclée, l'évasement de la bouche, enfin le son de voix suffit pour faire reconnaître entre mille un descendant de Tartare ou d'Arabe, d'un descendant d'Africain et d'Arabe, ou de Tartare.

Au moral, c'est encore plus frappant qu'au physique. On distingue parfaitement le fils du Congo, ami du plaisir, de l'Arada pensif, le mulâtre, qui a un blanc pour père, tient plus de lui que de sa mère. Si le père est noir, c'est la même chose, preuve que le mâle dans la reproduction des espèces est l'agent principal. Les mulâtres sont en général bien proportionnés, ils ont l'œil vif, la physionomie ouverte et presque aussi mobile que celle du blanc. Doués de membres souples et nerveux, ils excellent dans tous les exercices du corps. Mais ils ne valent rien pour la culture de la terre, et ne sont bons qu'à exercer des métiers sédentaires, et qui n'exigent pas trop d'efforts.

Les mulâtresses, qui rarement ont les traits du visage frais et délicats, ont en revanche une grâce parfaite dans le maintien, une taille admirablement bien prise et beaucoup de vivacité dans les yeux. Les quarterons, ou descendants des mulâtresses et de blancs, sont beaucoup moins bruns que les mulâtres. Ils n'ont plus comme eux la chevelure courte et laineuse. Enfin, sous bien des rapports, ils ressemblent aux blancs. Les quarterons, et principalement les quarteronnes, l'emportent de toute manière sur les mulâtres par la finesse des traits, la régularité des formes, l'éclat du teint, la douceur et l'expression de la physionomie. Enfin, les métis, qui proviennent des quarteronnes unies aux blancs ressemblent si fort à ceux-ci, qu'on a de la peine à les distinguer, à moins d'avoir longtemps habité les colonies.

Les griffes, fils de mulâtres et de négresses, sont noirs ; ceux qui descendent d'un nègre et d'une mulâtresse, sont rouges. Malgré quelquefois la couleur de leur peau, les griffes offrent, en général, le type du beau uni ou gracieux. On les prendrait pour des Malabary[1] avec leurs traits allongés, leur longue chevelure noire et lisse, et leur taille élevée.

Loin de là, les marabous, les sacatras presque tous aussi laids que les noirs de la terre des Papous, montre dans quelle proportion il faut croiser les diverses races d'hommes, pour obtenir de belles ou de vilaines espèces.

On confond souvent avec les griffes, les franc-mulâtres, qui leur ressemblent un peu par la couleur et la chevelure. Les franc-mulâtres forment partout une caste bien distincte, puisque ce sont les descendants de mulâtres unis à des mulâtresses. À la troisième génération, ils sont beaucoup plus bruns que leurs pères, mais, en revanche, ils ont les cheveux et les traits plus longs qu'eux. Au moral, ils diffèrent de tous les autres Haïtiens. Leur haine jalouse pour les blancs n'est surpassée que par leur antipathie orgueilleuse pour les noirs. Ordinairement pourvue de facultés étendues, les franc-mulâtres se regardent en outre comme supérieurs aux autres hommes de couleur, parce qu'ils ne s'allient qu'entre eux, circonstance qui les fait se considérer comme de pur sang. Ce sont, avec les griffes, les hommes les plus dangereux pour les blancs et les noirs.

En général, les hommes de couleur ont la physionomie plus spirituelle et plus gracieuse que les noirs, le maintien plus agréable, les mouvements plus vifs. Mais en revanche, ils ont moins de noblesse et de dignité dans la démarche, la figure moins grave, en un mot, l'air moins fort et moins imposant. Ce n'est aussi que chez eux qu'on retrouve ces difformités si communes en Europe. À l'exception des albinos, monstruosité lépreuse particulière à la race des noirs[2], on ne trouve presque jamais chez ceux qui sont de pur sang des nains, des bossus, des goitreux. Mais ces infirmités ne sont pas rares chez les gens de couleur. C'est le contraire pour les maladies morales, on compte plus de fous noirs que de couleur. Les maniaques affectionnent la couleur noire dans leurs vêtements. La constitution, le tempérament, enfin la force organique diminuent à

[1] [Soit de la côte de Malabar au sud-est de l'Inde.]

[2] [Note de Mollien illisible. L'albinisme n'est ni une lèpre ni limité aux seuls Noirs... ni même à l'espèce humaine.]

mesure que l'homme s'éloigne du type primitif. L'activité morale augmente dans une proportion contraire. L'attrait des sexes, les uns pour les autres, est à l'inverse de la couleur : le plus clair préfère le plus brun, la faiblesse cherche à se retremper dans la force. (Les crétins sont aux blancs ce que les albinos sont aux noirs[1].) Cette inclinaison naturelle n'est combattue que par les préjugés que la Révolution est loin d'avoir détruits.

Après avoir étudié le caractère physique des quatre principales castes haïtiennes, nous allons passer à l'étude de leur caractère moral. Nous y trouverons des différences non moins curieuses que les précédentes. Leurs facultés intellectuelles ne sont pas les mêmes. Les noirs ont généralement moins d'éclat, moins de vivacité dans l'esprit que les hommes de couleur. (On peut appliquer à la généralité des hommes de couleur le portrait que M. Romane a fait de l'un des plus célèbres : « il est léger même dans ses plus fougueuses ardeurs, son sang est une lave, et sa pensée une étincelle .Il est le moins musicien qui soit, le plus anti-musical que je connaisse. Vain comme femme, égoïste comme Dieu, franc avec indiscrétion, obligeant sans discernement, oublieux jusqu'à l'insouciance, vagabond de corps et d'âme, gai d'esprit et médisant de langage, spirituel d'à propos, véritable Protée échappant à tous. » *Revue des Deux Mondes*, janvier 1834.) Mais en revanche, plus de méthode, plus de fixité dans les idées, avec une éducation plus négligée que les hommes de couleur, il n'est pas étonnant de les voir moins avancés qu'eux, et plus timides. Aussi parlent-ils peu, et surtout rarement sur la politique et la religion. Mais, quand ils s'en mêlent, c'est toujours avec un grand sens et une modération louables.

Les hommes de couleur, principalement ceux qui sont blancs [*sic*], ont la vivacité d'esprit des Européens. Comme eux, la musique, la poésie, les arts, les émeuvent et les enflamment. S'y livrent-ils ? Ils font souvent mieux qu'imiter. Dans l'enfance, les noirs et les hommes de couleur apprennent plus vite que les blancs. Mais ils retiennent moins dans ce qu'ils ont appris.

Pour résumer toutes ces différences, disons que l'homme de couleur est né apte à tous les travaux de l'esprit, et que le noir est susceptible de le devenir autant que lui, mais avec de l'application.

---

[1] [Formule curieuse !]

Ces différences dans le genre d'esprit des noirs et des mulâtres ne sont pas les seules. Il en est d'autres dans le caractère, et également dans les mœurs. Quoiqu'on ne puisse pas avoir des idées bien arrêtées sur le moral d'un peuple qui vient de naître, cependant, on reconnaît déjà chez celui d'Haïti un mélange de douceur et de cruauté. Le noir d'Haïti, comme celui d'Afrique, est hospitalier et féroce, pacifique et vindicatif. Il n'oublie jamais une injure. Il la pardonne quelquefois, mais ne pardonne jamais à ceux qui ont outragé sa mère, ou maltraité ses enfants.

Un colon, dans un mouvement d'impatience, tua un jour l'enfant d'un esclave, dont les cris le fatiguaient. Le père, désolé, alla se mettre en embuscade dans un champ de cannes à sucre, et tua à son tour le meurtrier. Après le coup, il se sauva et se cacha. Après longtemps en fuite, on le découvrit, on le jugea, et il fut condamné à avoir le poing coupé et à être roué. Le jour de l'exécution, ayant déjà la main sous la hache, il la retira brusquement en disant : « faites-moi souffrir mille morts, mais laissez-moi cette main, car, dans l'autre monde, si je retrouve celui qui m'a ravi mon fils, je veux pouvoir le tuer encore, le tuer chaque fois que je le rencontrerai. » Un tel homme était digne d'être le fondateur de la liberté haïtienne.

Avec leur air froid et impassible, les noirs d'Haïti, comme ailleurs, sont des amis chauds et sûrs, bien différents, là-dessus, des Indiens de l'Amérique, dont les affections sont si mobiles, et l'amitié souvent si perfide. Avant de s'attacher à quelqu'un, les noirs sont longtemps indécis, parce qu'il n'y a pas d'amis sans confiance, et que le noir craint toujours de livrer la sienne. Mais a-t-il donné son cœur ? On peut compter sur lui, pourvu que vous ne lui demandiez pas de sacrifice politique. Son dévouement s'arrête là. Au lieu de vous causer jusqu'à la fin, comme le mulâtre, il vous quitte, dès qu'il croit que sa liaison avec vous peut compromettre sa position politique. Savant à dissimuler une vengeance, il est tout à fait gauche à simuler une amitié. De quelque nature que soient vos relations avec des noirs, vous les trouvez toujours polis et peu démonstratifs. Les hommes de couleur, au contraire, sont pétulants, familiers et souvent jusqu'à la grossièreté.

Pour donner un aperçu du caractère moral d'un Haïtien, je continuerai à parler presque exclusivement de celui des noirs, non par prédilection, mais parce qu'ils forment les cinq sixièmes de la population et constituent réellement la nation haïtienne. Les mulâtres n'y sont que les membres tolérés, bien qu'ils participent de leur double origine. Ils ressemblent trop à ce que nous voyons parmi les blancs, dans quelques parties méridionales de l'Europe, pour que nous nous en occupions particulièrement. Façonnés par les Français au jeu de la civilisation, les noirs d'Haïti ont conservé une partie de leurs goûts, de leurs mœurs, et quelques-uns de leurs préjugés nationaux. L'Espagnol est, pour les Haïtiens, de même que pour les Français, ignorant, sale, paresseux et dénué de valeur, l'Anglais, hautain, orgueilleux, antisocial. Cette répugnance atteint même les Espagnols et les Anglais de couleur. Il est rare que les femmes haïtiennes aient du goût pour eux, et veuillent les épouser. De leur côté, les noirs espagnols, pour ne pas être confondus avec les noirs français, disent emphatiquement, en parlant d'eux-mêmes : « Nous, pas brigands. » De même que les Français, les noirs haïtiens sont querelleurs et duellistes. Il y a dans leur caractère de la grossière opiniâtreté du Provençal, de la jactance du Gascon, de la duplicité du Normand, de l'avidité du Breton, et, pour qu'ils aient comme eux un trait fort de ressemblance, avec leurs anciens maîtres, ils ont jusqu'à l'accent de ceux auxquels ils ont appartenu. Quoique naturellement querelleurs, les noirs d'Haïti, et même leurs mulâtres vont rarement plus loin que la simple provocation. Quand ils se disputent, ils sont souvent une heure à se demander tour à tour : « Ou pas connaît moin[1] ? » avant d'en venir aux mains. C'est différent pour les femmes, elles se battent à outrance. Dès que l'une d'elle a dit à une autre « maman » (gniace fan Dei en guiolof), elles se déshabillent jusqu'à la ceinture, se couvrent la tête, prennent du champ, puis, s'avançant en furie, se frappent, se déchirent, se mettent en sang. Les enfants aussi, sans distinction de sexe, se battent avec rage ; les plus faibles ne cèdent jamais. Ils s'arment d'un caillou, qu'ils ramassent, effraient l'adversaire, et sans que personne ne puisse chanter victoire, le combat cesse.

Ainsi que les Africains, les noirs d'Haïti aiment peu la culture des terres. L'existence indépendante des pasteurs est celle qu'ils préfèrent à tout. C'est qu'ils sont en général fort paresseux. Sans la rigueur des lois, non seulement ils ne feraient rien, mais ils seraient continuellement à se promener. Aussi, il faut les voir le samedi,

---

[1] [Je ne vous connais pas.]

jour où l'on permet de voyager, arriver en foule dans les villes. Certains font plus de dix lieues, courbés sous une charge énorme de bois, uniquement pour avoir le plaisir et le prétexte de venir en ville. En voyant ce merveilleux mouvement, au bout de huit jours de torpeur, on conçoit que ce peuple ait fait une révolution pour avoir deux jours de repos et de promenade par semaine. On ne travaille plus que deux jours et tout au plus six heures dans la journée. Le vendredi, on ne fait rien, parce que c'est un jour saint ; le samedi, pour aller au marché, le dimanche pour aller aux offices, le lundi et même le mardi, parce qu'on est fatigué des plaisirs de la veille. Il est inutile de dire que ce n'est pas partout de même. Plusieurs sucreries offrent même tout au long de la semaine, l'aspect d'une activité sans relâche. Au reste, le besoin de repos est le plus impérieux qu'on éprouve entre les tropiques. L'homme habile, dans ces régions brûlantes, est celui qui a le moins de travail, et qui parvient à avoir le plus grand nombre de serviteurs. L'art du prolétaire est de dérober au maître le plus possible de moments qu'il lui a loués. La faute en est à la nature qui prodigue tout sans qu'on la sollicite. Sans inquiétude sur les changements de saison, les cultivateurs haïtiens se gardent bien de cultiver plus qu'il ne leur faut pour vivre. Ils ne récoltent jamais que pour eux, et ceux d'entre eux qui élèvent des bestiaux s'enrichissent en dépit de tout : la nature augmentant chaque année, dans une progression sans fin, les troupeaux, que ni les bêtes féroces, ni la consommation ne viennent diminuer.

Dans les villes, il est pourtant parmi les noirs, et surtout parmi les hommes de couleur, des propriétaires fort à leur aise. Ils le doivent moins à la sagesse qu'au bonheur d'avoir recueilli beaucoup d'héritages. Pour en tirer partie, ils voudraient bien, à leur tour, avoir des esclaves. Ils les suppléent en nommant beaucoup d'enfants[1]. Ces enfants grandissant, s'habituent à regarder le lien qui les unit à leur parrain comme plus fort et plus sacré que celui de la nature. Leur volonté, leur personne, leur vie même, rien ne leur appartient plus. Jamais chiens ne furent plus dévoués à des patrons. C'est un reste du dévouement que les Africains avaient pour les esclaves de la Grande Case qui les adoptait à leur arrivée dans la

[1] [En les parrainant lors du baptême catholique : les liens de parrainage avaient au 19e siècle une force que ne connaît plus le monde actuel laïcisé.]

colonie. Sans cela, la minorité des hommes de couleur n'aurait jamais réussi à gouverner les noirs d'Haïti.

Il y a des rapprochements frappants entre les noirs d'Haïti et ceux d'Afrique, et pourtant ils ne peuvent pas se souffrir. D'abord, les Haïtiens se croient très supérieurs aux Africains, ce qui est vrai. La servitude, comme ailleurs, leur a appris mille choses que les autres ignorent ; ensuite, ils ont moins de vices que les paysans, surtout. Ils ne sont ni mendiants, ni menteurs, ni ivrognes, comme eux. L'Africain mahométan vaudrait peut-être autant que le chrétien d'Haïti, et cette égalité devrait les rapprocher : pas du tout. Des riens les rendent antipathiques. L'Haïtien mange du cochon, et ne répugne pas à caresser le chien. L'Africain musulman a également horreur de ces deux animaux, mais il ne redoute pas le dernier, que l'Haïtien craint plus qu'une arme à feu, sans doute parce qu'on lui a parlé des chasses d'homme, auxquelles les blancs l'employaient. Malgré l'éloignement orgueilleux des Haïtiens pour les Africains, ils aiment à parler de leur commune origine. Peu d'entre eux se croient indigènes à Haïti, presque tous au contraire savent qu'ils viennent d'Afrique. Les mulâtres même l'avouent. L'un se rappelle qu'il descend d'un Sénégal, l'autre d'un Congo, ou d'un Mandingue, mais nul d'entre eux ne veut provenir de ceux qui passent pour anthropophages (ce peuple habite le pays situé à l'Est du Congo). De tous les Africains transplantés à Haïti, les Aradas (d'Ardra, royaume de la côte de Juda) paraissent avoir été les plus répandus dans les plaines ; les Congos, dans les mornes, où ils s'acclimataient d'autant mieux qu'ils venaient d'un pays très élevé, qui produit le froment.

Indépendamment des Aradas et des Congos, qui forment le fonds de la population haïtienne, il y a des noirs tirés de beaucoup d'autres lieux de la côte d'Afrique[1].

La Révolution d'Haïti, première épreuve à laquelle la civilisation progressive ait soumis la race noire, a mis au jour les qualités bonnes ou mauvaises que recèlent les diverses peuplades africaines. Les Sénégal[2], Serracoulets, Mandingues, Guiolofs, qui ont peut-être

---

[1] [Les Aradas provenaient du Golfe de Guinée ; le comptoir de traite des esclaves d'Ouidah (Juda) est au Bénin actuel ; les Congos, plus au sud, provenaient des rivages actuels du Congo, du Zaïre et d'Angola. Les Ibos et les Haoussas sont des peuples du Nigeria actuel.]

[2] [Ici : Sénégalais.]

un peu de sang arabe, se sont distingués au-dessus de tous les autres. On en donne une raison que l'avenir fera apprécier. On dit que les Sénégal, étant en général de beaux noirs, avaient été partout réservés pour le service intérieur des maisons et qu'ils y avaient appris une foule de choses que leurs frères, qui étaient dans les champs, avaient dû ignorer, qu'ensuite réunis en grand nombre sur l'habitation Breda, où l'on se faisait un plaisir et un devoir de les éclairer, ils avaient dû, à l'aurore de la Révolution, avoir un avantage considérable sur les autres noirs. Le fait est qu'ils primèrent partout sans pourtant parvenir au rang suprême qu'occupèrent l'Arada Toussaint et l'Ibo Christophe. (Les Ibos, peuple de l'intérieur de l'Afrique, au Sud de Haoussa, sur les bords du Guarra. Ce fleuve se jette dans la Baie de Biafra.) Les Congos ne furent alors que ce qu'ils avaient été avant la révolution, spirituels et légers. Dans les fers, les noirs privés par la politique européenne de toute arme offensive, avaient recours au poison ou à l'incendie. Lors-qu'on a brisé leurs âmes par quelque outrage, quand ils emploient le poison pour se venger, ils commencent par l'administrer à leurs enfants et à leur femme, pour détourner les soupçons et jouir ainsi plus longtemps de la vue du mal qu'ils font. C'est dans le même but qu'ils conservent le maître afin qu'il soit témoin des pertes énormes qu'on lui cause. À la vue de tant de forfaits si froidement prémédités par une injuste irréflexion, des blancs, coupables peut-être eux-mêmes, d'avoir vendu aux États-Unis, lors de l'émigration, leurs femmes et, qui sait, même leurs enfants ont imputés aux noirs tous les vices dont l'homme puisse se souiller, comme si ces vices n'appartenaient pas partout à l'esclave ignorant. Il ne faut pas croire que les hommes de couleur disent d'eux plus de bien que les blancs. À les entendre, les nègres sont sans sensibilité, sans élévation d'âme et d'une avarice telle qu'ils n'achètent d'habits neufs que pour leurs funérailles. Pour comprendre ce reproche, il faut savoir qu'à Haïti, on revêt les morts de leurs plus riches habits. Il y a du vrai là-dedans, les noirs sont économes, parcimonieux, avares même, toutes les fois qu'il ne s'agit pas de satisfaire leur vanité. Qu'importe ce défaut, si au lieu d'être ce qu'on les a vus dans l'esclavage en Afrique, mauvais pères, mauvais époux, sans mœurs, ivrognes, incorrigibles, ils se montrent, devenus libres en Amérique, grâce à la rude éducation de leurs maîtres, partisans du mariage, pères tendres et ennemis de l'ivrognerie au point d'appeler chiens enragés ceux qui s'y livrent. Rendus à la liberté, les noirs ont prouvé qu'ils valaient bien les blancs et les mulâtres. Il leur est resté sans doute encore de la rouille de l'esclavage : tous ne sont pas ennemis du mensonge ou du larcin. Mais peu d'entre eux poussent ces vices jusqu'au crime. Peut-être l'amélioration remarquée chez les noirs d'Haïti tient-elle, comme en Suisse, à ce qu'ils habitent en général les montagnes, sur le sommet desquelles ils respirent cet air vif et pur, qui, partout, a la propriété d'adoucir les hommes. On trouvera ce jugement bien différent de ceux qu'ont porté d'autres voyageurs. Avaient-ils, ces voyageurs, toute l'indulgence convenable ? N'étaient-ils pas plus sévères chez les autres que dans leurs pays ? Ne pourrait-on leur appliquer ce mont de Byron : « Faut-il condamner toute la Grande-Bretagne parce qu'on pille les naufragés en Cornouailles ? » (Byron, *Mémoires*, t. 4).

Après l'éloge, arrivons au blâme. Ne les ménageons pas à ces noirs qui, se disant libres, se prosternèrent devant tous les pouvoirs, puis les abandonnèrent aux premiers revers, et déchirent la main qu'ils ont flattée. On dirait alors des lions que la vue du sang rappelle à leur naturel féroce. Les chefs les plus chers à la multitude l'ont vue arracher les portes de leurs maisons, briser leurs meubles, enlever leurs chevaux, enfin se partager leurs dépouilles. Mais à côté de ce nouvel épisode de l'histoire de la popularité, il faut citer les noirs qui, à la mort de Christophe, ne prirent aucune part au pillage de son palais, et qui, renonçant aux souvenirs d'une grandeur passée, se retirèrent à la campagne pour y songer librement à leur ancien maître.

Le noir haïtien est bon soldat, surtout derrière son rempart. Là, il sait mourir à son poste. En campagne, il ne se décourage pas, il supporte patiemment la fatigue et la faim, qualité précieuse, qui rend inutile pour lui les magasins et le train. Il charge aussi avec impétuosité. Mais, comme les Français, il cède si on résiste à sa première furie. Conduit au combat par des officiers mulâtres, il a les vices et les qualités de leurs pères.

Le noir est né soldat, il a bon air sous l'uniforme. En peu de temps, il apprend l'exercice. Sous les armes, le plus lourd cultivateur n'est plus reconnaissable.

Les Haïtiens sont encore meilleurs cavaliers que fantassins. Rompus dès l'enfance à l'exercice du cheval, ils en font tout ce qu'ils veulent. De même que leurs ancêtres africains, ils aiment à le lancer, à l'arrêter brusquement sur les jarrets.

L'Haïtien, en temps de guerre, ou en temps de paix, n'est plus le même homme. Lui qu'on croyait incapable de bouger de place rejoint l'armée sans être retenu par la longueur ou les difficultés des chemins.

Quand le cri de liberté, de cette liberté de ne rien faire, suprême bonheur du nègre, se fait entendre et l'appelle au combat, on voit les plus douces brebis devenir des lions. Toute la population se bat avec fureur, non pas comme chez nous, pour toucher de gros appointements, pour avoir des dotations ou des décorations, mais pour confesser le droit précieux de ne pas travailler pour soi ni pour autrui, de jouir enfin en repos de ce que donne gratuitement la nature.

Le nègre d'Haïti n'est pas ce coursier noble et courageux qui s'élance dans les batailles mû par un instinct belliqueux, mais cet animal paisible qui repousse indistinctement tous ceux qui veulent le charger. Cette répugnance, qui n'est pas tout à fait ce sentiment poétique qui anime la Grèce ou la Suisse, suffit cependant pour électriser les armées haïtiennes et les faire lancer par Dessalines ou Christophe sur les Blancs ou les Jaunes. Ceux-ci ont plus de rapports physiques que de rapports moraux avec les noirs. Ces derniers sont froids, taciturnes, polis, les autres sont pétulants, grands discoureurs, familiers.

Le nègre est plus chaste que le mulâtre, sans être au fond plus vertueux. Il cache soigneusement ses désordres, ce que ne fait pas le mulâtre, qui s'en vante, comme le blanc. Le noir, à l'en croire, n'a qu'une femme, ou une maîtresse, le mulâtre vingt. En réalité, besoin de tempérament chez l'un, besoin de vanité chez l'autre.

À voir la discrétion, la patience, le courage du noir, on ne conçoit pas qu'il n'administre pas le pays. Mais on comprend ensuite en voyant qu'il manque de cette assurance gasconne du mulâtre, qui fait croire à un mérite qu'il n'a pas toujours. Et puis réellement, il n'a pas cette finesse politique du mulâtre, qui sait céder aux circonstances, espèce de juste milieu naturel, caresser les blancs et les noirs suivant l'intérêt du moment, vivre sur sa double origine, et en tirer tout le parti possible, sans rougir des reproches qu'il peut encourir. Dans le danger, le mulâtre a moins de calme que le noir, mais il sait mieux le prévenir et en sortir, car le nègre méprise trop la vie, pour rien tenter qui fit croire qu'il la regrette. Comprenant l'utilité de ce qu'ont écrit les blancs, les mulâtres étudient leurs ouvrages, s'emparent de leurs idées, et n'en laissent que l'application aux noirs. Ceux de ces derniers qui sont devenus chefs, Rois, Empereurs, par leur talent militaire et leur audace, n'ont jamais pu se passer des jaunes et des blancs pour l'administration de leurs États. (C'est ainsi que les Barbares qui renversèrent l'Empire romain, furent obligés d'employer les Gallo-Romains dans l'administration de leurs États.) Ceci s'explique par le petit nombre de noirs que l'on trouva quelque peu instruits au moment de la Révolution. Autrement, on a remarqué l'activité et l'intelligence chez ceux qui sont dans les bureaux.

Les habitants d'Haïti diffèrent peu entre eux, de province à province. Le temps rendra plus tard les nuances qui les séparent beaucoup plus tranchantes. Déjà, les hommes du nord, presque tous noirs, riches, sont naturellement aristocrates ou monarchistes, ne peuvent souffrir cette égalité absolue à laquelle ils sont manifestement soumis. Se regardant comme au-dessus du reste des Haïtiens par leurs richesses, l'étendue de leurs propriétés, et surtout pour avoir commencé la Révolution, ils obéissent à regret au Port-au-Prince, cette ancienne capitale du pays en temps de paix, et ils ne fraternisent qu'avec répugnance avec les Cayes, où Rigaud défia Toussaint. Et puis, on est plus poli, on a des manières plus nobles dans le nord que dans le sud. Cette cour de Christophe a laissé quelques traces de bon ton qu'on ne rencontre point ailleurs. En un mot, on n'y a pas seulement les penchants, ni les mœurs monarchiques. Voilà pourquoi on n'y aime pas les hommes de l'ouest, qu'on dit faux, intrigants, complaisants jusqu'à la bassesse, ce qui n'exclut pas une certaine suffisance, attribuée surtout aux gens qui entourent le Président. D'ailleurs, Le Cap ne peut s'habituer à n'être qu'une dépendance du Port-au-Prince. Il est jaloux des Cayes, pour d'autres raisons. Les Cayes peuvent citer plusieurs hommes instruits, et montrer que le mérite y fait assigner des rangs différents, et que l'égalité n'y est pas, comme dans le nord, établie entre tous ceux qui jouissent d'une grande fortune, ou comme dans l'ouest, entre tous ceux qui ont les mêmes grades, mais entre tous les hommes qui ont une certaine conformité de sentiments et d'éducation.

Les habitants de l'est, considérés comme un peuple conquis, diffèrent totalement des autres Haïtiens. Espagnols d'origine, ils ont gardé les mœurs de leurs pères, les principes monarchiques et religieux.

Ainsi, en tombant avec la Révolution, les divisions territoriales ont été remplacées par les divisions morales, aussi profondes que les autres. Les habitants du sud, de l'ouest et du nord, depuis les guerres civiles de Toussaint et de Rigaud, ne s'aiment pas du tout. Leur haine commune contre ceux de l'est est tout aussi vive que celle des anciens Français et des anciens Espagnols. La nature, comme on le voit ailleurs, a contribué à les désunir par les chaînes de montagnes, qui séparent le nord de l'ouest, l'ouest du sud, et toute la partie jadis française de la partie de l'est. La difficulté des communications n'a fait que fortifier un éloignement amené par la différence des origines et de l'éducation. Il en était sans doute ainsi du temps des Indiens, car, par une coïncidence assez remarquable, la division territoriale du pays est la même qu'avant la conquête. L'est est formé des royaumes de Magua, et de Higuey ; le nord du Marien ; l'ouest et le sud du Maguana, et du Xaragua. On doit supposer que ces divers états avaient, comme d'autres, leurs haines nationales et leurs guerres. Aujourd'hui, tous ces États, devenus provinces d'Haïti, sont en paix, et ne sont que rivaux et jaloux les uns des autres. Le nord est plus riche, l'ouest plus puissant, le sud plus éclairé, l'est plus religieux. Mais, d'un autre côté, l'est est le moins industrieux, le sud le moins habile, l'ouest le moins moral, le nord le moins tranquille. On reproche au premier son apathie, au second ses petites prétentions politiques, au troisième ses moyens peu légaux de gouverner, au quatrième son insatiable ambition.

Indépendamment de ces divisions par province, il y a dans chaque province d'autres divisions, purement politiques. Les habitants sont partagés en « citoyens du 4 avril » et en « citoyens du 20 juin ». (Aux États-Unis, on a les « Seventy-Six » : ce sont les enfants des nègres qui ont combattu pour l'indépendance dans l'espoir d'obtenir la liberté qu'on ne leur a pas accordée après la leur avoir promise.) Les premiers sont les affranchis, à qui le décret du 4 avril 1791 accorda les droits civils et politiques. Les seconds sont ceux qui, après la lutte du 20 juin 1792, entre Galbaud et Sonthonax, furent proclamés libres par ce commissaire pour l'avoir défendu contre son antagoniste. Enfin, on trouve dans le nord les Octobriens ; c'est ainsi qu'on appelle les conspirateurs qui ont renversé Christophe dans l'espoir de le remplacer.

Au reste, tous ces partis n'ont adopté aucun signe extérieur, et on ne sait leur existence qu'après avoir longtemps vécu dans l'intimité des gens du pays. Il y a moins d'antipathie entre eux, qu'entre ceux qui ont été élevés en Europe, aux États-Unis, ou aux Antilles (Martiniquais, Guadeloupéens, Louisianais), et ceux qui n'ont pas quitté le pays. Ces derniers, moins éclairés que les autres, valent réellement mieux. Les premiers, en rapportant de chez les blancs une connaissance très superficielle de leurs arts, ne s'en servent que pour leur nuire, et ne l'étalent que pour mépriser leurs frères. C'en est assez pour les faire regarder comme des émigrés et des étrangers. On les déteste. A-t-on tort ? En fait, rien n'est communément plus méchant qu'un nègre, ou même un jaune qui a voyagé en Europe. Pour trouver l'amour du travail, de l'ordre, de la paix, il faut le chercher chez ces hommes qui ne connaissent pas l'Europe, même pas les livres. Le savoir mal digéré devient un poison qui corrompt le cœur, et gâte leur esprit naturel.

Après avoir longuement parlé des nègres et des jaunes, il nous reste à dire un mot de cette poignée de Français, dernières victimes échappés à la rage de Dessalines, ceux qui, sous Pétion, ont reçu, avec la vie, le titre de citoyen de leurs bourreaux, et les mêmes droits civils et politiques. On a de la peine à reconnaître chez la plupart d'entre eux cet esprit élevé propre à leur nation. Au contraire, beaucoup sont bas, rampants, et animés en même temps d'un esprit de critique et de haine contre les noirs qui leur ont fait grâce. Enfin, tout en ne voulant pas, par un certain point d'honneur, quitter leur nouvelle patrie, ils sont continuellement disposés à la maudire. Ils sont en général des ouvriers. Leur première éducation, leur long séjour dans le pays, les ont tellement identifiés avec les vrais Haïtiens, à leur langage corrompu, à leurs mœurs, qu'on ne les distinguerait pas de ceux-ci, s'ils ne s'en montraient profondément séparés par leurs discours, et leurs plaisanteries.

Cependant, il faut excepter Lacombe et Laporte, dévoués à leur nouvelle patrie, sans bassesse comme sans haine contre leurs anciens compatriotes[1].

---

[1] [Faute d'indications précises, nous n'en saurons pas plus sur ces deux personnages.]

TABLEAU MANUSCRIT DE GASPARD THÉODORE MOLLIEN

Dispositions physiques, morales, intérêts, facultés, vices des trois races primitives du genre humain dans l'état sauvage

NEGRES	**TARTARES Mongols, Chinois, Indiens d'Amérique**	**ARABES**
Noirs	Jaunes, bistre	Jaune clair
Extrémités larges	moyennes	fines
Lèvres épaisses, molles	Solides jusqu'à la vieillesse	Disposition à la grâce
En parlant, gloussent, bégaient	Langues pleines de consonnes	Ne peuvent pas prononcer le v
Ne peuvent pas prononcer les consonnes, les r	Ne peuvent prononcer le r	
Soliloques	Langue gutturale	
Gais	tristes	sévères
Tempérament lymphatique	sanguin	bilieux
Amour de la charité, humble	Amour de l'ordre	De l'hospitalité, de l'amitié
Passion des esclaves, des femmes	Passion des troupeaux	Passion des métaux
Férocité du lion	De l'ours	Du tigre
Pluralité des dieux, fétiches	Dualité, dieux du bien, dieu du mal	Unicité de dieu
Sacrifices d'objets inanimés	Sacrifices humains	D'animaux
Indifférence	Immortalité de l'âme	Doute
Habite dans les caps [?]	Dans les forêts	Sur les montagnes
Manient la truelle	la hache	le marteau
Tressent les joncs, la paille	Préparent les peaux	Tissent les fils, les crins
La houe	Tous outils	La charrue
Sèment le millet	Le maïs, le riz	Le blé, l'orge
Domestiquent le mouton, les chèvres, les volailles	Les chevaux, les dromadaires	Anes, chameaux, bœufs

CHAPITRE VI

LA NATION, SES SENTIMENTS POLITIQUES, MORAUX ET RELIGIEUX

Ces castes dont nous venons d'esquisser le caractère particulier font une nation, dont nous allons tracer le caractère général.

La nation haïtienne, considérée en masse, par un voyageur qui ne fait que passer dans le pays, n'est plus divisée en partis, en nuances de couleur ou d'opinion, en races différentes, en castes. Elle semble homogène, au moral comme au physique.

Hormis quelques hommes de couleur, qui se rappellent plus volontiers leur origine européenne, tous se disent de race africaine, et s'en vantent. Indépendamment de ce lien de famille qui unit tous les Haïtiens, la crainte de l'esclavage, l'éloignement général pour les blancs, sont les anneaux d'une chaîne sociale que quelques rivalités paraissent ne pouvoir jamais rompre. Bien que convaincus de la supériorité industrielle des blancs, de leur habileté, de leur esprit, les Haïtiens qui s'en consolent n'en parlent qu'avec dédain. Quoique disposés à aimer les Européens et à les rechercher plus que les Américains du nord, cependant ils ont pour principe, comme les Africains et les Chinois, de se défier de tous, et de ne jamais descendre avec eux jusqu'à la confiance. C'est dans ces principes qu'ils ont puisé cette maxime invariable de ne jamais donner aux blancs, et surtout aux Français, accès dans leur pays, et de regarder leurs conseils les plus désintéressés comme les moyens de s'emparer un jour d'Haïti. (Tous les colons émancipés montrent la même antipathie contre les habitants de leur ancienne métropole. Voir *Le voyage aux États-Unis* de Mistress Trolappe[1].) Au reste, ce sentiment existe chez tous les noirs en Amérique.

Dans le vieux monde[2], là même où l'on n'a jamais vu de blancs, on se défie d'eux. On les estime peu dans ce pays où l'on ne fait cas que de la force physique, à cause de leur chétive apparence. Mais

---

[1] [Ouvrage que nous n'avons pu identifier.]

[2] [L'Afrique.]

en même temps, on y reconnaît et on y admire la supériorité de leur esprit.

En un mot, le blanc n'est pas pour l'Africain, ainsi que nous l'imaginons, un être puissant et bon, mais une sorte de Méphistophélès, qu'il faut ménager et observer avec méfiance.

En Amérique, une longue domesticité a un peu modifié ces sentiments : toujours même défiance qu'en Afrique, mais pourtant plus de déférence, de respect pour la supériorité morale des blancs, qu'on apprécie mieux. En Amérique, le blanc n'est pas un être à part, bon ou mauvais, mais simplement un homme fin, adroit, malin, et presque toujours méchant, qu'il faut surveiller. Toutefois, il répugne moins à l'orgueil des noirs d'avoir des obligations aux blancs qu'aux mulâtres. Dans les pays mêmes où l'on semble faire le plus de cas des Européens, ils ne sont que sur le pied d'habiles mécaniciens. Sont-ils à la tête des armées d'un Nabab, c'est comme tacticien, de la marine d'un Pacha, c'est comme manœuvre ou constructeur, des finances d'un Roi, c'est comme impitoyable et rusé publicain. Mais nulle part on ne leur suppose assez de noblesse d'âme, d'élévation de sentiments, de grandeur de caractère pour leur confier le destin d'un état, les reconnaître pour maîtres. Ce sont, pour tous les grands équinoxiaux, des enfants mutins, des femmes coquettes et spirituelles, dont on goûte les faiblesses, et à qui l'on passe des caprices.

Qu'il y a loin de cette antipathie générale à un penchant que certains colons ont attribué à certains de leurs esclaves d'Haïti, pour reprendre le joug de l'esclavage ! Noirs et Jaunes, tous s'entendent pour ne plus laisser rentrer comme maîtres les blancs à Haïti, ceux-là pour ne pas perdre la liberté, ceux-ci l'autorité. Il y a en outre, dans la haine des mulâtres contre les blancs, un fonds de jalousie, à cause de la préférence que les femmes haïtiennes leur accordent pour le mariage, dont les blancs respectent, mieux que les mulâtres, la sainteté. Cette jalousie est très vive, surtout chez l'homme de couleur claire : c'est l'ennemi le plus acharné qu'ait l'Européen, comme ailleurs il est celui de l'Africain. À Haïti, il menace l'un du poignard, aux Antilles, l'autre du fouet[1].

---

[1] [Haïti, pour Mollien, est à part de l'archipel antillais, encore sous domination européenne en 1830.]

La plupart des Haïtiens ont pour principe de ne pas aller, en redresseurs de torts, soulever les îles voisines. Contents du vaste territoire qu'ils possèdent, ils ne désirent pas en avoir davantage. D'ailleurs, il en est peu qui ne soient effrayés à l'idée de s'embarquer. Cette sage politique tient à la conduite que suit chaque individu dans la conduite de ses propres affaires. Nul ne veut accroître son revenu avec trop de peine. Chacun se trouve assez riche avec la liberté, après se l'être assurée. Personne n'est tenté de l'aller jouer, pour garantir celle des peuples qui ne savent pas s'insurger eux-mêmes.

Les besoins du Haïtien ne ressemblent en rien aux nôtres. Ce qu'il a lui suffit. Et pourvu qu'il n'ait à travailler ni à la pluie, ni au soleil, qu'il ait un canapé et une douzaine d'œufs, un petit cigare, il est parfaitement heureux. Pourquoi n'est-ce le sort que des hommes de couleur ?

Les Haïtiens sont donc, en général, amis du repos et de la paix. Ils n'ont de haine nationale qu'avec les peuples contre lesquels nous avons combattu, les Anglais et les Espagnols d'origine européenne ou africaine. Encore les supportent-ils très bien, et les environnent-ils d'égards.

La haine qu'ils nous portent n'a pas le même caractère. Ce n'est ni l'envie d'un voisin, ni la jalousie ambitieuse d'un ennemi, ce n'est pas non plus une haine de nation, c'est une haine de famille.

Dans la République haïtienne, le mot « égalité » n'est pas comme ailleurs, vide de sens. Il a toute l'extension que lui donne le philosophe le plus exigeant. Ce n'est pas un des moindres embarras pour gouverner. Le peuple haïtien forme une seule famille. Le titre de « frère » est même celui qu'on s'y donne le plus volontiers. Le noir est le frère aîné, le mulâtre le frère cadet. Mais l'aîné, à l'exemple d'Ésaü, a vendu son droit d'aînesse pour une misère.

L'orgueil est un vice en apparence très rare. Le colonel mange à la même table que son sergent ; le général couche chez son lieutenant ; le maître salue son domestique ; la maîtresse converse avec sa servante. À vrai dire, il n'y a de ligne de démarcation qu'entre le père et l'enfant, le parrain et le filleul, l'aîné et le cadet. S'ils sont de la même couleur, la subordination est entière des uns envers les autres. Pouvait-il d'abord en être autrement, entre les hommes frères par l'origine, unis par le malheur, échappés ensemble le même jour aux préjugés et à la servitude ?

Ce qu'on ne conçoit pas, c'est qu'il y ait eu, dès le lendemain, inégalité dans les fortunes. La terre ayant été conquise en commun, n'aurait-elle pas dû être partagée par égales portions ?

L'égalité n'en a pas pour longtemps encore à durer à Haïti. On y distingue déjà les rangs, à défaut d'autres moyens, par la chaussure. On n'y fait plus le même accueil à l'homme à pantoufles qu'à l'homme à souliers, et surtout à celui qui a des bottes. Veut-on même donner une certaine idée d'une femme, on dit qu'elle est chaussée, car tout le monde ne l'est pas à Haïti. Les hommes pareils rendus à l'aisance en annoncent de bien plus sérieux, lorsque beaucoup d'héritages se seront réunis dans les mêmes mains, et qu'il y aura enfin des familles opulentes.

La liberté n'est pas aussi grande à Haïti que l'égalité. Comme une égalité parfaite n'existe pas dans la nature, le plus fort ou le plus adroit, lorsque la faiblesse ou l'ignorance ne sont pas protégées par des corps puissants, gardiens des lois, use ordinairement de sa supériorité pour les écraser.

Il règne donc à Haïti une égalité complète, sous l'empire du despotisme militaire. Un général dira au premier citoyen venu « mon frère, allez en prison ! », et celui-ci lui obéit sans demander pourquoi. C'est à quoi on doit s'attendre dans toute société où les hommes ne sont pas échelonnés, où le pouvoir et l'obéissance, le fort et le faible, sont en contact. L'égalité n'est point une barrière contre la tyrannie. Unis sous le nom d'armée, les hommes robustes, hardis, gouvernent sans peine leurs concitoyens, réduits à leur seule force individuelle. On se tutoie donc à Haïti. On s'y appelle « frère, ami, citoyen ». On a horreur du titre de « Monsieur », et pourtant, la liberté craintive est sans voix pour se plaindre. Chaque individu est tout seul, sans soutien en face du pouvoir. La liberté de l'Haïtien, tout égoïste, tout individuelle, n'est qu'une servitude déguisée. L'égalité, si les chefs ne changent pas, ne ressemblera bientôt plus qu'à celle de serfs grossiers soumis à un maître.

Les principes de morale du Haïtien sont bien les mêmes que les nôtres, mais peu les pratiquent. Probité, bonne foi, loyauté sont des mots sonores que beaucoup de gens prononcent avec emphase, sans se croire obligés d'avoir de la probité, de la bonne foi et de la loyauté. Ne pas en parler serait preuve d'ignorance, les pratiquer, de bêtise. Le besoin de ne rien faire est si vif, que tous les moyens qui conduisent au repos paraissent bons. Le but sanctifie l'œuvre. Ainsi, on ne rougit pas d'une banqueroute, on oublie facilement les engagements pris, tout est licite lorsqu'il s'agit d'intérêt personnel. Qu'on me dispense d'accompagner chacune de ces fâcheuses et véridiques généralisations de la liste des exceptions honorables, qui sont à ma connaissance, et que tout voyageur à Haïti peut aisément citer.

Autrefois, les familles de couleur de la classe aisée se faisaient toutes un point d'honneur du mariage. Maintenant, on y tient peu, et ceux qui se marient ne le font que pour copier les usages étrangers. La République d'Haïti est un peu comme celle de Platon : les femmes y sont à tout le monde. Christophe, qui avait cru de son intérêt de marier ses sujets, n'avait pu les y amener qu'en les menaçant du dernier supplice. Aussi, à sa mort, n'a-t-on vu que divorces. En vivant ensemble, les époux mal assortis étaient devenus ennemis irréconciliables.

Le fait est que la polygamie, qui répugne tant aux Européens, est du goût de tous les peuples équinoxiaux[1]. Si chez nous, on n'a pas de trop des illusions de la plus brillante éducation pour ne pas éprouver le dégoût de jouissances satisfaites, quel prestige ne faudrait-il pas pour le prévenir dans les pays des Tropiques ? La jeunesse brillante comme le jour peut seule y plaire. Dès qu'elle est passée par le devoir de la maternité ou par l'âge, elle est sans charme pour des hommes épuisés avant les années par la précocité de leur tempérament, et l'ardeur du climat. Ils doivent donc se lasser plus vite qu'ailleurs de leurs femmes. Arrivés-là, ils en prennent d'autres, dont les formes naissantes ravivent leur imagination blasée. Les séductions de l'esprit, si puissantes sur l'homme du nord, ne sont pour rien dans le choix de l'habitant des pays chauds. Son esprit paresseux s'ennuie d'une conversation de femme, et ne lui demande que le charme du plaisir. Si dans les régions tropicales, on voit plusieurs femmes appartenir à un seul homme, qu'on ne s'en prenne donc pas au désordre des mœurs, mais au climat, qui, en énervant tout le monde, inspire la nuit et rend les plus vives jouissances, dès qu'elles sont uniformes, insupportables.

Cette observation, contredite par l'attachement que montrent les peuples des pays chauds pour les mœurs et les habitudes de leurs

---

[1] [Note de Mollien illisible.]

ancêtres, est justifiée d'un autre côté par le goût qu'ils ont tous pour ce qui excite la sensualité et le plaisir, comme les couleurs éclatantes, les parfums, la musique, la danse. Ce sont là des moyens de distraction qui, sans faire travailler l'esprit, agissent doucement sur les sens et les tirent de l'assoupissement où ils languissent.

Les Haïtiens divisent l'attachement en trois classes, l'amour, l'amitié, l'habitude. L'amour n'est que la volupté, le feu des sens ; l'amitié, que l'habitude de se voir souvent. On dirait que les sentiments vifs et délicats s'évaporent dans les pays chauds. Le soleil semble leur ôter toute leur vivacité, comme il dépouille les fleurs de leur parfum. On désire avec transport ; le désir satisfait ne renaît qu'avec de nouvelles forces : c'est l'amour. On demeure avec une personne, on lui reste attaché par lassitude, c'est l'amitié. En Europe, on a dit trouver le bonheur avec de vieux amis, de vieux livres, de vieux vins (Walter Scott, l'*Antiquaire*). À Haïti, il n'en est pas de même. On se fatigue de vieux amis, le vieux vin s'aigrit, les vers rongent et détruisent les vieux livres.

Nous avons dit plus haut que les mariages étaient moins fréquents qu'autrefois. Mais les anciens libres, au contraire, continuent de sa marier, mettant comme jadis leur humeur à imiter les blancs. Les mariages sont tantôt de pure convenance (conformément à la coutume française, les femmes ne se marient pas sans dot), tantôt d'inclination. Car l'amour n'est pas toujours un vif besoin des gens, mais parfois l'expression d'une douce sympathie. Les négresses, dit-on, sont plus aimantes que les filles de couleur, surtout avec les blancs. C'est difficile à croire : ce penchant ne doit plus être ce qu'il était autrefois, lorsque le cœur d'un blanc était en quelque sorte un trône à posséder. Aujourd'hui, la plupart des femmes noires, qui ont commencé par vendre leurs faveurs aux blancs, les donnent pour rien, plus tard, aux hommes de leur caste. On ne voit plus ces fureurs jalouses qu'animaient autrefois les esclaves favorites des maîtres.

Avant la Révolution, Litta, esclave dahomet[1], fut amenée au Cap à l'âge de dix ans. Monsieur Gostard, riche négociant, la vit et l'acheta pour en faire, un jour, sa maîtresse. Il changea son nom et l'appela Rosalie. Cette fille était jolie. Ses yeux vifs et ardents

---

[1] [Du Dahomey, l'actuel Bénin.]

brillaient déjà de plaisir et d'amour. En répandant l'or, Gostard acquit bientôt mille espérances de bonheur pour l'avenir. Il appela les plus habiles ouvriers, les maîtres les plus renommés, et chargea les uns d'habiller richement Rosalie, les autres de l'instruire. L'art de ceux-là fit ressortir toutes les grâces naissantes de la petite négresse, le talent de ceux-ci fit voir que son esprit la rendait digne des faveurs de la fortune. En peu d'années, ce fut une excellente musicienne, une danseuse emplie d'agréments. Enfin, en grandissant, l'orpheline dahomet fut métamorphosée en petite maîtresse française, énonçant avec facilité et toujours à propos. À 15 ans, Gostard la présenta comme sa femme. On la vit même se promener avec lui, publiquement, dans les rues du Cap. C'était une distinction sans prix, à une époque où régnaient les préjugés les plus violents. Mais Gostard était alors ivre d'amour.

Cependant, rassasié bientôt de jouissances, d'abord délicieuses, puis devenues insipides par leur uniformité, Gostard, tout en laissant à Rosalie la direction de sa maison, lui retira son cœur. Comme il ne l'avait pas affranchie, il s'imaginait, malgré ses infidélités, la tenir dans les doubles chaînes de l'esclavage et de la reconnaissance. L'éducation, funeste présent que Rosalie avait reçu de Gostard, aggravait à ses yeux l'affront d'être délaissée, et la rendait extrêmement sensible. Une jalouse inquiétude lui fit chercher sa rivale. Elle la découvrit, et jura, en secret, de se venger d'elle.

Marie-Louise Saint-Martin, fille de couleur, aussi belle que spirituelle, était rivale heureuse de Rosalie. Ayant su que cette esclave osait être jalouse et même la haïr, comme si elle pouvait être la rivale d'une femme de couleur, libre, Marie-Louise se prépara de son côté à la punir d'une manière éclatante. Au nom de l'amour, elle pria Gostard de lui donner à souper. Gostard refusa d'abord, pour éviter à Rosalie la douleur d'être témoin du triomphe de celle qui l'avait supplantée. Mais ayant appris que Rosalie avait pris la résolution de l'empêcher d'y venir, les instances de Marie-Louise devinrent plus pressantes. Elle recourut à tous les moyens de séduction. Elle traita de lâcheté la condescendance de Gostard pour son esclave. Elle lui dit qu'elle le méprisait, qu'elle ne le verrait plus. Gostard n'y tint plus, il céda, et promit même de donner Rosalie à Marie-Louise.

À l'heure de souper, la pauvre esclave feignit d'être malade, et se retira dans sa chambre, non pour y chercher le repos, mais pour pleurer. Le bruit éclatant de la joie de Marie-Louise et de ses amis arrivait jusqu'à Rosalie. Elle ne pleurait plus, elle suffoquait.

Minuit sonne, un silence profond succède à l'allégresse des convives. Rosalie se lève, écoute. Elle croit entendre des soupirs, sa tête se trouble, son esprit s'égare. Elle s'arme d'un couteau, se précipite dans la chambre de Gostard et frappe au hasard sur le lit. Vengée, elle rentre dans sa chambre satisfaite, et se couche.

Le jour paraît. Les domestiques entrent dans la chambre de leur maître. Ils le trouvent sans vie, baigné dans son sang. À leurs cris, à leurs imprécations, une fille de 16 ans paraît. Elle s'accuse de tout, elle ne témoigne aucun regret d'avoir frappé l'un pour l'autre. C'était à Marie-Louise qu'elle en voulait et Marie-Louise n'avait obtenu de Gostard que la faveur de s'asseoir à sa table.

Hors d'elle-même d'avoir perdu celui qu'elle adorait, Rosalie veut se tuer. On l'en empêche, on la traîne en prison. Au bout de peu de jours, elle en sortit pour paraître devant le tribunal. Touchés du motif qui avait rendu criminelle cette fille si aimante, les juges cherchèrent à la sauver. Tout fut inutile. Elle-même demandait la mort pour aller rejoindre la victime de sa jalousie.

Ses vœux s'accomplirent. La loi l'a condamnée au dernier supplice. De barbares usages vinrent doubler la pitié qu'elle inspirait. Conduite d'abord devant l'église, où elle eut le poing coupé, on la mena défaillante sur la place du marché, où, par grâce spéciale, elle fut pendue avant d'être brûlée.

Cet exemple de la jalousie des négresses est le seul à citer. Aujourd'hui, il ne se renouvellerait pas, surtout pour un blanc. Mais en revanche, les hommes sont fort jaloux, et, sur le moindre soupçon, ils battent leur femme. La vengeance ordinairement finit là, rarement la femme est répudiée. Si elle ne se corrige pas, l'homme la quitte et en prend une autre. Ces mœurs n'ont rien d'étrange, d'après la manière dont la plupart des Haïtiens entendent et définissent la fidélité. Pour eux, la constance n'est point une vertu, c'est un goût exclusif. Ne l'a-t-on plus ? On n'est pas coupable de lui faire changer d'objet. La femme malade ne s'inquiétera pas de vos infidélités, pourvu que vous lui juriez de lui rendre ses droits lorsqu'elle sera rétablie. À un amant absent, une autre ne promettra rien jusqu'à son retour. Un amour tout sensuel ne peut pas exiger davantage.

C'est de même en Afrique, où les femmes, réduites à la condition d'esclaves, aiment médiocrement le maître, plutôt que le mari, que le sort leur a donné. Nos usages, nos lois, prêtent seuls à nos sentiments cette délicatesse qui les anoblit. La nature, sans eux, ne les donne qu'à un très petit nombre d'êtres privilégiés.

Le mariage consacre rarement les unions des Haïtiens (au Port-au-Prince il y a 15 à 20 mariages par an). En général, on n'a que les mœurs des anciens colons, on se place. Le placement n'est qu'une union conventionnelle entre les deux sexes, dont la mode vient d'Afrique, et qui, en Amérique, n'est en usage qu'aux Antilles. Elle était connue des Romains sous le nom d'*usus* (Aulu-Gelle, 32). Ce n'est point un mariage, ce n'est point un simple entretien, c'est l'engagement de demeurer ensemble aussi longtemps que les deux parties le trouveront bon.

Dans le mariage, c'est la femme qui apporte la dot, dans le placement, c'est l'homme. Le premier est régi par les lois d'Europe, le second par les coutumes d'Afrique. Rien d'aussi simple que le placement : une fille plaît, on la demande aux parents, s'ils l'accordent, on s'adresse à la marraine, puis après avoir obtenu son consentement, on discute et on règle verbalement les conditions du placement. La première de toutes est de meubler la femme. La richesse des ameublements dépend du rang de l'homme et de la femme. Communément, ils sont de 1500 francs, les plus chers, de 6000 francs. Au-dessus de ce prix, on se marie. Ceux-là se composent d'un lit, d'une armoire, d'un canapé, d'une douzaine de chaises, d'une petite glace ; ceux-ci de tout ce qu'on peut se procurer dans les colonies pour meubler une chambre. C'est donc le menuisier-ébéniste qui remplit à Haïti les fonctions de notaire et de prêtre. Dès que vous êtes inscrit sur son registre de commandes, vous êtes placé, vous ne pouvez vous dédire, sous peine de ridicule et de honte. Confident des secrets des futurs conjoints, les menuisiers savent d'après les commandes, le degré plus ou moins brûlant de leur tendresse. Au choix de l'armoire, à la dimension du lit nuptial, au bois choisi pour le canapé, ils reconnaissent aussi le rang de la beauté, la fortune du futur. Quand l'ameublement est prêt, on le porte dans la maison conjugale, et l'on prend jour pour les noces. Ordinairement, on les célèbre le soir. À l'heure fixée, la mère amène mystérieusement sa fille enveloppée dans un châle, et toute parfumée de vétiver et d'eau de Cologne. Puis elle lui dit en sanglotant l'adieu d'usage. Disons-le vite à la louange des Haïtiennes : leurs charmes sont tels qu'on les avait vantés. Aussi, du premier sacrifice qu'elles en font à l'intérêt calculé de leur famille, naît-il souvent tout l'attachement vertueux d'un hymen consacré.

Le lendemain, de même que chez les Romains, les clefs des coffres, des armoires et de la maison, sont remises à la femme. Et elle ajoute à son nom de fille celui de l'homme à qui elle est unie, comme Joute Boyer, Lise Martin (Julia Pompei, Terencia Ciceronis, disaient les Romains). L'homme, devenant chaque jour plus passionné durant la première année, ne met plus de bornes à ses dons. Si c'est un Haïtien, robes, mouchoirs, bijoux, souliers de satin, bas de soie, il prodigue tout à la femme qu'il a achetée pour sa jolie figure, et qu'il aime ensuite pour ses qualités. Est-ce un Européen, ou même un Français (l'attachement des Européens pour leurs femmes haïtiennes est tel que plusieurs oublient entièrement leur femme et leurs enfants d'Europe), son affection se change en fureur. Il verse à pleines mains les bienfaits, il donne des voitures, des habitations. Et pourtant, il n'obtient, comme l'Haïtien, qu'un « c'est bien » faiblement prononcé ! Donner paraît une chose si naturelle de la part d'un homme qu'une femme y fait à peine attention. Ainsi l'amour a bien rarement, chez les Haïtiennes, cette expression vive, ce désintéressement qu'on trouve si souvent en Europe. C'est qu'elles s'unissent à un homme moins par obligation que par obéissance et par nécessité. Car une fille est déshonorée en se donnant pour rien, ce que nous appelons par amour. Elle passe alors pour manquer d'esprit, de vertu ou de charme.

Il ne faut pas croire, j'insiste là-dessus, que les unions soient sans bonheur et sans vertu. Presque toutes durent autant que la vie, surtout s'il y a des enfants. Comment pourrait-il en être autrement, puisque la femme placée jouit du rang et des droits d'épouse, et que les enfants sont considérés comme légitimes.

Le placement est un usage si fort en vogue à Haïti que presque tout le monde l'adopte, et par ceux-là mêmes qui n'en veulent pas pour leur fille. Loin que les personnes placées soient mal vues, ce sont, au contraire, celles qui sont mariées qui subissent beaucoup d'avanies. Le préjugé contre elles est si fort qu'on est obligé de se marier le soir pour échapper aux injures et aux mauvais traitements de la populace. Néanmoins, toutes les filles d'anciens libres ou d'hommes riches, toutes celles qui ont communié trois fois de suite, se marient. Le Président, qui vit maritalement avec Mademoiselle Joute, ne pourrait pas, sans encourir le blâme général, placer ses filles. Ce qui conserve beaucoup de partisans au placement, c'est qu'on a cru remarquer que les femmes placées avaient communément une meilleure conduite que les femmes mariées, qu'enfin, de peur d'être délaissées, elles étaient fidèles, même en dépit de l'inconstance des hommes. Au reste, les femmes haïtiennes, répétons-le, sont peu jalouses. Presque toutes, après quelques scènes de dépit, s'accommodent de rivales. Le goût de la polygamie est si général qu'elles sont obligées de s'y soumettre comme à une loi naturelle. De même que les Musulmans, l'Haïtien a une favorite, maîtresse de la maison, et ne permettrait à aucune autre femme d'y mettre les pieds qu'à titre d'amie. Pourvu qu'on ne la rende pas témoin des préférences accordées à d'autres, elle se borne à gémir en silence et même lorsqu'elle vieillit, elle adopte les enfants de son mari, surtout si elle-même n'en a pas eu avec lui. Le ménage d'un Haïtien n'est donc pas, comme on l'a dit, un sérail, puisqu'il n'a jamais à la fois qu'une femme chez lui, et qu'il loge les autres ailleurs. Au moyen de ces arrangements, il a la paix. Mariée ou placée, sa femme ne se formalise pas des visites qu'il rend au-dehors. Rarement, elle s'en venge, comme on se vengeait en Europe. Il n'y a ordinairement que les femmes de la plus basse classe qui punissent les inconstants par l'infidélité. Quand cela arrive, les époux n'y prennent pas garde, et les femmes n'ont qu'à les quitter pour être justifiées en face de l'opinion.

En sortant, une femme emporte tout le mobilier. C'est légalement à elles, à moins qu'un écrit n'établisse le contraire.

Les Haïtiens font peu de cas des femmes de leur pays qui vivent avec les blancs. Mais à leurs yeux, je parle des Haïtiens jeunes, l'être le plus odieux est la blanche unie à un Haïtien, n'importe de quelle couleur. Heureusement, il n'y en a pas dix dans ce cas-là. Selon les Haïtiens, quelle que soit la raison, dévouement, amour, qui ait attaché cette femme à un jaune, et surtout à un noir, elle n'a droit, la misérable, à aucune considération. Une fois ce vieux préjugé de couleur connu de l'homme qui l'a amenée d'Europe, celui-ci rougit d'une union qui les dégrade tous deux aux yeux de ses nouveaux compatriotes. Et pour satisfaire aux convenances, il fait descendre son Européenne au rang de servante, et prend pour la remplacer une femme de sa couleur. Cet arrangement, qui fait ordinairement beaucoup crier la femme blanche, est réellement moins absurde qu'on ne le croirait. Cette même blanche sans famille, sans éducation, objet de mépris pour les jaunes, de pitié pour les blancs, en un mot hors-caste, ne peut plus prétendre aux droits d'épouse. Aussi, les mieux avisées s'en retournent dans leur pays. Comment accorder cette dépravation des époux haïtiens qui répudient leurs femmes blanches au moment où il serait de leur honneur de les défendre, avec les soins vraiment tendres qu'ils prodiguent à leurs pères et mères blancs qui sont venus les rejoindre ? Cependant, ce n'est pas pour eux un médiocre embarras avec ceux de leurs compatriotes, qui, n'étant pas dans le même cas, leur reprochent ces soins presque comme une trahison.

Enfin, pour dernière contradiction, les femmes placées avec les blancs, leur donnent mille marques de dévouement. Comme ailleurs, les femmes valent mieux que les hommes. (Cependant, ce sont les femmes en Europe qui montrent de la répugnance pour les noirs. À Haïti ce sont les noirs qui en montrent pour les blanches.) Une preuve du bon naturel des Haïtiens, c'est que tous veulent avoir des enfants n'importe comment. Les femmes en raffolent, et, pour n'en pas manquer, celles qui ne peuvent ou ne veulent pas se marier ou se placer, en ont avec divers amants. Aussi dit-on, à chaque nouvel enfant, qu'elles viennent d'en avoir un pour N. et non avec : on ne peut s'exprimer avec plus de justesse et de discrétion. Avoir des enfants est si naturel, que toutes les fois que vous demanderez à la femme la plus honnête, dont les demoiselles sont mères, si elles le sont, elle vous répondra sans embarras : « L'aînée a un enfant pour N., deux pour B, trois pour J. » Ce sont les noms des pères supposés. « La cadette en a un pour B. avant le mariage, deux pour lui après le mariage, trois pour T. depuis son veuvage. » Quelle que soit la couleur, l'origine des enfants, la mère les aime tous également. Jamais d'infanticide à Haïti, quelques avortements par misère, peu par la crainte de l'opinion. Chez les peuples moins civilisés que les Européens, il y a peu de marâtres. La nature ne l'est pas, si bien que les Haïtiens ont indistinctement le même amour pour leurs enfants.

Cependant, on a remarqué que si la mère est blanche de peau, l'enfant préféré sera le plus brun. Si la mère est noire, sa prédilection sera pour l'enfant noir, les autres n'étant que le fruit de sa cupidité ! Il est pourtant beaucoup de négresses qui aiment mieux ceux-ci à cause de leur gentillesse et de la vivacité de leur esprit. Il n'en était pas de même avant la Révolution. Alors, une femme blanche, mère d'un enfant brun n'échappait point à l'infamie, même en invoquant l'amour. Une négresse, au contraire, donnant le jour à un mulâtre, pouvait ordinairement prétendre à tout. Les entraves de la vieille société coloniale brisées, la nature a repris ses droits. L'enfant de l'amour est préféré à celui de l'argent. Enfin, les mulâtres aiment mieux aussi leurs frères que leurs pères et leurs mères. Ont-ils tort ?

Les plus doux sentiments sont souvent le fruit de l'éducation. Par exemple, le soin touchant que prennent les femmes haïtiennes de ne compromettre à aucun prix la santé de leurs enfants et de les allaiter pendant des années entières, semble venir du souvenir qu'elles ont gardé des châtiments terribles que les colons infligeaient aux esclaves mères lorsqu'elles perdaient leurs enfants pour avoir cédé au désir de leurs amants.

Au milieu du retour vers la nature que nous venons de signaler, c'est avec surprise qu'on voit certaines femmes blanches de peau rétrograder déjà en donnant, comme les blanches d'autrefois, leur enfant à nourrir à des négresses. Cette coutume créole dégrade les mères et les nourrices. On n'y trouve d'excuse qu'en admettant qu'entre les tropiques, les femmes à l'épiderme blanche, n'ont juste assez de vie que pour elles. Sans les négresses, il n'y aurait donc pas à Haïti de femmes blanches en état d'élever leurs enfants, comme sans les nègres, il n'y aurait pas d'hommes capables d'être soldats, matelots, cultivateurs ou portefaix. (Les hommes portent sur la tête, les femmes sur la main. À la campagne, les enfants sont placés sur les hanches de leur mère, en ville sur les bras, en voyage sur le dos, comme en Afrique.)

La voix de la nature n'est pas si généralement écoutée, que l'on ne retrouve dans les amours de famille les mêmes préjugés qu'autrefois. Dans ces familles riches ou pauvres, les enfants d'une même mère, par exemple une mulâtresse, mais de couleur différente à cause de la diversité de leurs pères, ne sont pas traités de la même manière. Communément, la griffonne est sans soulier, la mulâtresse sans bas, la quarteronne seule a des bas et des souliers, et dîne à table avec les étrangers. Les enfants se soumettent sans murmure à cet arrangement. D'après la coutume, tout enfant reconnu avant qu'on se marie, a les mêmes droits que les enfants légitimes. Après le mariage, les enfants naturels ne sont plus que des bâtards, et des adultérins comme chez nous. Les collatéraux n'entrent jamais en partage dans la succession avec les enfants naturels reconnus.

L'union entre les Haïtiens de diverses couleurs, on en a déjà prévenu, n'est qu'apparente. Au fond, ils ne s'aiment pas ni ne s'estiment. La preuve, c'est que les mariages entre des personnes de caste différente sont rares, et quand ils ont lieu, jamais désintéressés. La couleur est encore moins que les cheveux une cause de répugnance. Un homme clair consentira à épouser une femme brune, mais riche, bien entendu, si elle a les cheveux plats et longs. Sans cela il ne se mariera pas avec elle, qu'au risque de perdre toute considération parmi les gens de sa caste. On doit bien penser que plus tard, la couleur sera une nouvelle cause d'empêchement, principalement si les métis remplacent tout à fait les blancs et gouvernent seuls le pays. On ne déroge plus à ce qu'on appelle dans les colonies la noblesse de la peau. Déjà même, dans les maisons haïtiennes dites de bon ton, on n'appelle plus les négresses que « grisettes ».

L'étranger est longtemps, avant que de connaître ces sources d'antipathie. Comment pourrait-il les soupçonner en entendant sans cesse les hommes de couleur appeler affectueusement, en leur parlant, les jeunes négresses « nos petites sœurs », « nos cousines », « nos vieilles tantes », et les hommes noirs « nos oncles », « nos frères », « nos chers concitoyens ». Ce n'est qu'à la longue et lorsqu'on est bien sûr de la discrétion de l'étranger, qu'on lui apprend que ces dénominations tendres sont des termes de convention d'argot et que ce n'est jamais dans « la négraille » qu'on trouve des gens comme il faut. On voit que les noirs ne sont guère mieux vus que les blancs, et c'est à ce point que, pour tomber, le Président n'aurait qu'à marier ses filles à des noirs et à des blancs. Aussi, pour satisfaire à tous les préjugés, ne marie-t-il les femmes de sa famille, qui sont fort brunes, qu'aux métis les plus clairs. Les noirs, de leur côté, ne se marient avec des filles de couleur que pour inspirer de la confiance au gouvernement, et en obtenir des places. Ces noirs sont très peu considérés dans leur caste, d'autant plus qu'ils ne peuvent choisir que le rebut des autres. Une femme de couleur bien née prendra quelquefois un amant noir, un mari jamais.

Il se fait un très grand changement chez les Haïtiennes dès qu'elles sont mères. On peut dire d'elles, comme le disent les créoles, qu'elles « sont entrées dans le monde ». Elles s'y montrent alors avec quelque avantage, étant devenues tout à coup chastes, économes, laborieuses. C'est tout ce qu'on va entendre de femmes qui n'ont, en général, reçu d'éducation que celle de femmes de ménage.

Il est rare que les filles haïtiennes soient séduites. Elles ont de si étranges conversations entre elles, elles reçoivent de leurs parents des caresses si tendres, que les amants n'ont guère à leur apprendre ensuite. Lorsqu'ils succèdent à toutes ces privautés, ils ne trouvent plus qu'une sensibilité émoussée, et dès lors, ils sont sans danger. D'ailleurs, l'éducation physique des jeunes filles est de temps en temps fortifiée par de sévères leçons de morale que leur adresse leur mère entre autres par celle-ci : « Ma fille, je vous ai appris comment on fait les enfants. Le jour où vous en apporterez chez moi, je vous mettrai à la porte sans rien. Vous conserverez, au contraire, ma tendresse en tirant partie des attraits dont la nature vous a parée ; mais attendez pour accorder vos faveurs qu'on vous ait meublé une chambre et assigné un revenu honnête. Plus tôt vous y réussirez, plus tôt vous serez indépendante. Et pour que vous ne perdiez pas de temps, sans toutefois faire de sottise, je vous place, dès à présent, entre la nécessité d'être ma servante tant que vous serez demoiselle, et, si vous vous laissez séduire, de mourir de faim. » Ces prudentes recommandations ne manquent pas leur effet. Presque toutes les filles haïtiennes, hormis celles de la dernière classe, gardent soigneusement leur virginité, après avoir perdu, de bonne heure, la pudeur et l'innocence. Au moins, ne succombe-t-on qu'après avoir fait la première communion.

J'ai eu plusieurs fois occasion de parler de basse et de haute classe, sans avoir indiqué ce qui les constituait. Cette réticence pourrait faire croire que j'ai déjà oublié avoir dit que l'égalité était absolue en Haïti. Or, comment avec l'égalité absolue, pourrait-il y avoir des classes de gens comme il faut, de gens du commun ? La fortune, parfois l'éducation, établissent des distinctions en Haïti comme ailleurs. Un homme riche fera apprendre un peu de musique à sa fille, ne souffrira pas qu'elle sorte sans être bien chaussée, sans avoir un parasol rouge, une servante noire en pantoufles derrière elle pour porter son livre de messe. Cette demoiselle se mariera plus tard, donnera le bras dans la rue à son mari. Le mari aura un emploi, un grade, un peu d'aisance. Voilà des gens qu'on dira de la haute classe.

Dans la seconde classe, je n'entends pas par là la dernière, les portefaix, les manœuvres, les domestiques, mais la petite bourgeoisie, un père fait apprendre à coudre à sa fille, rarement à lire et à écrire correctement. À un certain âge, il la confie à une vieille femme pour lui enseigner un peu de religion, il la laisse sortir sans bas, sans châle, sans parasol, mais non sans souliers. La classe au-dessous ne porte que des pantoufles, la dernière sera nu-pieds. Il ne s'occupe pas de la marier, parce qu'il n'a pas de dot à lui donner. Mais il la place avec un homme honnête et principalement avec un blanc. Cette jeune fille, qui mène à peu près la vie de grisette, n'en est pas moins la compagne, l'amie de la belle demoiselle au parasol rouge. Seulement, elle ne va pas partout où va l'autre. Elle n'a pas non plus les mêmes plaisirs, parce que son père ou son amant n'a pas les moyens de les payer. Si on donne un bal, un dîner chez le Président, elle n'y est point invitée. À l'église, elle est dans le bas côté. Au bal, il faut qu'elle soit bien jolie pour se hasarder à franchir le seuil de la porte. Dans cette classe, on trouve naturellement plus de négresses que de mulâtresses. La société a été d'accord avec la nature pour les y maintenir.

Les professions, pourvu qu'on soit riche, ne font pas changer de classe. Dans les hautes, on voit des menuisiers, des tailleurs, des cordonniers, des blanchisseurs, comme dans les basses classes, des avocats, des médecins. Il n'y a réellement pas à Haïti de professions nobles, de vils métiers... Il faut être un ivrogne fieffé ou un escroc sans pudeur, pour être entièrement proscrit. Il n'y a qu'un homme dont on ne veuille nulle part, c'est celui qui n'a rien. Et pourtant, comme les autres, on l'appelle frère.

Rien, comme on voit, ne ressemble plus à notre société actuelle. Mais l'homme qui jouit à Haïti de la plus grande considération, l'homme en quelque sorte noble, c'est le noir affranchi par son maître avant 1792. Les Latorsac, les Larose, qui l'ont été il y a près d'un siècle, sont regardés comme des gentilshommes, des Montmorency, et croiraient déroger en s'unissant par le mariage aux familles affranchies par le fait de la Révolution.

Communément, il existe chez les deux sexes, moins d'ardeur que de libertinage. Le désœuvrement seul alimente l'amour physique. Le noir, pas plus que le mulâtre n'est vraiment passionné. L'un et l'autre savent seulement comment passer leur temps. Il en est de même des femmes. La négresse fait exception : encore est-elle loin d'avoir les passions vives des Européennes du Midi.

On s'est toujours imaginé qu'il devait en être autrement entre les tropiques. Le soleil brûlant, disait-on, devait y enflammer tous les êtres. L'amour était un feu qui devrait dévorer tout le monde. Pas du tout ! C'est le pays de l'insouciance. Les désirs, comme l'éphémère, naissent et meurent dans un jour. La nuit suffit à peine à rendre les forces qu'on a perdues dans la journée, et l'on ne s'amuse pas à les perdre continuellement au risque de s'épuiser. Ceux qui, en agissant différemment, suivent en même temps ce régime excitant, sont comme des Orientaux. On ne serait donc pas plus dissolu en Haïti qu'en Europe, si l'on était moins désœuvré. Bien plus ! les femmes y sont beaucoup moins provocantes qu'en Europe. Pour arriver à elles, il faut les attaquer non avec des phrases tendres qui ne coûtent rien, mais avec le métal qui fascine tous les yeux, et qui est rare.

De même que dans tous les pays, peu avancés en civilisation, on pleure beaucoup, on crie très fort, on hurle même, on « extravague » (c'est l'expression créole). Lorsqu'on perd un parent ou un ami, on prend le deuil, on accompagne en foule le convoi avec des gémissements affreux. On semble plongé dans une douleur profonde. Il n'en est souvent rien. La cérémonie finie, il n'y paraît plus. Comme on a remarqué que les simulacres de grands chagrins étaient plus particuliers aux peuples des pays chauds qu'aux autres, on en a été chercher la cause dans la construction de leurs yeux, qu'on a prétendu être plus tendres et plus délicats que dans le nord. Du reste, quelle que soit la source de toutes ces larmes, il est sûr que rien ne dure moins que le chagrin. Et le jour même du décès, il est rare que les plus affligés ne prennent pas leurs précautions pour avoir le moins possible à partager avec les héritiers absents. En Haïti, de même qu'en Europe, les gens comme il faut pleurent et gémissent en silence.

Cette remarque, ainsi que bien d'autres n'est pas sans exception. Un général avait, au Cap, une femme légitime et une concubine. Toutes deux étaient mères. Il mourut chez la dernière, où il demeurait. Toutes deux prétendaient à lui rendre les derniers devoirs. La première invoquait la légitimité de ses droits, l'autre l'amour. Pour mettre tout le monde d'accord, le commandant de l'arrondissement décida qu'on irait prendre le corps sans pompe chez la maîtresse et que, de là, on le conduirait chez l'épouse. Jamais décision ne souleva plus de clameurs, jamais on ne vit un spectacle plus affreux. Les fils naturels accompagnèrent la dépouille de leur père jusqu'à la porte de la maison de l'épouse légitime. Les enfants de celle-ci, recevant ce dépôt, le portent aux pieds de leur mère en criant, désespérés, vomissent mille injures contre leurs frères bâtards, des femmes se trouvent mal, des cheveux arrachés, des seins meurtris, un cercueil au milieu d'une chambre, mille feux se croisent et éclairent cette scène lugubre, qui se prolonge durant plusieurs heures.

On conçoit que dans un pays où les émotions et les distractions sont rares, un enterrement puisse en servir et que tout le monde s'empresse d'y aller comme à un divertissement. Il suffit d'avoir connu un peu le défunt, pour se rendre à son enterrement. (Les Papas sont des noirs qui d'eux-mêmes, se sont constitués prêtres dans les campagnes et en remplissent les fonctions, non pas pourtant jusqu'à dire la messe, ni confesser.) Les femmes le suivent, habillées en blanc, peu en noir et avec des parasols de soie rouge. Comme il est très flatteur pour une famille d'avoir beaucoup de monde dans ces occasions solennelles, on a soin, lorsqu'on a fini de jeter les premiers cris d'usage, de préparer à boire et à manger pour les allants et venants : cet appât en retient beaucoup. Ensuite, on s'occupe de la toilette du mort. On le fait raser, on le revêt de ses plus beaux habits, et on le place sur un lit bien blanc et jonché de fleurs. Puis on commence la veillée. Cette veillée se prolonge entre le coucher et le lever du soleil. On la passe à chanter des cantiques, à boire, et à pleurer en chœur. Cet usage, pratique en Afrique, existe aussi en Islande, et dans les colonies. Le lendemain, avant ou après midi, le corps enfermé dans un cercueil en acajou, orné de plaques argentées, de fabrique anglaise, est porté à bras à l'église, et, de là, au cimetière, où il est déposé dans une fosse particulière après qu'on ait [*sic*] fait la déclaration au bureau de l'état civil. Autrement, comme chez nous, la police ne permet pas l'inhumation. À la campagne, les Papas[1] rivaux des curés, sont appelés aux enterrements. Ils lavent le corps, mettent du sang, des viandes dans les tombes, bénissent le tout, et récitent les litanies. On leur donne deux gourdes par enterrement. On dépose une houe sur la tombe des cultivateurs. Dans tous les cimetières des campagnes, on trouve des tas d'outils, des amas de coquilles, des limaçons, des bougies allumées. Ces cimetières sont sur le bord du chemin comme dans le Congo. Les tombes sont en forme de bières surmontées d'un toit en chaume. Des arbres les ombragent. Nombre de fois, des familles s'y rendent ensemble pour prier. Chaque tombe est surmontée d'une croix. La cérémonie que les cultivateurs Haïtiens observent dans les funérailles sont à peu près les mêmes qu'on pratique au Congo.

Quoique catholiques, beaucoup de Haïtiens donnent dans toutes les superstitions du paganisme et du fétichisme. Le fétichisme, conséquence grossière du panthéisme, est le culte de tout objet où l'on croit qu'est Dieu. Chez les Égyptiens, le chat, le bœuf, le chien, et d'autres animaux, des plantes mêmes étaient fétiches, comme chez nous l'eau, l'huile, après certaines consécrations. En Afrique, d'où ce culte est originairement venu, tel arbre est fétiche ou divinisé dans un lieu pendant qu'ailleurs on le brûle. À Brapse (Golfe de Guinée), une espèce de buse est fétiche. Plus loin, on la tue. En un endroit, c'est le singe ; dans un autre c'est la couleuvre. Cette dernière incarnation de la divinité est la plus généralement admise. Indépendamment de ces fétiches adorés par des peuples entiers, chaque village, chaque famille, chaque individu a son fétiche particulier. Mais le fétiche public est le seul que tout le monde doit respecter. Les nègres musulmans ne reconnaissent pour fétiches que les morceaux de papier recouverts de caractères arabes.

Les femmes haïtiennes, bien que très bonnes catholiques, sont plus adonnées au fétichisme que les hommes. Ceux-ci sont en général peu dévots. On les voit rarement à l'église, si ce n'est pour y aller regarder les femmes. Et avec cet air d'indifférence, pourtant, ils se découvrent dans la rue lorsque l'on sonne l'angélus. Ils professent un grand respect pour les sacrements, et paraissent attacher beaucoup de prix aux images, aux chapelets, à l'eau, aux

[1] [Ceux que Mollien nomme les Papas (on s'adressait à eux en les nommant ainsi, par déférence) sont les houngans, prêtres de la religion vaudou. Et le cérémonial mortuaire, ici décrit, en est partie prenante.]

branches de palmiers que les prêtres ont bénies. (Le jour de Pâques, on emploie le palmier au lieu du buis qui ne vient pas dans le pays.)

On a souvent demandé s'il n'y aurait pas plus de dévotion avec des prêtres du pays. La couleur n'y ferait rien. On peut dire plus : on préfère les prêtres blancs. Sous Dessalines, où il y avait à choisir, on considérait les prêtres de couleur comme nous considérons l'abbé Chatel[1]. Mais si les prêtres blancs n'avaient pas de maîtresse et des enfants, si surtout ils ne montraient pas une avidité telle qu'ils ne veuillent dire de bonnes messes que pour des piastres d'Espagne (la piastre d'Espagne vaut intrinsèquement près de quatre fois la gourde d'Haïti), on écouterait sans doute mieux les sermons et on en suivrait mieux les maximes. Le clergé haïtien est vraiment ce qu'on peut dire du plus mal composé. À l'exception de quelques prêtres de la partie espagnole, le reste est ce qu'on peut trouver de plus corrompu. Ce n'est pas là ce dont le gouvernement se soucie. Inginac, qui est réellement le ministre des cultes, bien qu'ils soient tous dans les attributions du Grand juge, n'exige des prêtres européens qu'un certificat prouvant qu'ils ont été chassés de leur diocèse pour inconduite, opinion, n'importe. On ne tient qu'à être sûr qu'ils ne peuvent entretenir aucune correspondance avec les membres honnêtes et éclairés du clergé de France. Inginac propose ces dignes sujets au Président en lui disant : « Voici un pauvre prêtre, que sa philanthropie a fait persécuter en Europe et qui vient chercher asile parmi nous. Il m'a promis d'être sage, de prêcher l'obéissance à votre personne, de ne recommander les sacrements que quand on viendra les chercher. Je le propose pour telle cure. » Et sur-le-champ, on la lui donne. C'est si bien une raison politique qui fait choisir cette sorte d'ecclésiastique, qu'on est plus difficile pour d'autres fonctionnaires, et qu'on ne se contente pas des meilleurs certificats, des diplômes de l'Académie de Paris, pour admettre à l'exercice nos professeurs, nos médecins, nos pharmaciens, mais on leur fait subir de nouveaux examens devant les Académies à Port-au-Prince. Oui, l'Université de Paris passe sous la férule de l'Université d'Haïti.

La couleur n'est pour rien, on le voit, dans le peu de considération dont jouissent nos prêtres. Je crois même que jamais on

---

[1] [L'abbé Chatel fonda vers 1830 une éphémère « Église catholique française », schismatique, qui eut quelques centaines d'adeptes en Ile de France et à Paris.]

ne pourra se passer de prêtres blancs à Haïti, car on s'y figure et on y représente le Dieu des chrétiens avec un visage blanc. Chanlatte est le seul qui eût prétendu, d'après le Cantique des Cantiques, que la Sainte Vierge est noire (*nigra sum, sed formosa*)[1]. Dans l'opinion générale, la mort seule est noire, puisqu'on dit communément : « la mort est laide, elle est toute noire ». Si les hommes riches, surtout dans la ville, se montrent indifférents en matière de religion, en revanche, les hommes des dernières classes, surtout parmi les noirs, se livrent en secret aux superstitions les plus dangereuses. Ils se forment pour cela en sociétés, en confréries, régies par des règlements particuliers que leurs pères ont apportés d'Afrique. D'abord, ce sont les Vaudous, les Ouangas, les Cafragas, les Mathsualas, ensuite les Domesses, qui excluent les gens à gage[2]. Des initiations ont lieu, dirigées par un griffe espagnol nommé Miguel, qui prend le titre d'Empereur. Toutes ces sociétés secrètes font, dit-on, des sacrifices humains. Toutes inquiètent le gouvernement, par l'idée que l'on a qu'elles ont pour but de détruire la civilisation, de rompre les chaînes de la vie sociale pour reprendre celles du premier homme. Elles conspirent plutôt contre les hommes de couleur. Elles ont un très petit nombre d'initiés. Ces sociétés ont des affidés dans plusieurs endroits. On en a même vu dirigées par des blancs, par des Français. Au Cap, Latil en présidait une. À Jérémie, Lefèvre en présidait une autre. Ces diverses associations ont chacune un chef, qu'on appelle grand-père, et dont la femme se nomme grand-mère. Ils ont sous eux un Père, et une Mère, et deux Présidents, desquels l'un est celui du travail, l'autre celui du plaisir. Puis une multitude de généraux, ayant des aides de camps, chargés de transmettre les ordres, enfin la hiérarchie la plus complète. Ensuite, il y a des signes de reconnaissance, des bannières pour les jours de fête, des danses diverses, et un fétiche qu'on adore secrètement. Les Vaudous ont une couleuvre pour fétiche. Louis Sangos est le pontife suprême de ce Dieu dont le culte vient d'Afrique. Sangos avait pour mère une Arada, esclave d'un monsieur Arnaud, riche entrepreneur du Cap. Cette femme eut plusieurs enfants

---

[1] [Dans le Cantique des Cantiques, il s'agit non de la mère de Jésus, mais de l'épouse de Salomon. Mollien songe peut-être aux Vierges noires que l'on trouve notamment dans les églises auvergnates et méridionales.]

[2] [Ces sortes de sociétés secrètes d'inspiration africaine semblent avoir disparu par la suite au profit du seul Vaudou.]

mulâtres, Louis fut le seul noir. Il fut l'idole de sa mère, et comme si elle se fût défiée des autres, elle l'initia seul aux mystères du vaudou dont elle passait pour être la prêtresse. Peu d'années après, elle mourut. Louis Sangos quitta le pays, et partit pour la Coupe-à-David. C'est le nom d'une montagne située à cinq lieues de cette ville, sur le chemin du Limbé. Il y choisit un endroit retiré pour s'y bâtir une cabane. Dès que celle-ci fut achevée, il l'habita. Le nouvel ermite n'avait avec lui qu'une couleuvre privée, qu'il tenait dans une grotte, où tombaient les eaux limpides d'une cascade.

On sut bientôt que le dieu vaudou s'était incarné à la Coupe-à-David. Cette nouvelle répandit la joie chez tous les fidèles et l'inquiétude à la cour de Christophe qui régnait alors. On envoya le Duc du Dondon arrêter Sangos. Avant que de paraître devant Christophe, Sangos obtint la permission de se faire accompagner d'une de ses sœurs, mulâtresse fort jolie. Le Roi, en la voyant, oublia les terribles menaces qu'il avait faites contre Sangos, et lui permit même de continuer comme par le passé.

Depuis lors, la vénération pour les grands prêtres du vaudou n'a fait qu'augmenter et le nombre des initiés que s'accroître. La fête principale du vaudouisme tombe le jour de la Saint-Jean. C'est une fête solsticiale comme celle des Maçons. On dit que, pour la célébrer, les initiés égorgent un mouton dont ils boivent le sang. (On répand aussi le sang d'un mouton sur la table d'un moulin neuf. Cette coutume vient du Congo. On met des assiettes de viande et de riz dans certains lieux fréquentés par les couleuvres.) On prétend, mais à quelle secte n'a-t-on pas fait pareille imputation, qu'on immole aussi des enfants, dont le sang mêlé à des liqueurs enivrantes forme une boisson qui provoque à la plus grossière débauche. Je n'en crois rien. Le vaudouisme, culte public en Afrique, est devenu mystérieux en Amérique, à cause des poursuites des autorités religieuses et politiques du temps de l'esclavage. Il a préparé à la liberté en entretenant l'union parmi les noirs, et la haine contre les blancs. Aujourd'hui, il sert à nourrir celle des noirs contre les jaunes, et à leur ouvrir les voies à une complète émancipation.

Cette partie politique du vaudouisme n'est pourtant que l'accessoire, la partie religieuse est la principale. C'est un fait bien remarquable que la translation de ce culte vaudou d'Afrique en Amérique (culte du serpent), qui, étant un de plus anciens, devient aussi un des plus répandus. On sait qu'il existait en Égypte, que les

Hébreux n'y renoncèrent qu'à la voix de Moïse, et que la Grèce le reçut sous le nom d'Esculape. N'était-ce pas enfin le vaudouisme que cette fatale obéissance d'Eve pour les oracles du serpent.

Aux sociétés secrètes du Vaudou, les personnes éclairées opposent un Grand Orient d'Haïti, du rite écossais, et deux loges, non reconnues, pour avoir été fondées par des Français. Ces dissidents ne se réunissent jamais. La plupart des Haïtiens croient à l'existence de loups-garous, de magiciens, de zombis (ce nom est celui des esprits, et d'une très haute montagne, dans le royaume des Mulua-Congos, presque sous la Ligne) et des Vinviens, Zinguis, ou revenants. Ces Zinguis ou Vinviens sont les mêmes des anciens Indiens, qui errent, dit-on, dans les cavernes et près des sommets[1]. Beaucoup de personnes croient les y avoir vus laver leurs longs cheveux. C'est pourquoi on donne encore aux Zinguis le nom de Méteau, ou maîtres de l'eau. Il est ainsi dans les villes, certains quartiers où des apparitions semblables ont lieu, et qui les changent en déserts. Les patrouilles même n'osent plus y passer.

Ce serait inutilement que la religion chercherait à détruire toutes ces superstitions. Les Dédés, ou vieilles femmes, les perpétuent et ne souffriraient pas qu'on y touchât. C'est à ces béguines[2] que l'on doit encore le respect pour la sanctification du vendredi. Rien ne commence ce jour-là. Les Dédés sont communément des négresses âgées, qui, devenues vertueuses et très catholiques par impuissance de plaire, passent les derniers jours de leur vie dans le jeûne et la prière. Ces vénérables matrones ont charge d'âmes. Ce sont elles qui préparent les jeunes filles à la communion, et, ensuite au mariage et au placement. Un curé n'a de force qu'autant qu'il leur convient. Il faut qu'il ait une foi aussi absurde que la leur. Elles ont le peuple pour elles, et on ne peut disconvenir qu'elles sont d'autant plus dignes de la vénération que leur grand âge n'est pas une raison d'être sage dans un pays où il y a beaucoup de vieux libertins.

La puissance des Dédés a pour rivale celle des parrains et surtout des marraines. Un parrain, une marraine sont plus que père et mère. Qui oserait se marier ou se placer sans leur consentement ? Entre un

---

[1] [Note de Mollien illisible.]

[2] [Les béguines de Belgique sont des femmes vivant en communautés catholiques très austères, sans toutefois prononcer les vœux comme des religieuses.]

père malade, infirme, et un parrain souffrant, qui hésiterait à voler auprès de celui-ci ? Chez qui ira-t-on d'abord le jour de l'an, le jour d'une fête ? Chez le parrain. En un mot, la nature a pris le change. Le parrain, de son côté, ne se contente pas de quelques minces cadeaux à la nouvelle année. Il adopte le filleul qui devient orphelin, et lui donne une famille. En effet, tous les filleuls s'appellent « frères », les filleuls et les enfants du parrain « cousins ». Le baptême est vraiment compris comme il doit l'être à Haïti, un lien religieux sacré, et même un lien social et de famille. Des filleuls manquent sans doute à ces obligations, comme des parrains les oublient. Pour les premiers, le baptême n'est comme en Europe qu'une vaine cérémonie, pour les seconds qu'un moyen d'exploiter la crédule déférence de pauvres diables en les faisant travailler pour rien comme des esclaves. Une négresse, en nommant un esclave d'Angola, lui avait fait entendre qu'il lui appartenait corps et âme. Dans cette idée, l'Africain passait sans murmurer les jours et les nuits à couper du bois, à défricher et à puiser de l'eau. Le malheureux ne prenait pas un moment de relâche. Enfin, un jour, n'en pouvant plus, il alla avec une poignée de sel chez sa marraine et lui dit : « Tenez, marraine ! en voici cent fois plus que vous n'en avez dépensé à mon baptême, et rendez-moi ma liberté. » Il la prit et s'en alla.

Le baptême est donc le sacrement par excellence en Haïti. On l'administre à tout, même à des poupées. (Cette coutume vient du Bénin où les femmes portent des poupées en bois en souvenir des enfants qu'elles ont perdus.) Chez nous, les petites filles n'en ont que pour jouer. Les demoiselles, à Haïti, en ont pour tout autre chose. On annonce dans une société qu'on a une poupée à baptiser. On désigne une amie pour sa marraine, le bien-aimé pour le parrain. La cérémonie, aussi grave qu'un baptême des tropiques, finit par un grand repas. Après cela, le bien-aimé est en quelque sorte fiancé et a des privautés qu'on ne permet qu'à un compère.

Presque tous les Haïtiens prennent et se donnent ce titre. Il n'a plus autant de valeur qu'autrefois. Ce n'est plus un lien d'hospitalité, et même d'amitié. Jadis, on était obligé de loger son compère, de ne pas faire de peine à sa commère. Maintenant, on ne se doit rien, on hait son compère au point de ne pas vouloir le saluer, et on fait tout le mal possible à sa commère. On ne recherche plus ce titre qu'à cause de la familiarité qu'il autorise entre les deux sexes. Il est tout simple d'embrasser sa commère et de sortir avec son compère.

Les jeunes gens respectent plus le titre que l'être. Ils ont beau appeler les vieillards « tonton », « papa », « tante », « maman », ils ne les appellent pas moins par derrière radoteurs, propos que la jeunesse, plus respectueuse, ne tenait jamais, dit-on, autrefois.

Les fonctionnaires, les riches Haïtiens dans les villes ont les mœurs des anciens colons. Ils ont hérité de leurs usages, de leurs préjugés, de leurs habitudes. Comme eux, ils visitent beaucoup, mais une visite chassant l'autre, il n'y a point de réunion. Comme dans nos petites villes d'Europe, on cause de la chronique du jour, du navire entré, du navire sorti, du prix du café. Les visites commencent à 6 heures du matin et finissent à 9, pour recommencer de 5 à 7 heures du soir. On ne se réunit que pour jouer et danser. Les bals sont ordinairement animés, brillants, les danses gracieuses. On voit dans les bals peu de femmes noires à cause de l'obligation d'être en cheveux. Par là, l'orgueil des femmes de couleur a exclu toutes celles que la nature a dépourvu de cheveux longs et plats. D'ailleurs un homme de couleur ne danse jamais que par condescendance politique avec les femmes noires, il faut que celles-ci se résignent d'avance à rester assises, si elles ont la faiblesse d'accepter une invitation de bal.

Les autres amusements haïtiens citadins sont les enterrements, promenades sur l'eau en bateau, les parties de campagne ou barbaco[1] (ce mot est aussi employé aux États-Unis dans le même sens), enfin les cavalcades au clair de la lune. Les femmes haïtiennes excellent à monter à cheval.

À l'exception de l'exercice du cheval, les citadins n'en font aucun de violent. Par exemple, ils ne chassent presque jamais. Ce qu'ils préfèrent à tout, c'est la causerie à la porte des maisons, où ils jouent aussi aux dames et aux échecs, pendant que leurs enfants jouent dans la rue aux billes, au cerf-volant, et au cerceau. Les jeux des jeunes Haïtiens changent suivant les saisons, comme chez nous.

Cette vie monotone, où l'homme consacre communément dix à douze heures par jour pour dormir, est variée de temps à autre par

---

[1] [On le connaît aujourd'hui, tant en français qu'en anglais, sous la forme de « barbecue ».]

des fêtes religieuses ou politiques. Parmi ces dernières, est celle du premier janvier, où l'on célèbre l'anniversaire de l'indépendance. Ce jour-là, le Président, revêtu du costume des Consuls de la République Française, et accompagné d'un nombreux état-major, de quelques membres des principaux corps de l'état, monte à 7 heures du matin sur un échafaud en bois dressé sur la place du Gouvernement qu'entourent les troupes de la garnison. Le silence s'établit, et un des ministres lit un discours empli de lieux communs sur le dévouement à la patrie. Cette lecture achevée, on crie « Vive la liberté ! Vive le Président ». On tire vingt et un coups de canon, puis le cortège défile pour se rendre à l'église. La messe dite, le *Domine salvum fac Presidentem* chanté, on tire encore vingt et un coups de canon, chacun gagne son logis et la fête est finie. Point de réjouissances publiques, point de festins, point de bals, seulement baisemain chez le Président, à cause de la nouvelle année.

Au premier mai, jour de la fête de l'agriculture, moins de démonstrations encore. Des cultivateurs, amenés de force par les gardes champêtres, ont à la main, les uns des cannes à sucre, les autres de pieds de café, quelques-uns des choux, des paquets de carottes. Ils entourent l'échafaud où se tiennent le Président, ses ministres, et quelques-uns des grands fonctionnaires de l'État. On lit un discours en français sur la nécessité du travail, sur les inconvénients de la paresse. Peu écoutent, nul ne comprend. La lecture terminée, on tire vingt et un coups de canon, et la musique militaire se fait entendre. Elle se tait, les gardes champêtres font défiler les cultivateurs et sans un mot d'éloge, on leur pose à tous sur la tête une couronne de fleurs artificielles. Cette vaine cérémonie achevée, le cortège, composé comme celui de la fête de l'indépendance, rejoint l'église, précédé de la garde nationale, qui, ce jour-là, fait seule le service. Après la messe, on tire vingt et un coups de canon, et l'on renvoie sur les habitations les cultivateurs sans récompense, et fort empressés de remettre leurs chapeaux à la place de couronnes qui ne les garantissent pas du tout contre l'ardeur du soleil.

Ces deux fêtes, parodies de celles que célébrait la Convention Nationale, ont lieu le même jour dans tous les chefs-lieux d'arrondissement et de département.

Le 29 juin, quelques illuminations isolées de fonctionnaires avilis, même aux yeux de leurs collègues, annoncent aux étrangers la fête du Président qui ne daigne même pas répondre à ces froides adulations par un dîner ou par un bal. Mais en revanche, à Noël, à Pâques, à l'Assomption, et principalement à la Fête-Dieu, et à la Toussaint, le peuple haïtien fait éclater sa joie. À la Fête-Dieu, c'est à qui donnera ses enfants pour représenter les apôtres et les saints. Un noir fait Jésus-Christ, la Vierge est représentée par une métisse, la Magdeleine par une mulâtresse, Saint Jean-Baptiste par un griffe, Saint Pierre par un marabou, le diable et ses suivants, les anges, tous enfin, figurent à la procession, revêtus de riches habits de soie. Les autorités supérieures, parfois même le Président, suivent la procession.

À la Toussaint, la fête se passe au cimetière. Nuit et jour, on y est en prière. La jeunesse met singulièrement à profit cette dévotion, au milieu des tombes et des arbres qui les abritent. Comme en France, on se visite, on se fait des cadeaux au jour de l'an. On se masque au carnaval. On s'envoie des billets de faire-part pour les mariages, les enterrements et les naissances. On célèbre par des festins ces trois grands événements de la vie. On se souhaite enfin la fête avec des fleurs et des présents.

Le plaisir de la table est un des plus goûtés. On prodigue dans les repas les mets, les vins. On y étale ce qu'on a de plus beau en linge, argenterie et porcelaine. Tout est accommodé à la française, mais comme il y a soixante ans, et avec moins de goût et de délicatesse. Les Anglais et les Américains ont introduit à Haïti, comme ailleurs, leurs toasts insipides. On prend le café, ou le chocolat au lever du soleil. On dîne à midi ; on soupe après le coucher du soleil. On se couche à dix heures. C'est l'heure où l'on sonne le couvre-feu.

Le costume des femmes des villes est celui des Françaises en été, mais jamais à la dernière mode. Néanmoins, il est seyant, de bon goût et porté avec grâce. Les mulâtresses, vêtues à la française, sont aux négresses, pour la tournure et les manières, ce que sont nos dames aux paysannes. Partout celles-ci ont la manie de s'habiller en dames et de gâter ainsi leurs charmes. Aucune Haïtienne n'a le soin de recourir à ces formes que l'art a inventé chez nous, pour remplacer celles que la nature a généralement refusé. Les Haïtiennes, à l'exception d'un très petit nombre qui porte des chapeaux très mal faits, se coiffent avec des madras de l'Inde. Comme on ne peut plus les mettre pour sortir lorsqu'ils ont été lavés, elles en ont toutes une grande quantité pour pouvoir en changer. Les jaunes sont les plus à la mode. Il est mille manières qui toutes ont un nom différent, de se coiffer avec les madras. On le porte à l'Ibo, à la Congo, à la coquette, à la patiente, à la Vénus, à l'indolente, à la sérieuse, à la jacko [*sic*], à la girafe, etc.[1]

Le costume des hommes est le même que le nôtre en été. Il est seulement plus beau, parce qu'on change deux fois par jour. Les hommes ont en général moins de grâce que les femmes, et on met longtemps à s'habituer surtout à la longueur et à la maigreur de leurs bras.

Les maisons dans les villes ne ressemblent pas aux nôtres à Paris. À Santo-Domingo, elles sont à toits plats. Au Port-au-Prince, elles ont une galerie sur toutes les faces, au Cap, des balcons découverts. On ne voit de maisons en pierre qu'à Santiago, à Santo-Domingo, au Port-de-Paix, à Saint-Marc et au Cap. Ailleurs, elles sont en bois et en briques. Celles de la capitale sont en bois, et, communément, n'ont qu'un rez-de-chaussée, conformément aux anciennes ordonnances. Autrefois, aussi à cause du feu, elles étaient séparées par un intervalle de deux pieds. Maintenant, quelques-unes ont un étage surmonté d'un belvédère.

Dans chaque chef-lieu d'arrondissement, le Président à un palais. C'est tout bonnement la principale maison de l'endroit. Un portier la garde lorsqu'il n'y vient pas. Le palais du Port-au-Prince est l'ancien hôtel des Gouverneurs français. Il n'a qu'un étage, à cause des tremblements de terre. Un jardin, qui n'est plus qu'une savane inculte, s'étend par derrière. Le jardin, ainsi que la cour et les bâtiments, sont entourés d'une grille en fer. Un perron conduit sur une galerie, où s'ouvrent les portes des appartements. Ordinairement, on est reçu dans un premier salon, meublé de fauteuils en cuir rouge, de consoles, surmontées de grandes glaces et de riches pendules. Tous ces objets viennent de France, ainsi qu'un beau portrait de Grégoire[2], et quelques gravures médiocres qui décorent les murs de ce premier salon. On passe dans la salle des Généraux, qui, à l'instar de la salle des Maréchaux des Tuileries, est ornée de

---

[1] [Ces dénominations des coiffures féminines en 1830 en Haïti n'ont pas laissé de souvenir durable : la mode est chose fugace.]

[2] [L'abbé Grégoire (1750–1831), conventionnel français, infatigable anti-esclavagiste, chrétien révolutionnaire, indéfectible ami et protecteur de la nation haïtienne, a bien mérité cet hommage.]

toutes les illustrations militaires du pays. Celles d'Haïti sont peintes à la détrempe sur les murs. Les jours ordinaires, des canapés, les jours de cérémonie, un trône, occupent une des extrémités de la salle. À l'autre bout, on voit un piano et des tables d'acajou, car cette même salle est quelquefois transformée en salle de festin ou de bal. L'ameublement, composé de chaises américaines en rotin, est fort simple. Trois lustres pendent au plafond. On sort souvent de la salle des généraux pour entrer dans un salon de compagnie, dit salon des dames, où l'on trouve des pianos, des harpes, des musiques, des tableaux à l'huile, enfin tout ce qui peut faire croire au goût des arts. Le Président occupe, à l'une des extrémités du jardin, un petit pavillon, dont une issue permet de communiquer avec le Champ de Mars sans être vu.

En sortant par là, on trouve un fort détaché, qui dépend d'une ligne de défense qui enveloppe à l'est toute la ville et qu'un fossé, maintenant comblé, liait autrefois.

Dans la cour du palais, on voit dans un pavillon à droite, les écuries, les remises et les bureaux du secrétaire général. Ce palais est un Louvre en comparaison des ajoupas ou cases qu'habitent les gens de la campagne.

Ces ajoupas bâtis en bambous ou en terre sont couverts de roseaux, et divisés ordinairement en deux chambres. L'ajoupa d'un noir est ordinairement plus propre et mieux meublé que la chaumière d'un paysan de la Bretagne. On y voit des lits en acajou, avec un ou deux matelas, emplis de paille de maïs, deux draps blancs, des tables, des chaises faites dans le pays. La vaisselle d'un cultivateur haïtien se compose, non pas comme celle de l'Africain, de quelques calebasses, mais d'assiettes anglaises, de trois ou quatre verres, de tasses à café ; quelquefois, de plusieurs couverts d'argent, de marmites en fonte, et de jarres à contenir l'eau. Enfin, sur les parois de la case, l'Haïtien colle des gravures du genre de celles de nos cabarets.

Dans les villes, les murs des maisons en pierre sont blanchis à l'intérieur ; dans celles en bois, tapissés de papier peint qu'on tire de France. Nulle part, à l'exception de quatre ou cinq maisons, on ne voit de vitres aux fenêtres. Tout est fermé avec des persiennes. L'ameublement des maisons est généralement convenable. Dans celles des riches, ils se compose de canapés, de chaises en cuir ou en rotin, de glaces richement encadrées, de lustres de cristal ou en bronze, de pianos, de harpes, de très belles armoires en acajou, et de tables du même bois surchargées de cabarets[1] en porcelaine et de pendules à musique. Partout les murs sont décorés de gravures coloriées, dont le cadre fait tout le mérite, et en plusieurs endroits, de peintures qui ne valent pas mieux. Ces peintures sont ordinairement des portraits de famille si mauvais qu'on rougit d'apprendre qu'ils ont été faits par des artistes français.

On appelle riches à Haïti les hommes qui ont un capital de 30 à 100.000 gourdes, de 8 à 1500 francs de rente. En comptant les étrangers, il n'y a pas vingt personnes dans toute l'île qui aient 100.000 gourdes, six qui aient un peu plus. Les capitalistes placent toute une partie de leurs fonds dans le commerce. Par ce moyen, ils en retirent dix à quinze pour cent. Quelques-uns commanditent des maisons de consignation. Le plus grand nombre ont des femmes, légitimes ou autres, qui ouvrent des magasins où ils ne paraissent jamais en nom. C'est dans l'intérêt commun, car ils inspirent généralement trop peu de confiance : les étrangers n'en ont que dans les femmes. Je pourrais en nommer certains qui ont leur argent dans les banques étrangères, et même dans des sucreries à esclaves. Plusieurs le mettent dans des exploitations agricoles ou dans la reconstruction des anciennes maisons.

On ne peut donc pas dire qu'il y ait des rentiers à Haïti, puisqu'à l'exception d'une dizaine d'Haïtiens, qui s'en cachent, tous font valoir leur argent. Quand on est dans cette position, quelque état qu'on exerce, on est dans la première classe et, quand on y est, on a ordinairement une maison à soi seul, une voiture à quatre roues pour la ville, à deux roues pour la campagne. On attelle à celles-ci trois chevaux que mène un postillon. Si l'on n'a pas de voiture, on a au moins deux chevaux et plusieurs domestiques, un cuisinier, deux ou trois servantes, et une foule d'allants et venants qui, pour avoir le droit d'entrer à la cuisine, rendent de petits services.

Un bon cuisinier coûte 20 gourdes par mois, environ 800 francs par an ; une domestique, 15. On en a à meilleur marché ; on doit peu compter sur l'activité des domestiques, médiocrement sur leur fidélité. Celle-ci n'est généralement en défaut que sur ce qui tente la gourmandise.

---

[1] [Cabaret : service à liqueur.]

Les voleurs sont bien moins communs dans les villes d'Haïti qu'en Europe. Il n'en est pas de même des filous, un peu moins exercés que les nôtres, mais plus effrontés, jusqu'à vous prendre le chapeau sur la tête.

Les routes sont sûres. Jamais on n'y rencontre de brigands, assassinant pour voler. Les assassinats n'ont lieu qu'entre ivrognes. Les parricides, les infanticides, les fratricides, les suicides sont presque inconnus. Si l'on vole peu dans les villes, en revanche, surtout à la campagne, on met la main sur les fruits, les volailles, le bétail et les chevaux. Cependant, on étampe (marque) soigneusement les chevaux (quelquefois, on les fait ferrer des deux pieds de devant).

D'après tout ce qu'on vient de voir, les Haïtiens des villes tiennent plus des Européens que des Africains. Mœurs, usages, et jusqu'à la manière de se nourrir, tout vient évidemment des Français. L'influence de l'éducation est telle que, sous un climat bien différent, les sens, les organes des Haïtiens noirs ou jaunes ont subi une métamorphose presque complète. Élevés par les Français, les gens d'Haïti aiment le pain, les vins de Bordeaux, les ragoûts. (Dans les meilleures maisons, on met ordinairement sur la table une livre de pain et une bouteille de vin, à la crainte qu'il ne survienne quelque étranger. On n'y touche pas, mais on rougirait qu'on pût croire qu'on s'en passe.) Façonnés par les Anglais, les noirs de la Jamaïque préfèrent la viande rôtie, le rhum, le madère. Dans les colonies espagnoles, on fait de la musique, on aime le boléro, dans les colonies françaises, les romances, les nocturnes. À la Jamaïque, on traite doucement les animaux, à Haïti, on en fait des martyrs. Costumes, manières, usages de politesse, phrases, égards pour les femmes, tout, je le répète, dans ce dernier pays, est copié des Français.

À leur tour, les femmes n'étant plus contraintes comme autrefois, et comme les femmes étrangères, se sont attachées à imiter en tout les femmes blanches qu'elles ont chassées. Ne pouvant se donner leur couleur qu'elles envient, elles se sont données artificiellement leurs cheveux, elles ont mis leurs costumes, leurs façons, leurs minauderies, leurs airs de coquetterie. Et, pour rendre l'illusion plus complète, elles ont aussi leurs parasols pour se garantir du soleil.

De tout cela, il résulte que les Haïtiens des villes de la première et deuxième classe, sont des Français à visage plus ou moins brun, mettant dans tout un peu d'Afrique : dans la musique par exemple, les coups de tintamarre, de tambours à force. À table, ils préfèrent au pain la cassave, pain fait avec la farine de manioc, et la banane verte rôtie, le tafia (rhum). Sortis de là, ils sont Français. Un Normand cesse-t-il de l'être pour aimer mieux le cidre que le vin ?

Il faut à regret conclure en terminant ce chapitre, que la similitude des mœurs de langage, de religion, ne sont pas toujours une garantie d'union entre les peuples, puisque, malgré tous les rapports qui existent entre les Français et les Haïtiens, on n'a jamais vu de nations si près d'être ennemies.

CHAPITRE VII

LANGUE CRÉOLE

La langue qu'on parle à Haïti n'est qu'un patois français qui diffère peu de celui des autres colonies françaises. L'accent est différent. On prononce lentement à Haïti, vivement à la Martinique. Là, on croirait entendre des Normands, ici des Gascons. Le créole, la première fois qu'on l'entend, déplaît comme un babillage d'enfant. Mais quand ensuite on le comprend, on le trouve très original. Rien n'est en effet plus amusant qu'un conte créole. Ses constructions simples et naïves conviennent surtout aux fables. Il n'est pas de bon ton à Haïti de parler créole. En société, en public, on ne s'énonce qu'en français. Ordinairement, on le parle très mal, parce qu'on l'a appris de maîtres fort ignorants, et surtout fort mal élevés. Si les choses durent toujours de même, si les hommes de couleur continuent de gouverner le pays, dans moins d'un siècle, on ne parlera plus français que dans les villes. Dans le voisinage de ces mêmes villes, on se servira d'un patois assez facile à comprendre à cause du grand nombre de mots français qu'on y introduira. Mais dans les mornes, dans les campagnes éloignées, on emploiera un jargon inintelligible à cause des mots africains qui en formeront le fond. Déjà, ils y sont en si grand nombre que ce n'est pas sans peine qu'on entend les campagnards qui demeurent à plus de dix lieues de Port-au-Prince. Comment en serait-il autrement ? Indépendamment du vaudouisme qui les lie secrètement entre eux, beaucoup de noirs des mornes se font un point d'honneur d'apprendre à leurs enfants les idiomes africains dont leurs pères leur ont transmis la connaissance. Et de même que nos jeunes gens, par admiration pour le Moyen Age, s'habillent comme les hommes du douzième siècle, les jeunes Haïtiens des mornes, par vénération pour l'Afrique, en parlent la langue, se font même tatouer comme leurs aïeux de la Guinée.

Ainsi, les langues européennes sont menacées de subir en Amérique le sort qu'a eu en Europe celle des Romains, dont elles ne furent longtemps que des patois grossiers, parlés longtemps avant que de les écrire.

Elles sont déjà inintelligibles. C'est que l'orthographe en est encore plus barbare que ne l'est l'arrangement des mots et des phrases. C'est à remarquer combien l'oreille des hommes est diversement affectée par le même fonds. De même que pour l'Haïtien, un « Monsieur » est un « Moucheu », « aujourd'hui » « joudi » ; la prononciation des Haïtiens ne diffère entièrement de la nôtre que sur deux points : le j et l'h sont aspirés, comme le z des Arabes.

La construction des phrases, je le répète, est des plus simples en créole : point de pronom possessif, on emploie à la place le pronom personnel. Ainsi, on ne dit pas « ma sœur », mais « sœur a moin ».

Pour conjuguer, on se met à tous les temps de l'infinitif des verbes, qu'on accompagne, pour s'y reconnaître, d'un adverbe ou d'une préposition parmi celles-ci : « Apé » (après) est la plus usitée, « moin apé mangé » : « je mange ».

Le créole n'est pas seulement un français corrompu ou vieilli. C'est aussi un mélange de mots africains ou indiens.

Voici quelques-uns de ceux qui viennent d'Afrique : « onari » : jeu de dames, « tanga » : ceinture des femmes, « calenda, bamboucha, onanga, conmanguio, chica » : danses ou chahuts africains. Le mot qu'on entend le plus souvent est « chita » : je le crois africain. C'est un verbe. Il signifie s'asseoir. De même que tous les autres verbes, il ne change point de détermination. On dit « moin chita, te chita, chita » : je m'assois, je m'asseyais, assis. Le verbe « chita » est un mot fondamental...

Les noms de Marmelade et de Limonade qui ne sont pas plus ridicules que ceux de Bouillon, d'Eaux, de Poix, ne sont pas haïtiens. L'invention en est due aux flibustiers qui les appliquaient aux deux communes de la province du nord. Ce ne sont pas les seuls noms marqués au coin du mauvais goût de ces hommes grossiers. Partout, on trouve dans l'île de grands ou petits trous, des aculs, des ponts et des bourgs...

CHAPITRE VIII

ARTS – DIVERS MÉTIERS – LITTÉRATURE – PROVERBES – FABLES

Les arts sont dans l'enfance à Haïti. Non que les Haïtiens manquent de dispositions heureuses, mais parce qu'il faut des siècles pour l'éducation des peuples, comme il faut des années pour ceux de l'homme. Le goût futur met plus longtemps à se former chez les races primitives que chez les autres. L'amour des arts, leurs perfectionnements, n'appartiennent, jusqu'à présent, qu'aux races croisées, trop délicates pour résister aux injures de l'air sans le secours des industries. Le génie vient en aide à l'homme lorsqu'il souffre. L'Haïtien noir, par sa constitution physique, par la douceur de son climat, par la richesse de son sol, n'en est pas là. Le développement de l'esprit humain dépend aussi du croisement des races. Celui des Européens est à point, celui des Haïtiens n'y est pas encore.

Mais jusqu'à présent, c'est la danse qui est l'art vraiment haïtien. Nègres, mulâtres, tout le monde semble né pour danser. Quand les régiments rentrent en ville d'un long voyage, les sapeurs dansent en tête, et dansent bien. Les nègres ont l'oreille plus juste, et suivent mieux la mesure. On s'en aperçoit partout, lorsque battent les caisses : il faut le reconnaître, ce sont les premiers tambours du monde. Aux contredanses, les Haïtiens préfèrent le bamboucha, ou carabinier. C'est une sorte de *fandanguillo*[1], de l'invention, dit-on, de Dessalines. Christophe fit le sien aussi, mais on ne le joue plus. C'était le mouvement convulsif d'une personne. Le bamboucha actuel est une espèce de danse Saint-Simonienne, dansée à huit. Le danseur doit balancer une dame qui recule à

---

[1] [Le mot bamboucha, attribué par Mollien à une danse haïtienne, vient-il de bamboula (danse africaine très rythmée) ou du mot français bamboche (synonyme de débauche, gaieté grossière) ? Selon lui, elle est aussi inspirée de la danse espagnole (fandango, ou fandanguille). En tout état de cause, le rapport en est fort ténu avec le socialisme saint-simonien (!) : les figures décrites évoquent plutôt les danses en usage au 18e siècle comme le menuet.]

mesure qu'il avance. C'est à elle de le quitter pour un autre qui lui fait les mêmes agresseries que le premier danseur. Cette pantomime, répétée par les huit partenaires, dure près d'une demi-heure. Rendue par les personnes de la première classe, elle est fort décente, en poses gracieuses. Mais par d'autres, elle dégénère en mouvements lubriques. La marche voluptueuse du désir devient chez celles-ci la contorsion de la plus hideuse débauche.

De même qu'en Afrique, les ouvriers Haïtiens ont besoin du tambour pour travailler. Il en faut un absolument pour les corvées. On peut dire que toutes les villes d'Haïti ont été bâties au son du tambour. Cette coutume n'explique-t-elle pas l'incompréhensible élévation des murs de Thèbes, l'inconcevable destruction de Jéricho, par le seul moyen de la musique...

Proverbes haïtiens avec le texte en créole : « les complots des nègres sont plus dangereux que les poisons ».

Fable haïtienne :
Le Dianacou (éléphant), la tortue et la baleine

La tortue rencontra un jour dans un bois le dianacou. En personne familière, elle s'approcha du roi des forêts, et lui présenta la main. Cette façon d'agir parut un peu leste au dianacou. En baissant les yeux avec dédain, « il faut avouer, tortue », lui dit-il, « que tu es bien effrontée. À moi, prendre la main, y songes-tu ? Sais-tu bien que, si ce n'était compassion, je te châtierais volontiers ? »

« Compère », répliqua la tortue, « les plus gros ne sont pas toujours les plus forts, et, pour n'avoir pas votre taille, je n'en suis ni plus sotte, ni plus mal élevée.

– C'est bon, la prêcheuse, que me voulez-vous enfin ?

– Faire un pari avec vous !

– Ah ! Votre mise ?

– L'honneur de le gagner !

– Grand est-il pour vous, et bien chétif pour moi. Cependant, tortue, votre proposition me semble si folle que je suis curieux d'en apprendre l'objet. Que pariez-vous donc ?

– De vous traîner malgré vous dans la mer !

– Oh, délicieux, charmant ! Avec votre main ?

– Riez tant que vous voudrez, compère, riez, nous parions.

– Écoutez, tortue, j'y consens, mais à une condition, que vous ne m'appeliez plus compère. Sachez pour cette fois-ci, comme pour toutes les autres, que les dianacous n'ont jamais été les compères des tortues !

– Soit ! Nous parions. Je pars et je reviens de suite. »

À ces mots, la tortue se mit à courir comme peut courir une tortue, une lieue par jour. Heureusement, il n'y en avait pas une pour aller au bord de la mer, où il fallait qu'elle se rendît pour remplir le pari. Enfin, toute suante et haletante, rentrant vingt fois sa tête au bruit, elle fit ses cent pas en quelques heures. Arrivée sur le sable, elle prêta l'oreille et regarda de tous côtés pour découvrir la baleine à qui elle avait affaire. Enfin, elle l'aperçut à quelques centaines de toises du rivage.

À cette vue, la voilà qui se met à nager, plongeant, s'élevant tour à tour. Enfin, la voici près de la reine de l'océan.

– Ce vent vous va-t-il, commère ? dit la tortue, sans gêne.

– Bien, mademoiselle, et vous ? Je vous trouve plaisante !

– Vous me trouveriez bien plus plaisante, dit la tortue, piquée, si je vous menais malgré vous à terre – je vous mettrais, ma chère, au-dessus des baleines, des veaux marins, des espadons, des crocodiles, car je n'en redoute aucun !

– Eh bien, placez-moi où vous voudrez, mais si vous y consentez, je vous procurerai le plaisir de vous chauffer le ventre sur le sable du rivage.

– Essayez !

– Vous m'attendez, n'est-ce pas ! Je reviens. »

La tortue vire de bord, gagne la terre, en faisant le plus vite possible. Dans une forge travaillaient des loups, des chacals et des tigres :

– Mes amis, leur dit la tortue du fond de sa maison, mes bons amis, en grâce, un service, un grand service. Faites-moi une chaîne bien forte de cent cinquante pas, bonne mesure. Je vous paierai, foi de tortue, en chair et en moelle !

– Vraiment, commère la dégourdie, lui dit un tigre, avec sa grosse voix, belle pratique ! Où sont donc vos boucheries, mangeuse d'herbe, brouteuse de joncs ?

– Reposez-vous-en sur moi ! dit la tortue, je ne vais pas vite, sans doute, mais je pense beaucoup, et je vous réponds que je ne mens pas en vous promettant grand festin.

– Voyons, dit le chef de la forge, prends-y bien garde. Si tu mens, ta maison et ta personne passeront ensemble dans le feu !

– Soyez tranquilles, messieurs ! dit poliment la tortue à ces mangeurs de chair. Travaillez et vous serez bien payés. »

Les ouvriers, sur cette assurance, se mirent de suite à l'ouvrage. Aussi fut-il bientôt achevé, car c'étaient les meilleurs ouvriers à mille lieues à la ronde. La chaîne fut terminée, et remise avant la fin du jour à la tortue. Celle-ci, avec ce nouveau fardeau, alla encore moins vite. Pendant qu'elle cheminait, bien qu'on ne craignît pas beaucoup qu'elle s'enfuie, chacun la suivait bien décidé à lui couper la tête et les pattes si elle faisait mine de vouloir se sauver sans payer. Enfin, elle joignit l'éléphant.

– Eh bien, madame la diligente, vous avez mis le temps à préparer ? Que comptez-vous faire avec cette grande chaîne ? Serait-ce par hasard pour moi ?

– Oui, monseigneur, répondit la tortue d'un ton doucement moqueur, si vous voulez le souffrir.

Je l'attacherai à votre long nez, et je vous garantis qu'en me plaçant à quelque distance de vous, je viendrai à bout de vous traîner à la mer.

– Non, non ! pas tout à fait ainsi belle dame ! Je ne vous permettrai que d'attacher mon pied, pour continuer à brouter, car autrement, en attendant le succès de vos efforts, je pourrais bien mourir de faim. »

La tortue ajouta :

– Lorsque vous entendrez le tambour et les fifres, faites toute résistance, car ils vous donneront le signal de la lutte.

– C'est bon ! » reprit l'éléphant, et il se mit à paître la chaîne au pied.

La tortue gagna les champs et se rendit sans peine au bord de la mer. Et y entra, le bout de la chaîne dans les dents, et arriva tout près de la baleine. Celle-ci, tout en se moquant de la précieuse, lui permit de passer la chaîne autour de sa queue. En s'éloignant, la tortue lui recommanda aussi de tirer bien fort lorsqu'elle entendrait les fifres et les tambours. Toutes ces dispositions prises, la tortue alla se placer au milieu de l'espace qui séparait les antagonistes, et fit signe au lièvre et au perroquet de donner le signal.

Aussitôt, de voir l'éléphant ébranlé par une légère secousse de la baleine, et, tout ébahi, faire des efforts incroyables pour s'enfuir, et arriver, sans savoir comment, sur le bord de la mer.

– Tortue maudite ! se dit-il, en arrachant les plus gros arbres avec sa trompe. De quelle espèce es-tu donc ? » En même temps, il redoublait d'efforts. Il en fit tant, à la fin, qu'il emporta et ramena la baleine à sec.

– Grands Dieux ! cria celle-ci à son tour, quel animal es-tu donc, puissante tortue ? Je brûle, je suis consumée ! Viens, chère commère, me tirer à l'eau ! »

La chose n'était plus possible, la baleine périt, faute d'eau. Le dianacou, la jambe brisée par les efforts violents qu'il avait fait, ne lui survécut pas longtemps. On juge de la chère que firent les forgerons. Ils se jugèrent bien payés, et l'un d'eux fit, à la fin du repas, demander la tortue pour la complimenter. Mais celle-ci, satisfaite de la vengeance qu'elle avait tirée, et trop prudente pour assister au festin qu'elle avait donné à ces carnivores, se borna à chanter de loin avec les deux musiciens.

Le mépris toujours appelle la vengeance. Ruse vaut mieux que force ou puissance, modestie et bonté que folle jactance.

Chansons : Les Haïtiens, élevés par les Français, aiment les chansons. Quelques-unes sont en français, mais le plus grand nombre de bonnes chansons du pays sont en créole. La plupart sont satiriques. Celles que je vais donner pour exemple, et dont l'air se trouve à la fin de l'ouvrage[1], fut composée au sujet d'une jeune et jolie métisse qui se laissa séduire et enlever par Mackenzie, consul général anglais. Tous les jeunes gens, furieux de cette préférence, chargèrent un nommé Julien de les en venger. Voici les couplets qu'il donna et qui eurent une vogue vraiment populaire.

C'est la fille qui parle :

« Mackenzie m'a pris pour danser. Il dit qu'il va se placer avec moi. Maman lui dit : oh ! J'ai besoin d'argent, pour payer monsieur

---

[1] [Malheureusement, cette musique n'apparaît pas dans le corpus manuscrit de la B. M. de Calais.]

Jean. Je veux un lit à dos renversé, et puis l'armoire à filets, avec deux grandes glaces. C'est pour me regarder, avec les chaises dorées, la dodo, la dodo.

C'est demain qu'on dit que je vais me placer. Ah ! Il faut que nous dansions. Appelle Pierre Mouchette, oh, pour nous amuser, hi, hi, hi, hi ! Il faut m'acheter des madras des Indes, et des madras, j'en veux toujours porter sur ma tête, et puis, des robes en percale, avec mon châle de Nansou pour mettre au cou.

Maman, ne trempez pas du maquereau, n'achetez plus ni patate, ni tayo[1], je m'en vais manger, oh, de la bonne viande avec du pain, et je boirai du vin. »

Réponse du défenseur de la belle :

« Il y a un homme dans la ville qui mériterait une bonne pile. Il semble une caricature, il ne se plaît qu'à faire des vilenies, il a la lèpre, oh, on devrait le traiter, on devrait l'exiler, la peste, la peste... »

---

[1] [Tayo : sans doute « taro », plante tropicale dont le tubercule féculent constitue un aliment de base.]

CHAPITRE IX

CONCLUSION : AVENIR D'HAÏTI ET DE TOUTE L'AMERIQUE

L'histoire des Haïtiens, la description de leurs mœurs, de leurs arts et de leur littérature, n'ont sans doute pas donné une idée bien avantageuse de leur civilisation. Celle-ci est pourtant en progrès.

D'abord leur liberté ne fut qu'un affreux brigandage, leur politique l'assassinat de leurs maîtres, innocents ou coupables, leur littérature des proclamations écrites avec du sang. Au bout de quelques années ce chaos révolutionnaire se débrouille, et il en sort l'ordre, une sage indépendance, des écrits où l'on sait la défendre.

Cependant, la métamorphose n'a pas été tellement complète qu'Haïti s'approche tant soit peu d'un des états bien constitués de l'Europe. Croire le contraire serait fermer les yeux à l'évidence. Mais enfin, il y a du mieux. Le moral du peuple, loin de rétrograder, a avancé. La nation aime toujours l'oisiveté, elle montre peu de goût pour les arts d'agrément, et même pour les arts utiles. Mais elle aime plus que jamais sa liberté et son indépendance...

De même que les Bédouins, les Haïtiens s'occupent à chercher des trésors sous les décombres des maisons, plutôt qu'à les relever. Ils sont superstitieux, croient aux charlatans, aux sorciers. Dans les mornes, on les voit pour toute industrie enjoliver des calebasses, tresser des étoffes grossières, avec l'écorce du bananier ; en un mot, ne rien faire qui présage une amélioration industrielle. Enfin, le pays sous le rapport commercial et agricole, est tombé aussi bas que possible.

En faut-il désespérer ? Non, puisque le peuple a foi plus que jamais dans son avenir. L'étranger impartial doit la partager en remarquant que le moral du peuple a généralement gagné. En effet, peut-on croire tout perdre, avec des hommes qui se respectent entre eux, et qui respectent par-dessus tout les femmes, avec des hommes qu'on voit rarement dans un état complet d'ivresse, dont les manières sont douces, et dont l'hospitalité s'exerce indistinctement envers tout le monde, et à qui, enfin, on n'a à reprocher qu'une vanité puérile, et peu de chaleur dans les affections ?

Tels se montrent les Haïtiens dans les rapports privés. Mais que seront-ils un jour dans leurs relations politiques ? Les opinions sont partagées sur leur avenir. Suivant les uns, Haïti disparaîtra tout à fait ; suivant les autres, elle engloutira l'Amérique. Ainsi, tout le monde prévoit un changement ; on ne diffère que sur la nature de ce changement. Placée ailleurs qu'en Amérique, Haïti, avec le caractère pacifique de ses habitants, conserverait longtemps encore son état de choses actuel, et vivrait obscurément dans le cercle étroit de son territoire. Seulement, comme avec l'accroissement de la population, arriverait bientôt un accroissement de produits et de richesses, on serait, par la suite, obligé de modifier la forme du gouvernement, d'avoir des distinctions nobiliaires, une aristocratie enfin, un état monarchique. Or, ce principe se personnifierait dans un homme de la caste la plus blanche, à cause de sa ressemblance avec les Européens, ressemblance qui lui vaudrait leur alliance, leur appui.

Ce n'est pas là une hypothèse hasardée. C'est la perspective qu'envisagent complaisamment des hommes blancs d'Haïti, métis, qui ont dans les veines plus de sang européen que les autres et aussi plus d'ambition. Arrivés au rang suprême, ils n'auraient plus, disent-ils, qu'à conclure un pacte fédéral avec les hommes de couleur des Antilles, à soulever ces îles, à prendre au dépourvu la lâche imprévoyance des blancs et l'ignorance des noirs, et établir partout la suprématie de leur caste, même sur celle des mulâtres. Ce projet n'est pas nouveau : il a réussi momentanément aux métis d'Indiens des colonies espagnoles. Il perdra les hommes de couleur d'Haïti, parce que ne voulant pas, par haine des blancs, se recruter et se multiplier par de nouvelles émigrations européennes, au jour de l'insurrection des nègres, leur caste ira s'engloutir dans l'immense majorité de ces derniers.

Mais Haïti ne périra pas pour cela. Elle grandira au contraire, nouvelle Jérusalem pour les esclaves d'Amérique. Toutes voudront en être, et tous en seront. Alors les hommes de couleur cesseront d'être quelque chose, à moins qu'ils ne se retrempent dans le sang africain. Lorsque tous les esclaves seront libres, quiconque ne sera pas noir ne vaudra rien. Les griffes, malgré leur origine mixte, gagneront peut-être d'abord sur les noirs de pur sang, à la faveur de leur ressemblance avec eux. Et ceci ne se passera pas seulement à Haïti, mais dans toute l'Amérique. Un jour, avec une épiderme généralement noire, dans toute l'Amérique, les Américains, à l'exception des montagnards des Cordillères, formeront une race d'hommes tout aussi mêlés que les Européens, sous une épiderme blanche. Leur intelligence vive, due à la même cause, au croisement de trois races d'hommes, étonnera comme une merveille en comparaison de celle des Africains.

Ce n'est pas là ce qu'on croit dans ces vastes colonies anglaises, espagnoles ou portugaises, qui ont renoncé à l'Europe. On y considère Haïti comme si peu de chose qu'on ne daigne pas en admettre les habitants dans la grande famille américaine. Malheur à ces fils ingrats de l'Europe, à ces frères orgueilleux des Haïtiens : avant la fin du siècle, ils seront à leur tour forcés de solliciter leur admission dans la famille africaine, dont les Haïtiens seront les aînés par la civilisation.

En effet, rien ne peut plus menacer sérieusement Haïti, et Haïti menace toute l'Amérique. Après les États-Unis, c'est la plus ancienne république du nouveau monde. Les fondements de son indépendance ont été aidés par ses propres soldats. Tandis que, sans les mécontents sortis d'Europe en 1814, il n'y aurait pas d'indépendance dans les colonies espagnoles. Ces républiques romanes, dont l'imagination de trois abbés[1] (Raynal, Grégoire, Depradt) avait rempli le nouveau monde, où sont-elles ? On ne voit que des provinces en lambeaux. Leurs efforts réunis un instant n'ont pu rien contre les possessions insulaires de leurs métropoles.

Cette révolution, donc, est infaillible. Niera-t-on qu'il soit plus aisé à douze millions de nègres libres et éclairés, de l'emporter sur le même nombre de blancs, qu'à 30.000 Européens chétifs, malades, de gouverner soixante millions d'Hindous ?

C'est donc d'Haïti que sortira l'émancipation des noirs du nouveau monde, d'Haïti d'où est sorti leur esclavage il y a trois

---

[1] [L'abbé Raynal (1713–1796), avec son *Histoire des deux Indes* (1770), à laquelle Diderot a contribué, a répandu l'antiesclavagisme, voire l'anticolonialisme dans les milieux intellectuels. L'abbé Depradt (1759–1837) publie, en 1801, *Les Trois Ages des colonies*, radicalement favorable à l'indépendance des colonies américaines. Il prévoyait une unité de l'Amérique indépendante en vastes entités politiques. L'abbé Grégoire, a été l'infatigable défenseur des Haïtiens.]

siècles. Bizarre destinée : c'est en France qu'est le brandon des révolutions européennes ; c'est dans une de ses colonies, Haïti, qu'est celui des révolutions américaines.

À ces pronostics, tous favorables à Haïti, on ne manque pas d'opposer le tableau naïf et vrai qu'en a tracé le Président dans diverses proclamations. Oui, comme il l'a dit, la situation matérielle de cette république n'a été qu'en s'aggravant, il faut ajouter par la faute ou plutôt le talent machiavélique de son gouvernement. Le commerce étranger y est aux abois, et ne subsiste qu'au moyen des supercheries des consignataires anglais ou allemands... En général, on songe peu aux conséquences prodigieuses attachées à la liberté du nouveau monde, parce qu'on s'est toujours borné à attendre l'issue des guerres civiles des Espagnols comme au temps de Philippe II, lorsqu'il s'agissait simplement de l'émancipation des Pays-Bas. Et pourtant, le sort de l'Amérique ne dépend pas des hommes qui s'y battent. On peut même dire que ce théâtre de leur guerre, ce continent d'une étendue presque égale à l'Asie, a cessé de leur appartenir le jour même que les étrangers, en y pénétrant, ont pu contempler toutes les richesses dont vingt millions d'hommes se disputaient la possession exclusive. De même que dans l'empire Romain écroulé, le morcellement du pays est inévitable en Amérique, plus grande que ne l'était le monde romain. Dans l'idée que la grande monarchie espagnole deviendrait une seule et vaste république, on rêva le congrès de Panama. Il n'était pas formé que les provinces se divisaient en États, prêts à leur tour à se dissoudre en districts, en cantons, en bourgs, et à compléter une nouvelle ère féodale...

Cependant, le mal n'est pas irréparable, si toutefois les gouvernements européens se montrent moins défavorables à la carte noire. Or les noirs s'imaginent que les blancs sont comme eux de pur sang, sont disposés à s'unir avec eux, tandis que les mulâtres que nous caressons sont nos ennemis par instinct et n'emploieront jamais leur ascendant sur les noirs que pour nous expulser partout. Ne font-ils pas de même en Afrique ? Ne sont-ce pas eux, sous le nom de Maures ou de Foulahs, griffes rouges, qui nous défendent l'entrée de ce continent, où notre couleur régnait autrefois depuis les colonnes d'Hercule jusqu'à Suez ?

L'Europe, instruite par la faute que commit la France, en renversant Toussaint dans toutes les colonies où, après cinq ans de combats, elle ne réussira pas à étouffer la révolte, ne doit abdiquer sa souveraineté qu'en faveur des noirs. Par ce moyen, elle ébranlera la prépondérance des États-Unis, ruinera le crédit des mulâtres, et les ralliera tous à elle par l'intérêt commun de résister aux noirs. Autrement, l'Amérique, soustraite petit à petit à la domination européenne, n'aura plus besoin d'elle pour les approvisionnements qu'elle tirera des États-Unis. Les produits manufacturiers, elle les achètera en Asie. Enfin, elle recrutera en Afrique de nouveaux habitants pour servir d'esclaves aux anciens. Ceci peut avoir lieu avant la fin du siècle. Alors, méprisée en Afrique, haïe en Amérique, la malheureuse Europe, de même que l'empire Romain lorsqu'il passa du sceptre des Césars sous la crosse des évêques, disputera sur la liberté, l'égalité, la raison. À l'empire réel qu'elle a exercé succédera un empire dogmatique dont bientôt le siège même sera transporté en Amérique. Elle deviendra pour celle-ci ce qu'est la Chine pour nous, un vieillard en enfance.

Tel sera, j'en suis convaincu, le résultat prochain de l'abandon du système colonial, et de l'alliance politique des blancs avec les hommes de couleur ou métis, ou blancs américains. Si le Pape, au moins, guidé par des vues moins mondaines et plus prévoyantes, se hâtait d'accréditer auprès des nouvelles républiques des légats nantis de tous ses droits (il a commencé à en envoyer à Haïti), on pourrait encore espérer de voir prolonger la prépondérance européenne par le lien de la religion. Mais hélas, à voir l'insouciance de l'Europe, ne doit-on pas croire que Dieu, en commençant la décadence de son empire, en a décidé la chute ? Si les querelles des Rois ont avili leur nom et ruiné leur pouvoir, les rivalités des métropoles auront, en émancipant leurs colonies, ruiné à jamais leur antique suprématie.

La faute en est d'abord à la France, qui fit insurger par une fausse politique, les colonies américaines contre l'Angleterre ; ensuite, à celle-ci, qui pour se venger a soulevé celles de la France et d'Espagne, sans profit pour son commerce, sans utilité pour l'humanité et la civilisation. Qu'est-il déjà résulté de toutes ces querelles de la famille européenne ? Que la haute influence dans les affaires de ses anciennes colonies a passé aux Américains du nord. Ces actifs navigateurs, plus industrieux, plus puissants que ne l'a jamais été aucune autre république commerçante, remuent à leur gré, les états formés de lambeaux de l'empire européen. La tranquillité commence-t-elle à y renaître ? Ils la troublent. La prospérité y revient-elle ? Ils l'étouffent sous les émeutes. Une monarchie surtout s'élève-t-elle ? Ils la minent, en la renversant. Ennemis nés de l'Europe, les Américains du nord le sont encore plus de l'Amérique du sud. Le Mexique, principalement, comme leur voisin, est l'objet de confrontation permanente de leur part. C'est là qu'ils fomentent incessamment la révolte. Une monarchie y était à peine ébauchée qu'ils l'ont fait s'écrouler de peur qu'elle réunisse les parties éparses de la nation mexicaine, et ne la rendît redoutable pour eux. Au Brésil, ils ont suivi la même politique. L'empire de Don Pedro est tombé sous leurs coups. Ces intrigues ne leur sont pas imputées à plaisir, puisque leurs journaux les ont révélées. L'unique pensée des Américains est d'établir hors de chez eux cette épouvantable anarchie que des peuples à moitié barbares appellent république. Comme si ce beau nom appartenait à des associations de Bédouins.

L'influence des Américains est d'autant plus forte qu'elle est toute matérielle. En effet, partout où on les admet, ils fourmillent sur terre et sur mer. Sur terre, ils achètent les habitations, accaparent le commerce. Sur mer, leurs bâtiments font presque seuls le cabotage entre le pays où ils résident et les États-Unis, d'où se tirent tous les approvisionnements. La navigation européenne n'équivaut partout qu'au vingtième de la leur. À Cuba, des villes entières sont à eux par le négoce. Dans l'ombre, ils posent les fondations d'une usurpation qu'ils projettent de faire sur l'Espagne, à l'époque où l'Europe sera en guerre. À Caracas, et ailleurs, leurs journaux dirigent l'esprit public. Partout, de temps en temps, leurs flottes militaires viennent relever l'idée assez mince que l'on se fait à tort de ces marchands. Ainsi, soit par leurs établissements à terre, soit par leurs agents répandus dans l'intérieur du pays, soit par leurs milliers de navires caboteurs, soit par leurs pêches, ils saignent le continent américain comme un monde qui leur appartient. Seuls, ils sont admis partout, sans défiance, de même que des compatriotes. Nulle part, sans être considérés, ils ne sont haïs, parce qu'ils vivent entre eux, évitant toute relation avec les indigènes. Cet état de choses, je le répète en finissant, est menaçant pour l'Europe. Sous le manteau d'une trompeuse philanthropie, on conjure contre elle. Sa souveraineté, ébranlée de toutes parts, s'évanouira à la première guerre.

À Cuba, à la Martinique, à la Jamaïque, derniers points où elle conserve un peu de vigueur, les Américains du nord, favorables partout à la population jaune, aux métis, qu'ils méprisent chez eux, les caressant ailleurs par calcul, feront expulser les Européens, à moins que ceux-ci n'établissent des monarchies puissantes au Mexique, au Brésil, au Pérou.

Européens, méfiez-vous de l'ambition hypocrite et insatiable des Américains. Ils dominent en Amérique, où ils veulent occuper les Malouines, et Juan Fernandez. Ils se régalent dans la Méditerranée et dans la Mer Noire. Ils occupent un point, Libéria, sur la côte d'Afrique. Ils ont, en se confrontant avec les Anglais, un grand crédit dans l'Inde. Enfin, leurs innombrables navires couvrent toutes les mers et ne tarderont pas à vous enlever le commerce du monde entier. Européens, votre empire, si vous n'y veillez, finira comme celui de Constantinople, sous les coups d'une nouvelle Venise.

Pour vous Français, il est encore temps. Fortifiez-vous dans la Méditerranée, et ne songez qu'à garder ce précieux bassin, source intarissable des richesses des trois parties du monde qui l'entourent.

Il me reste à présent à présenter une dernière observation sur le genre de gouvernement que les nouveaux États de l'Amérique ont adopté, et qui devient pour beaucoup de gens une objection victorieuse contre le système monarchique suivi en Europe. À l'exception d'un petit nombre de colonies qui dépendent de l'Europe et du Brésil, qui, accidentellement est soumis encore à un Empereur, le reste du nouveau monde est administré en république.

De ces républiques, une seule, les États-Unis, n'est pas gouvernée militairement. Les autres sont sous le joug de soldats et de dictateurs. Aucune de ces républiques n'est démocratique. Toutes, sans exception, sont aristocratiques. Toutes ont confié le pouvoir suprême à la noblesse de la peau, à la caste la plus blanche. Sans cette aristocratie inconnue en Europe, il n'y aurait pas de république en Amérique, parce que nulle part, en aucun temps, les hommes n'ont joui d'une liberté et d'une égalité complètes : anciennes ou modernes, les républiques ne se sont maintenues qu'autant qu'elles ont eu des sujets qu'elles gouvernaient comme les colons de la Martinique conduisent les leurs. (À Athènes, on comptait 400.000 esclaves pour 20.000 citoyens. À Sparte, un nombre plus considérable encore d'ilotes, et 10.000 citoyens.)

C'est à de pareilles conditions que les États-Unis prolongent leur existence. Elles cesseraient demain si on émancipait leurs esclaves. C'est donc au moyen de l'esclavage et de l'aristocratie de la peau que l'Amérique a pu se constituer momentanément en république, c'est faute de ce moyen que l'Europe ne peut en créer une durable.

HAÏTI : REPERES CHRONOLOGIQUES

1492 : Colomb arrive aux Antilles : point de départ de la colonisation espagnole.

1635 : Richelieu crée la Compagnie des îles d'Amérique. Les Français à la Martinique et la Guadeloupe.

1642 : Louis XIII autorise la traite des nègres et l'esclavage aux colonies françaises.

1664 : Bertrand d'Ogeron, gouverneur à l'île de la Tortue et l'ouest de Saint-Domingue, avec les boucaniers français.

1685 : Louis XIV signe le *Code Noir*, régissant les rapports maîtres–esclaves aux colonies françaises.

1697 : À l'issue de longs conflits en Europe et sur mer, le traité de Ryswick reconnaît l'autorité française sur la partie ouest de l'île de Saint-Domingue. En un siècle, la colonie, grâce à la traite esclavagiste, devient la plus riche possession coloniale du Roi de France.

1770 : Première publication de l'*Histoire philosophique et politique du commerce et des établissements des Européens dans les Deux Indes*, de Raynal.

19 février 1788 : Création à Paris de la Société des Amis des Noirs (Brissot, Condorcet, Clavière).

4 juillet 1789 : Six députés des colons blancs de Saint-Domingue sont admis à l'Assemblée Constituante des colons.

20 août 1789 : Fondation à Paris du Club de l'Hôtel Massiac par les esclavagistes français.

28 novembre 1789 : Le Club Massiac demande et obtient le maintien de la traite des esclaves.

Fin 1789–printemps 1791 : Successions de débats, de campagnes, de pamphlets au sujet des droits civils et politiques des hommes de couleur libre des colonies.

27 février 1790 : Élection de l'Assemblée Coloniale de Saint-Domingue, exclusivement composée de colons blancs.

28 mars 1790 : Une instruction rend possible l'égalité des mulâtres libres ; les Assemblées Coloniales s'opposent à la diffusion de ces décrets. Saint-Domingue revendique l'autonomie interne.

Octobre 1790–février 1791 : Révolte des mulâtres de Saint-Domingue. Ogé est arrêté et exécuté le 25 février 1791.

7, 11, 15 mai 1791 : Grand débat à l'Assemblée Constituante sur les colonies ; l'esclavage est confirmé ; le décret du 15 mai accorde l'égalité des droits politiques pour les mulâtres libres de la deuxième génération. Ce décret n'est pas envoyé à Saint-Domingue.

Fin août 1791 : Début de l'insurrection des esclaves à Saint-Domingue.

24 septembre 1791 : L'Assemblée Constituante révoque le décret du 15 mai donnant ainsi satisfaction aux colons.

À partir de fin février 1792 : Insurrection des esclaves et des mulâtres.

24 mars 1792 : L'Assemblée Législative accorde l'égalité politique en faveur des mulâtres.

25 juillet 1792 : Sonthonax et Polverel, membres de la Société des Amis des Noirs, sont envoyés comme commissaires civils à Saint-Domingue.

11 mai 1793 : Début de la guerre navale aux Antilles : l'Angleterre et l'Espagne contre la France.

29 août 1793 : Sonthonax abolit l'esclavage dans la partie nord de Saint-Domingue.

21 septembre 1793 : Polverel abolit l'esclavage dans la partie sud de Saint-Domingue.

Mi-janvier 1794 : Trois députés noirs de Saint-Domingue arrivent en France.

Fin janvier–début février : Difficiles négociations entre les trois députés et la Convention Nationale.

4 février 1794 (16 pluviôse an II) : Décret d'abolition de l'esclavage dans les colonies françaises voté à l'unanimité par la Convention.

1802–1803 : Bonaparte rétablit l'esclavage dans les colonies françaises ; arrestation et déportation au Fort de Joux de Toussaint Louverture qui meurt le 7 avril 1803.

Octobre-novembre 1803 : Les généraux noirs et mulâtres reprennent la guerre à Saint-Domingue sous la direction de Dessalines.

Janvier 1804 : Saint-Domingue se proclame République Indépendante d'Haïti.

1804–1805 : Dessalines, Empereur d'Haïti.

1805–1818 : Haïti divisée en royaume du Nord, dirigé par Christophe, et république du Sud, présidée par Pétion.

1818–1843 : Jean-Pierre Boyer, président, réunifie Haïti. Conquête de la partie espagnole de l'île. Achat à la France – contre 150 millions de francs – de la reconnaissance d'indépendance (le paiement de cette reconnaissance ne sera terminé qu'en 1893).

1848 : Un décret abolit définitivement l'esclavage sur tout le territoire français et dans les colonies françaises.

1844 : En Haïti, pour mettre fin aux rivalités entre Noirs et Mulâtres, mise en place de la « politique de doublure » : un président noir et les mulâtres aux postes-clé. Accalmie jusqu'en 1865.

1860 : Signature d'un Concordat entre l'état haïtien et l'église catholique. L'enseignement passe aux mains du clergé catholique (en grande majorité breton).

1865–1915 : Crise politique permanente en Haïti. Nombreux soulèvements paysans. Économie en perte de vitesse. Forte pénétration des intérêts étrangers, français, et surtout nord-américains.

28 juillet 1915 : Débarquement des « marines » nord-américains. Occupation d'Haïti.

1915–1934 : Les U.S.A. gouvernent Haïti. Soumission totale aux intérêts de Washington. Guerre de guérilla des « cacos » de Charlemagne Péralte, impitoyablement écrasée en 1920. Des mulâtres occupent (jusqu'en 1946) la présidence et l'appareil d'État. Par réaction, naissance de l'idéologie « noiriste ».

16 août 1946 : « Révolution » noire : Dumarsais Estimé est élu président.

22 octobre 1957 : Élection à la présidence du champion de l'idéologie noiriste François Duvalier, dit Papa Doc.

1957–1959 : Installation progressive de la dictature. Élimination des institutions sociopolitiques traditionnelles.

1959–1968 : Répression généralisée, au nom de « la défense des intérêts et de la permanence de la révolution duvaliériste ». Massacre systématique des opposants. Duvalier déclaré « président à vie » en 1964. Terreur fasciste des « tontons macoutes ».

Janvier 1971 : Jean-Claude Duvalier désigné successeur.

22 avril 1971 : Mort « officielle » de François Duvalier et prise de pouvoir de Jean-Claude, dit Baby Doc.

1971–1975 : Naissance de mouvements populaires et des communautés ecclésiales de base dans l'Église catholique.

1986 : Révolution populaire et chute de Duvalier.

1990 : 67 % des électeurs Haïtiens élisent président le père Aristide, renversé un an plus tard par un coup d'état militaire.

1993 : La dictature militaire est remplacée par une « démocratie » sous la protection des grandes puissances, dont les U.S.A. La durée moyenne de la vie en Haïti est de 50 ans, et le produit intérieur brut annuel de 800 dollars (et près de 20.000 en France).

2006 : Après de multiples péripéties (interventions militaires étrangères, éviction d'Aristide, élection du président Préval), Haïti se débat toujours dans ses difficultés majeures, le non-développement, la pauvreté du plus grand nombre, l'insécurité.

TABLE DES MATIERES

COLLECTION

AUTREMENT MÊMES

conçue et dirigée par Roger Little,

Professeur émérite de Trinity College Dublin, Chevalier dans l'ordre national du mérite, Prix de l'Académie française, Grand Prix de la Francophonie en Irlande etc. : rlittle@tcd.ie

Titres parus :

1. Lucie COUSTURIER, *Des inconnus chez moi*, présentation de Roger Little, avec une préface de René Maran, 2001 : ISBN 2-7475-0246-5
2. Armand CORRE, *Nos Créoles : étude politico-sociologique, 1890*, texte établi, présenté et annoté par Claude Thiébaut, 2001 : ISBN 2-7475-0301-1
3. MÉLESVILLE et Roger de BEAUVOIR, *Le Chevalier de Saint-Georges : comédie mêlée de chant en trois actes*, présentation de Sylvie Chalaye, 2001: ISBN 2-7475-0247-3
4. PIGAULT-LEBRUN, *Le Blanc et le Noir : drame en quatre actes et en prose*, présentation de Roger Little, 2001 : ISBN 2-7475-1547-8
5. Pierre MILLE, *Barnavaux aux colonies*, suivi d'*Écrits sur la littérature coloniale*, présentation de Jennifer Yee, 2002 : ISBN 2-7475-2144-3
6. Sophie DOIN, *La Famille noire*, suivie de trois *Nouvelles blanches et noires*, présentation de Doris Y. Kadish, 2002 : ISBN 2-7475-2569-4
7. Élodie DUJON-JOURDAIN et Renée LÉGER-DORMOY, *Mémoires de Békées : textes inédits*, texte établi, présenté et annoté par Henriette Levillain, 2002 : ISBN 2-7475-2798-0
8. CONDORCET, *Réflexions sur l'esclavage des nègres et autres textes abolitionnistes*, présentation de David Williams, 2002 : ISBN 2-7475-3702-1
9. Lucie COUSTURIER, *Mes inconnus chez eux*, t. 1 : *Mon amie Fatou, citadine* ; t. 2 : *Mon ami Soumaré, laptot*, suivi d'un *Rapport sur le milieu familial en Afrique occidentale*, présentation de Roger Little, avec des textes de René Maran et de Léon Werth, 2003 : ISBN 2-7475-4952-6 & 2-7475-4953-4

10. Lafcadio HEARN, *Esquisses martiniquaises*, 2 tomes, texte établi, présenté et annoté par Mary Gallagher, 2003 : ISBN 2-7475-5791-X & 2-7475-5792-8
11. Auteurs variés, *Les* Ourika *du boulevard*, étude et présentation de Sylvie Chalaye, 2003 : ISBN 2-7475-5683-2
12. Anonyme, *Histoire de Moulay Abelmeula*, présentation de Roger Little, 2003 : ISBN 2-7475-5300-0
13. Lafcadio HEARN, *Un voyage d'été aux tropiques*, texte établi, présenté et annoté par Mary Gallagher, 2004 : ISBN 2-7475-7195-5
14. Anaïs SÉGALAS, *Récits des Antilles : Le Bois de la Soufrière,* suivis d'un *Choix de poèmes*, présentation d'Adrianna M. Paliyenko, 2004 : ISBN 2-7475-7461-X
15. Charlotte DARD, *La Chaumière africaine, ou Histoire d'une famille française jetée sur la côte occidentale de l'Afrique à la suite du naufrage de la frégate « La Méduse »*, présentation de Doris Y. Kadish, 2005 : ISBN 2-7475-8096-2
16. Roland LEBEL, *Le Livre du pays noir : anthologie de littérature africaine*, présentation de Jean-Claude Blachère, avec la collaboration de Roger Little, 2005 : ISBN 2-7475-8099-7
17. Edmond DESCHAUMES, *Le Pays des nègres blancs*, présentation de Jean-Marie Seillan, 2005 : ISBN 2-7475-8319-8
18. Robert RANDAU, *Le Chef des porte-plume*, présentation de János Riesz, 2005 : ISBN 2-7475-8947-1
19. Auteurs variés, *Congo-Océan : un chemin de fer colonial controversé*, 2 tomes, étude et présentation de Ieme van der Poel, 2006 : ISBN 2-296-
20. Georges HARDY, *Une conquête morale : l'enseignement en A.O.F.*, présentation de J.P. Little, 2005 : ISBN 2-7475-9297-9
21. Maurice DELAFOSSE, *Les Nègres*, présentation de Bernard Mouralis, 2005 : ISBN 2-7475-9375-4
22. María de las Mercedes de Santa Cruz y Montalvo, comtesse MERLIN, *Les Esclaves dans les colonies espagnoles* accompagné d'autres textes sur l'esclavage à Cuba, présentation d'Adriana Méndez Rodenas, 2006 : ISBN 2-296-01078-4
23. Jean d'ESME, *Épaves australes*, présentation de Dominique Ranaivoson, 2005 : ISBN 2-7475-9536-6

24. Ernest PSICHARI, *Carnets de route*, présentation de Jean-François Durand, avec la collaboration de Roger Little, 2006 : ISBN 2-296-
25. Baron ROGER, *Kelédor*, présentation de Kusum Aggarwal, 2006 : ISBN 2-296-
26. Gaspard Théodore MOLLIEN, *Haïti ou Saint-Domingue*, texte largement inédit, 2 tomes, présentation de Francis Arzalier, avec la collaboration de David Alliot et de Roger Little, 2006 : ISBN 2-296-01076-8 & 2-296-01077-6
27. Gaspard Théodore MOLLIEN, *Mœurs d'Haïti*, texte inédit, précédé du *Naufrage de la Méduse*, présentation de Francis Arzalier, avec la collaboration de David Alliot et de Roger Little, 2006
28. Louise FAURE-FAVIER, *Blanche et Noir*, présentation de Roger Little, avec la collaboration de Laurent de Freitas, 2006 : ISBN 2-296-01092-X
29. Jean-Baptiste PICQUENARD, *Adonis* suivi de *Zoflora* et de documents inédits, présentation de Chris Bongie, 2006 : ISBN : 2-296-00929-8
30. Armand DUBARRY, *Les Colons du Tanganîka*, présentation de Jean-Marie Seillan, 2006 : ISBN 2-296-01138-1
31. Jules BARBIER, *Cora, ou l'esclavage*, présentation de Barbara T. Cooper, 2006 : ISBN 2-296-
32. Olympe de GOUGES, *L'Esclavage des Nègres : version inédite du 28 décembre 1789* suivi de *Réflexions sur les hommes nègres*, étude et présentation de Sylvie Chalaye et Jacqueline Razgonnikoff, 2006 : ISBN 2-296-01137-3
33. Élodie *** & Irmisse de LALUNG, *Mémoires de Békées II : textes inédits*, textes établis, présentés et annotés par Henriette Levillain et Claude Thiébaut, 2006 : ISBN 2-296-

Les volumes dont l'ISBN est incomplet sont sous presse.

Titres en perspective :

Anicet-Bourgeois et Dumanoir, *Le Docteur noir*, présentation de Sylvie Chalaye
Rolande Bonnetain, *Une Française au Soudan (Sur la route de Tombouctou, du Sénégal au Niger)*, présentation de Jean-Marie Seillan
Mme A. Cashin, *Amour et Liberté : abolition de l'esclavage*, présentation d'Adrianna M. Paliyenko

Clotilde Chivas-Baron, *La Femme française aux colonies*, présentation de Aedín Ní Loingsigh
Marceline Desbordes-Valmore, *Les Veillées des Antilles*, présentation d'Aimée Boutin
Gaston Joseph, *Koffi*, présentation de Lourdes Rubiales
L'abbé Grégoire, *Écrits sur les Noirs*, présentation de Rita Hermon-Belot et Pap Ndiaye, avec la collaboration de Roger Little
Richard Kandt, *Caput Nili : voyage aux sources du Nil*, traduction et présentation de János Riesz
Alain Leroy Locke, *Le Rôle du Nègre dans la culture des Amériques*, présentation d'Anthony Mangeon
Gabriel Mailhol, *Le Philosophe nègre*, présentation de Romuald Fonkoua
Louis Maynard de Queilhe, *Outre-mer*, présentation de Maeve McCusker
Anonyme, *La Mulâtre comme il y a peu de blanches*, présentation de John Garrigus
Auteurs variés, *Nouvelles du héros noir : anthologie 1769–1847*, présentation de Roger Little
Ernest Psichari, *Terres de soleil et de sommeil*, présentation de Jean-François Durand
Baron Roger, *Fables sénégalaises*, présentation de Kusum Aggarwal
Louis Roubaud, *Viet Nam : la tragédie indo-chinoise*, présentation d'Emmanuelle Radar
Albert Sarraut, *Grandeur et servitude coloniales*, présentation de Nicola Cooper
Denise Savineau, *La Condition de la femme en A.O.F. : rapport inédit*, présentation de Claire Griffiths
Victor Séjour, *Le Juif de Séville*, *La Tireuse de cartes* et *Le Mulâtre*, présentation de Lydie Moudileno
Auteurs variés, *Soulouque vu d'Europe*, présentation de Léon-François Hoffmann et C. Hermann Middelanis
Jérôme et Jean Tharaud, *La Randonnée de Samba Diouf*, présentation de Véronique Porra

www.editions-harmattan.fr → Collections → Autrement Mêmes

Achevé d'imprimer par Corlet Numérique - 14110 Condé-sur-Noireau
N° d'Imprimeur : 824888 - Septembre 2018 - Imprimé en France